PUHUA BOOKS

我们一起解决问题

弗布克工作手册系列

物业管理

职位工作手册

第4版

丰佳栋◎著

人民邮电出版社
北京

图书在版编目（CIP）数据

物业管理职位工作手册 / 丰佳栋著. -- 4版. -- 北京 : 人民邮电出版社, 2023.7
（弗布克工作手册系列）
ISBN 978-7-115-62009-5

Ⅰ. ①物… Ⅱ. ①丰… Ⅲ. ①物业管理－手册 Ⅳ. ①F293.33-62

中国国家版本馆CIP数据核字(2023)第112549号

内容提要

物业管理，管理的是物，服务的是人，即通过对物的管理，实现对人的服务。企业只有在这种理念的支配下，才能真正做好物业管理工作。

本书从组织设计、业务运营和管理提升三个层面，对物业事务综合管理、物业运维管理、物业业主服务与公共关系维护、物业资产管理、物业质量管理、物业环境管理、物业风险与安全管理、物业项目投标管理、物业供应商管理、智慧物业管理等各项物业管理工作进行了详细介绍。这本书兼具时效性、操作性与工具性，在提供相应的物业管理理论知识的同时，还提供了大量的模板与示例，为物业管理工作者提供了一整套可以落地的问题解决方案，有利于从业者不断提升业务水平和管理水平。

本书适合物业管理从业人员、物业企业中高层管理人员、管理咨询师及相关领域的专家学者使用。

◆ 著 丰佳栋
责任编辑 程珍珍
责任印制 彭志环
◆人民邮电出版社出版发行 北京市丰台区成寿寺路11号
邮编 100164 电子邮件 315@ptpress.com.cn
网址 https://www.ptpress.com.cn
固安县铭成印刷有限公司印刷
◆开本：787×1092 1/16
印张：14.5 2023年7月第4版
字数：300千字 2023年7月河北第1次印刷

定 价：69.80元

读者服务热线：（010）81055656 印装质量热线：（010）81055316
反盗版热线：（010）81055315
广告经营许可证：京东市监广登字20170147号

“弗布克工作手册系列”序

“弗布克工作手册系列”图书旨在提升从业者的岗位技能、细化工作任务、明确工作规范。在这套书中，作者将岗位工作**目标化、制度化、流程化、技能化、方法化、案例化、方案化**，并为相关从业者提供了各种可以借鉴的范例、案例、模板、制度、流程、方法和工具，从而可以帮助读者提升岗位技能、高效执行工作。

技能是员工的立业之本。技能人才是支撑中国制造、中国创造的重要力量。在**“技能提升”**和**“技能强企”**行动中，企业中的每个岗位都急需一套可以拿来即用、学了能用的培训教材，以便企业通过提升员工的技能来提高各岗位人员的执行力和工作效能。在实际工作中，企业的各项工作要求、工作制度、工作流程只有**落实到位、高效执行、规范执行、依制执行、依标执行**，才能确保企业合规运营，提高企业的运营效能，增强企业的核心竞争力。

但是，企业如果没有一套合理的**执行体系、标准体系、规范体系、制度体系**和**流程体系**，不去将每项工作通过具体的方法、方案、方式落地，那么一切管理都会浮于表面、流于形式，沦为**“表面化”**和**“形式化”**管理。

本系列图书通过将岗位**职责清晰化、工作流程化、管理制度化、执行方案化**，使**“人事合一”“岗适其人，人适其事”**。其中，通过明晰职责，让读者知道自己具体应该干什么事情，需要什么技能，需要哪些工具；通过细化执行，让读者知道自己应该怎么干，思路是什么，方案是什么，应该关注哪些关键环节和关键问题；通过制度、流程、方法、方案设计，让读者知道自己应该遵循哪些标准和程序，应该按照哪些规范去执行工作。

本系列图书具有以下三个鲜明的特点。

（1）拿来即用。本系列图书按照有思路、有规划、有方案、有方法、有工具的“五有原则”进行编写，读者可根据自己企业的实际情况，对适用的内容“拿来即用”。

（2）拿来即改。本系列图书提供的各种模板，包括但不限于制度、流程、方案、办法、细则、规范、文书、报告，读者可以根据自己企业的实际情况修改后使用。

（3）参照学习。对于不能拿来直接使用或者修改后使用的模板，读者可以将其用作自己工作的参考，学习这种设计的思路，掌握各种管理模板背后的设计思维，运用这种思维去解决工作中的实际问题。

因此，本系列图书不仅适合基层员工使用，也适合管理者使用。

北京弗布克管理咨询有限公司

2022 年 7 月

前　言

《物业管理职位工作手册》（第 4 版）是“弗布克工作手册系列”中的一本。衷心感谢《物业管理职位工作手册》上市十几年来广大读者的厚爱和给予的支持！我们在充分研究读者反映的问题和意见的基础上，结合市场调研的结果，对《物业管理职位工作手册》进行了修订和补充，以使其更加符合读者的实际工作需求，更好地实现我们“拿来即用”的承诺。

这次我们对《物业管理职位工作手册》进行了以具体事务和具体工作为中心的重新设计，更加全面地介绍了物业管理的三项主要事务、十大类工作，针对物业事务综合管理、物业运维管理、物业业主服务与公共关系维护、物业资产管理、物业质量管理、物业环境管理、物业风险与安全管理、物业项目投标管理、物业供应商管理、智慧物业管理等具体工作，从制度、流程、方案、规范等方面进行了详细、具体的介绍。这些内容可以帮助读者在工作中做到逻辑清晰、事项清晰、执行清晰、问题清晰、结果清晰。

本书的具体修订工作主要体现在以下四个方面。

1．重新梳理了物业管理工作的主要事项

通过思维导图的形式，对物业管理工作进行了概括梳理，对各项工作内容进行了全面的梳理、划分。

2．对具体工作和管理工作进行了区分

对具体工作进行了细化，强化了关键点、问题点，提供了执行方案；同时，针对物业管理工作要求，提供了可以参考的制度、流程、规范。这样的区分使本书内容更加符合物业管理工作的特点。

3．更新、细化了相关内容

删除了一些不必要的表单和知识，强化了工作技能方面的内容；进一步细化了一些制度、规范，使其更加贴近具体工作；增强了相关知识的实用性和针对性，便于读者将其应用于实际工作。

4．提供附赠资源

本书的大部分章节都提供了二维码，读者扫描二维码，即可查看相关表单、方案和流程模板。

在实际工作中，读者可根据自己企业的实际情况和具体工作要求，参考书中介绍的范例、制度、流程、方案、方法并加以适当修改，制定出适合本企业的范例、制度、流程、方案、方法，不断提高物业管理工作的效率。

对于书中的不足之处，敬请广大读者指正。

丰佳栋

2023 年 4 月

目　录

第1章 物业管理工作概述

第2章 物业事务综合管理

第3章 物业运维管理

第5章 物业资产管理

第7章 物业环境管理

第8章 物业风险与安全管理

第11章 智慧物业管理

第 1 章 物业管理工作概述

1.1 物业管理工作的五大发展趋势

1.1.1 多元化发展趋势

物业公司是物业管理活动中的主体单位。随着业主需求的不断变化，业主开始追求高品质、精细化的物业服务，为此物业公司必须改变以前单一的服务模式，满足智慧城市发展的需求。

1. 服务模式的改变

未来物业公司的核心盈利点将不再是提供物业管理基础服务，而是按照服务体验包来收费。为新楼盘或旧小区提供物业管理服务时，物业公司可按照服务包来收取物业费，这种模式的核心不是单纯的物业管理，而是综合业主的需求提供多元化服务。

2. 智慧城市发展的需求

随着智慧城市的发展，物业公司将不只是提供物业基础服务，而是与多行业深度合作拓宽商业渠道，以提高多元化服务水平。

1.1.2 标准化发展趋势

标准化是物业管理工作发展的重要选择和必然趋势，也是跨地区持续拓展业务营运的基础。物业管理工作的标准化发展趋势体现在以下三个方面。

（1）标准化是物业管理行业持续健康发展的重要支撑，通过标准化管理可以促进行业规范性发展，助推供给侧的改革和行业转型升级，提高行业国际竞争力。

（2）通过标准化管理，可以充分调动物业公司加强自我管理、提高服务水平的积极性。

（3）不同物业公司的管理标准是各自独立的，缺乏一个共同的评价标准。随着龙头物业管理公司的发展，物业管理市场的行业管理标准将逐步提出和被普遍认可。

1.1.3 收益化发展趋势

随着物业管理的人工及营运成本不断攀升，市场集中度不断提高，物业管理工作的参与者正面临日益激烈的市场竞争。为了提升公司的竞争力，提高公司的市场份额，物业公司的收益化发展趋势逐渐显现，主要体现在以下两个方面。

（1）很多物业公司正在积极改善公司的战略布局，调整传统业务模式，通过整合资源及业务转型，实现可持续盈利能力增长。

（2）专项服务的开展使物业公司不再依赖单一的物业管理收入。未来，优质优价会成为高端业主的共识，物业公司的管理资产价值越高，服务收益就越大。

1.1.4 智能化发展趋势

随着互联网的不断发展，信息化技术及智能化技术被应用到物业管理工作中。智能化物业管理工作能够防止物业公司过度依赖人力，能够将复杂的物业管理工作进行拆分，从而使相关人员更加了解物业管理工作的具体内容。

物业管理的智能化极大地改变了物业公司传统的管理体系和管理模式，并且重建了管理架构。物业公司的管理模式从传统的垂直管理模式逐渐转变为网络智能化管理模式，促进了部门之间的沟通和交流，极大地节约了工作时间，并且节省了人力、物力、财力等方面的开支，增加了物业管理工作的效益。

智慧住宅社区与智能化物业管理已经成为当下城市建设及社区管理重要的组成部分。物业公司需借助智能化技术建立智能化管理平台，积极发挥智能化物业管理的作用和优势，将智能化技术的功能作用逐渐覆盖到住宅社区中，从而惠及社区群众，为城市建设发展及住宅社区管理工作奠定坚实的基础，提供有利条件。

1.1.5 专业化发展趋势

物业管理的专业化不是指由专业的物业公司来管理建筑物及其设施、设备和相关场地，也不是指物业公司内部的专业化分工与协作，而是指物业管理行业与相关行业间的专业化分工与协作。

随着社会分工的发展，物业公司已将一些专业管理内容外包给相应的专业经营服务公司，以享受现代化大生产专业分工的成果。例如，将社区卫生交给专业的清洁公司做，这既能减少物业公司的工作量，又能使环境更加美化；为社区聘请专业保安公司的职员，既能提升社区的安全级别，还可以提高业主的身心舒适感；定期请专业公司对社区的设施进行检查及维护，可以延长设备使用年限。

因此，今天的物业管理行业已从分散型转向了专业型。这种转向非常有利于提高物业管理的专业化和社会化程度，并能进一步促进物业管理向现代化的管理方式转变。

1．2 物业管理工作的十大模块

1．2．1 十大模块

通过对物业管理工作模块进行任务导图梳理，可以对物业管理工作的内容进行盘点，查缺补漏，从中发现存在的问题，明确工作的方向和方法；同时，还可以大幅度提高工作的系统性、完备性、逻辑性、复验性和前瞻性。物业管理工作的十大模块任务导图如图 1-1 所示。

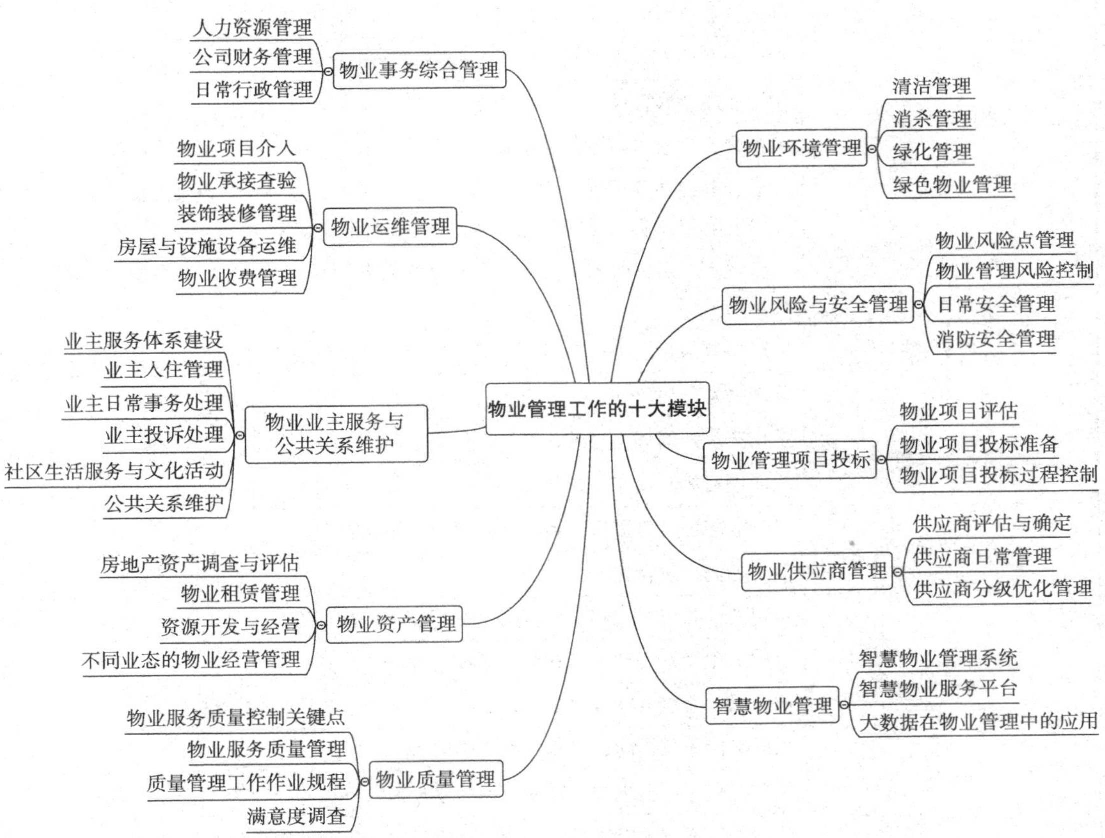

图 1-1 物业管理工作的十大模块任务导图

1. 2. 2 十大模块工作任务描述

物业公司可将物业管理各个模块的工作任务细化为独立、可操作的具体业务活动，以达到提升工作效率、界定职责权限的目的。

物业管理十大模块工作任务描述如表1-1所示。

表1-1 物业管理十大模块工作任务描述

序号	模块名称	工作任务描述
1	物业事务综合管理	根据物业公司的职能设计组织结构框架
		对物业管理所有需要开展的工作进行分析，明确岗位设置的目的、各岗位工作范围、工作关系和工作环境等事项
		根据组织结构，将物业管理的工作职能层层分解到各项管理活动中
		确定关键绩效考核指标、指标值、绩效考核标准、考核方法、数据来源、计分方法等
		编制财务预算和财务报告，做好日常经营过程的成本控制
		负责公司内部各项行政办公管理制度的起草、制定和推行工作，并负责对规章制度进行解释与宣传
		负责公司的总务后勤管理、档案管理等工作
2	物业运维管理	制定物业项目的介入方案，解决项目介入过程中的问题
		制定物业接管验收规范、验收流程和验收标准
		制定业主装修管理方案、申请流程、监管细则等
		加强物业房屋、设施及物业系统的综合管理，确保物业管理秩序井然
		收集、整理和分析物业收费方面的各种信息资料，制定物业费的催缴方案，建立物业收费体系及运作流程，确保收费工作正常进行
3	物业业主服务与公共关系维护	负责业主的入住管理、日常事务管理和投诉管理，组织实施社区生活服务与文化活动
		处理协调与行政管理部门、街道办事处、居委会的关系
		处理突发危机事件
4	物业资产管理	房地产资产的调查与评估管理、租赁管理
		物业项目的开发与经营管理
5	物业质量管理	对物业服务的质量进行控制，制定相关工作规程
		业主的满意度管理
6	物业环境管理	制定清洁管理方案和卫生清洁检查标准，并据此执行
		制定卫生消杀管理方案和消杀标准，并据此执行
		制定绿化管理方案和绿化达标标准，对绿化外包商进行管理
		采取节能减排措施，进行垃圾分类宣传
7	物业风险与安全管理	物业风险包括业主关系风险、财务管理风险、舆论风险等
		物业的日常安全管理包括巡逻、高空抛物、人员与车辆出入等
		物业的消防安全检查与消防事故的处理

（续表）

序号	模块名称	工作任务描述
8	物业管理项目投标	对物业项目投标工作进行全面监督与管理，及时处理物业项目投标过程中出现的各类问题
9	物业供应商管理	物业供应商的评估与确定管理、违约管理、优化升级管理
10	智慧物业管理	通过大数据、物联网等先进信息化技术手段对物业进行管理

1.3　物业管理工作的十大难点

1.3.1　物业费催收难

物业费催收难已成为物业服务行业的常态。物业公司的管理人员常常在催收物业服务费的工作上花费大量的时间，催收的手段也多种多样，如电话催收、微信催收、上门催收、发送催收函、发送律师函、委托第三方催收或委托律师进行诉讼，等等。业主拒缴或拖欠物业费的理由有很多，但主要有以下三个方面的原因。

（1）业主对物业服务范围存在误解。物业服务不到位是业主拒缴物业费的主要原因之一。许多物业纠纷，深究原因主要是业主认为小区的一切事务都应该由物业公司解决，因此将与住房相关的责任、供水供电供气及通信等事宜全部推到物业公司身上，然而其中大多数事情并不属于物业公司管理的范畴。问题得不到解决，业主拒交物业费，业主与物业公司的矛盾不断加深。

（2）开发商遗留问题。开发商遗留问题直接影响业主缴纳物业费的意愿。开发商遗留问题主要包括房屋质量存在问题、开发商承诺未兑现。当业主购买的房屋有质量问题、小区规划“蒸发”、小区绿化“缩水”等诸如此类的情况出现时，业主就将对开发商的不满转移到物业公司。此外，部分物业公司为了扩大管理数量，对开发商妥协，降低承接标准接管物业，这也为日后的服务工作埋下了隐患。

（3）物业本身存在的原因。部分物业公司由于自身原因也会导致物业费催收难，主要表现为服务不规范、不到位，不履行合同中的服务承诺和应承担的责任，收费高，收费不规范、不透明，管理事务不公开，侵占业主利益，等等。

1.3.2　盗窃事件处理难

在物业公司服务的区域内发生盗窃事件时，通常业主的第一反应是找物业公司，并且认为应该由物业公司承担被盗责任。对此，物业公司应及时、合理地处理这些事件，盗窃事件处理难的原因体现在以下三个方面。

（1）物业公司并没有法律部门赋予的侦查权、处罚权及执法权。因此，当发生盗窃事件时，物业公司能做的是立即安排专门人员保护现场，及时向公安机关报案并等候办案人员前来勘察案发现场和取证。

（2）当一些较复杂的盗窃事件难以及时破案或产生的损失难以追回时，业主就会将不满情绪转移到物业公司，此时业主的情绪会比较激动，对待物业公司的行为、言语也会比较激烈，会使物业公司的部分现场管理人员回避、推脱或持敷衍的态度。但这些做法只能拖延事件妥善解决的时间，加大业主的不满，甚至激化矛盾。

（3）当盗窃事件发生时，业主找到物业公司其实通常是要求有个说法。对业主的各项质询、要求，物业管理人员应根据自己所掌握的实际情况进行回答，但对于涉及确认业主被盗的责任归属等原则性问题，在公安机关没有破案或在公司没有明确指示的情况下，不能擅自确认业主被盗的责任归属，否则容易导致业主对物业公司产生“敷衍”的印象，从而加深双方的矛盾。

1.3.3 社区统一管理难

由于社区内居住的人员较复杂，有业主也有租户，流动性较大，经济水平与文化水平差异性也较大，因此对社区实施统一管理难度大，主要体现在以下两个方面。

（1）住户对物业管理的需求不一。由于小区住户对生活条件的不同要求，会产生对所居住区域不同的物业需求，物业公司不能为一些住户服务的同时损害其他部分住户的利益，也不能将一部分住户要求提供的服务强加于不同意的住户身上，因此物业公司对社区实施统一管理难度较大。

（2）部分住户不遵守物业规定。社区内有部分住户没有严格执行物业规定，如部分住户遛猫遛狗不规范，任宠物在小区内随意乱跑、在绿化带大小便，破坏了公共环境，物业虽严令保安进行管制，但部分养宠物的人不予理会。

1.3.4 与部分业主沟通难

面对不同的业主如何进行有效的沟通，是摆在每个物业管理人员面前的难题。在实际工作中，大多数业主都是通情达理、配合物业工作的。但也会存在与部分业主沟通难的情况，具体原因体现在以下三个方面。

（1）长久的积怨。例如，某一事件没有处理好，造成双方误会。

（2）业主本人难以沟通。例如，业主性格固执或粗鲁，不管物业公司采取什么样的沟通方式，都很难配合工作。

（3）责权不分。物业管理中的诸多问题，有些属于政府相关职能部门的责任，有些属于开发商的责任，有些本身就是业主自己的问题。物业若没有处理或没有及时处理，业主就会抱怨物业甚至指责物业的工作没有做到位。

1.3.5 乱停车辆治理难

随着业主私家车拥有量的不断增加，车位规划不足、停车管理难度大、非机动车乱停乱放等“顽疾”成为物业管理工作中的难点。乱停车不仅导致堵车还极易埋下安全隐患，尤其是堵塞小区的消防通道，遇突发事件时影响救护车、消防车的救援，对业主的生命财产构成严重威胁。

由于物业没有执法权，在停车管理方面不能强行制止，只能口头劝阻，这让管理工作变得很被动，一旦遇到一些不讲理的车主，劝阻也无用。

1.3.6 安保措施到位难

物业的安保管理是物业管理工作中最基本、最重要的内容。安保措施做得到位与否会直接影响物业公司的利益，其难点主要体现在以下三个方面。

（1）物业公司出于经营利润的需求，安保人员配备不足，由于人员配备不足，导致安保人员工作疲惫，流动性大，再加上部分安保人员工作不积极、责任心不强、执行力度不够等问题，很容易出现监控漏洞，导致服务区域财产损失。

（2）当小区内的安全设施（如监控、消防、红外线等）出现不能正常使用的情况时，物业公司若不及时维修，小区的公共安全就只能靠人防，从而使安全管理难度增加。

（3）有些物业公司的安保是外包的，由安保公司管理，这就导致物业公司难以对安保人员进行培训与约束，安保措施难以做到位。

1.3.7 服务十分满意难

对物业公司而言，在提供服务的过程中，不可避免地会与部分业主产生矛盾纠纷，而被投诉的频次一定程度上反映了物业公司服务的质量。如何减少投诉、提高业主对服务的满意度是物业管理的难点。

在物业管理工作中，业主与物业公司间的矛盾多且频发，主要是因为前期物业公司实施垄断、小区公共收益去向不明、外包安保无法有效管理等。

物业费是业主缴纳的，但价格却不是业主能够决定的，另外物业费只涨不降，相关的服务却没有得到提升，难免会让业主心生不满。

1.3.8 邻里纠纷调解难

物业管理人员不仅要守护小区的安全，保持良好的卫生环境，对公共区域的设施设备做好维护和保养，而且对于时常发生的邻里纠纷、矛盾也需要出面协调。

小区邻里产生纠纷的原因有很多，纠纷种类不同，责任主体就不同。有些矛盾可以通过物业协调解决，而有些矛盾则很难通过物业协调得到解决。邻里纠纷调解难的原因主要体现在以下三个方面。

（1）纠纷标的大多是因不动产引发的纠纷，有些纠纷解决的时限性强，必须及时调解，一旦冷处理就会导致调解难。

（2）纠纷标的额不大，但当事人往往出于斗气，有些纠纷如处理不当，容易激化矛盾，从而难以调解。

（3）邻里纠纷的调解不仅要运用相关法律，而且还涉及许多民风民俗，特别是涉及家庭、面子等问题时，双方不肯退让，会造成调解的困难。

1.3.9 高空抛物预防难

高空抛物危害极大，即使一个小小的硬币、石头、鸡蛋都可能造成致命的伤害。近些年，高空抛物伤人甚至致人死亡的事件屡屡发生。作为对辖区内的业主生命财产安全具有保护责任的物业公司，预防高空抛物是物业服务日常工作中的一项重要内容。

在物业管理工作中，高空抛物的预防较难，主要原因体现在以下四个方面。

（1）肇事者追溯难。居住区人口集中，高空抛物瞬时发生，很难第一时间找到当事人并固定证据，也难以 24 小时监控。

（2）查到后约束难。预防、解决机制匮乏，大多通过劝说等软性方法治理。

（3）约束后易反弹。虽然现有的法律法规对高空抛物伤人、致人死亡行为有相应的处罚规定，但是在如何预防高空抛物、对没有造成严重后果的高空抛物如何处罚方面，并未做出明确规定，且法院判决案例大多集中在民事责任分配上，因此对高空抛物很难有效防范。

（4）判决了执行难。当无法确认责任人时，法院会判决由可能加害的建筑物使用人给予补偿，这就使得某些高空抛物者心存侥幸心理，不仅没有受到应有的法律制裁，还连累整栋楼的业主一起承担赔偿责任，而被连累的其他业主并不认可法院判决，所以不配合执行。

1.3.10 安全装修监督难

对小区内的任何施工行为，物业公司有责任提前审核相关证件，如业主房产证、施工合同、施工单位资质证明等；物业公司还应审查施工方案和图纸是否存在违规情况，并在施工过程中到业主家中对装修内容定期进行现场巡查，如果发现违规情况，要在第一时间制止并上报居委会和政府职能部门。

然而在实际执行过程中，房屋安全装修监督却是众多物业公司遇到的共同难题，具体原因体现在以下三个方面。

（1）管控难度大，业主抵触情绪大，业主认为房子是自己的，物业无权插手业主的装修事宜。

（2）监督容易滞后，常常在装修已经完成或接近完成时才发现违章，造成既定事实。

（3）由于装修管理涉及面广，包括安全管理、施工管理、环境管理、设施设备管理等，如果物业管理人员对法规、条例及小区的装修规定不熟悉或不够专业，就很难从源头、过程、环境、人员四个方面进行综合监管。

第 2 章 物业事务综合管理

2．1 人力资源管理

2．1．1 物业公司的目标与职能

为了实现规范化、精细化管理，克服传统管理体制的弊端，最大限度地实现社会效益、经济效益和环境效益的统一，物业公司应明确自身的发展目标与职能，并为之努力。物业公司的目标与职能如下。

1．物业公司的目标

物业公司的主要目标及目标细化内容如表 2-1 所示。

表 2-1 物业公司的主要目标及目标细化内容

主要目标	目标细化内容
发挥物业最大的使用价值	协调好与政府及水电单位的关系，确保与相关单位合作融洽
	做好物业环境清洁、绿化管理工作，确保辖区环境整洁，绿化覆盖率达到____%
	监督业主投诉解决情况，提高业主满意度，投诉有效处理率达到____%
	组织并领导相关人员做好部门资料建档、分类工作，及时率达到____%
	按照合同执行工作，合同履约率达到____%
使物业尽可能保值、增值	严格把控物业管理费用的支出，确保物业管理费用在预算目标____%左右浮动
	制定物业成本控制目标，确保成本控制率达到____%
	监督与物业相关的设备材料、工具用品的采购与管理，控制发放及维修，用具完好率控制在____%以上
	监督库房建立物料目录和物料台账，资料建档及时率达到____%
	年度收入达到____万元，其中利润达到____万元

（续表）

主要目标	目标细化内容
创造安全、舒适、和谐的居住与使用环境	在日常秩序维护中，发生治安事件及意外事故的次数为 0
	业主满意度达到____%
	房屋、设备设施维修养护满意度达到____%
	合理解决投诉率达到____%
	实行动态保洁，保洁率达到____%

2．物业公司的职能

物业公司的主要职能如表 2-2 所示。

表 2-2　物业公司的主要职能

一级职能	二级职能	三级职能
安全职能	治安保卫	制定治安管理制度及应急预案和安全防范措施
		执行人员进出登记与检查制度
		监视和巡查，防止盗窃抢劫事件发生
	消防管理	制定并完善公司消防管理制度
		定期进行消防安全检查，及时排除火灾隐患
	车辆管理	制定并不断完善车辆管理制度
		负责维持辖区内的交通、停车秩序
		负责车辆出入登记并按照规定标准收费
服务职能	手续办理	负责业主入住、装修与搬离手续的办理
		指导业主进行房屋设施、公共设施的报修、登记，及时安排相关人员上门处理
	社区文化建设	与业主委员会紧密联系，组织开展文化娱乐活动，丰富社区文化生活
		组织制定节假日的装饰方案，组织、安排人员进行辖区的布置活动
	费用收缴	物业管理费用的定期收缴
		提供水、电、煤气的代收代缴服务
	受理业主投诉	及时解决业主的各类投诉，做好投诉回访工作
		定期回访辖区业主，征求意见及改进建议
环境管理职能	清洁管理	辖区范围内公共区域、公用设施的保洁
		业主生活及装修垃圾的处理
		辖区内的卫生消杀
		各项清洁设备的保养
	环境绿化管理	绿化植物的种植
		绿化植物的养护
		绿化植物的保养

（续表）

一级职能	二级职能	三级职能
工程管理	房屋维修、维护	制定并不断完善房屋维护管理制度
		制订并实施房屋修缮计划，确保房屋完好与正常使用
	房屋装修管理	对业主装修方案进行审批
		与业主、施工单位签订装修管理协议，并告知业主装修的事项
		对装修现场进行巡视检查，及时发现违反施工管理规定和装修方案的情况
	设备设施管理	制定并完善辖区内设施设备的管理制度和维修养护作业规程
		对设备设施的安装验收、安全运行进行管理
		处理公司相关部门和业主的报修事务
		负责高低压配电室、锅炉房、水泵房的安全运行管理工作

2. 1. 2　物业公司组织结构设计

物业公司设计组织结构时，除遵循组织设计理论外，还需考虑公司背景、发展历史、公司文化、发展规模、管理者风格等因素的影响。下面是两类物业公司的组织结构范例，仅供参考。

1. 大型物业公司组织结构设计

大型物业公司一般设有公司总部、分公司和职能管理部门，公司总部及分公司一般只承担管理职能，职能管理部门负责具体的物业管理与服务工作。其组织结构如图 2-1 所示。

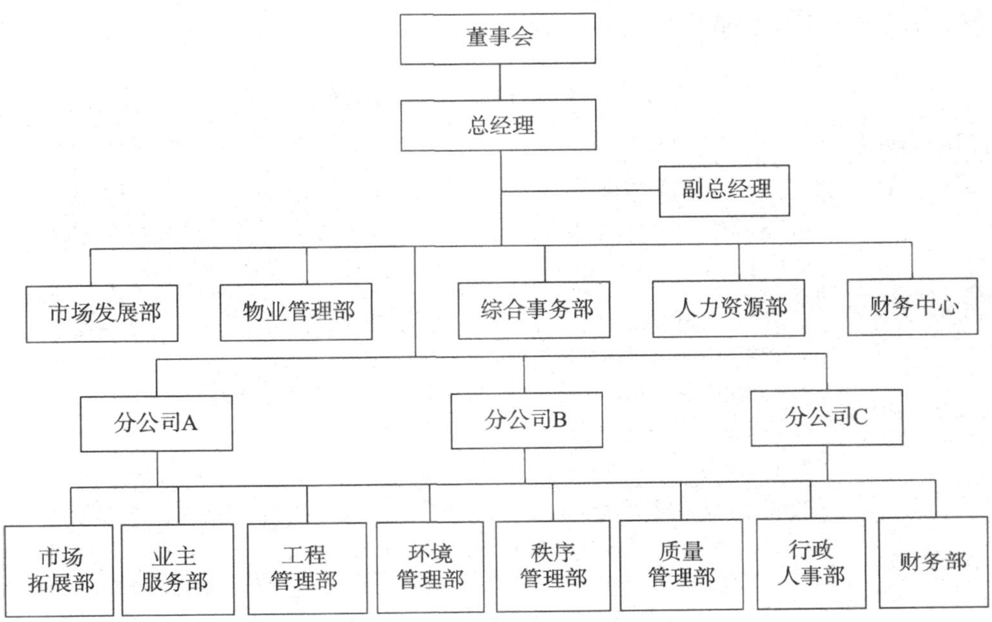

图 2-1　大型物业公司的组织结构

2．中小型物业公司组织结构设计

图 2-2 为中小型物业公司组织结构设计范例。

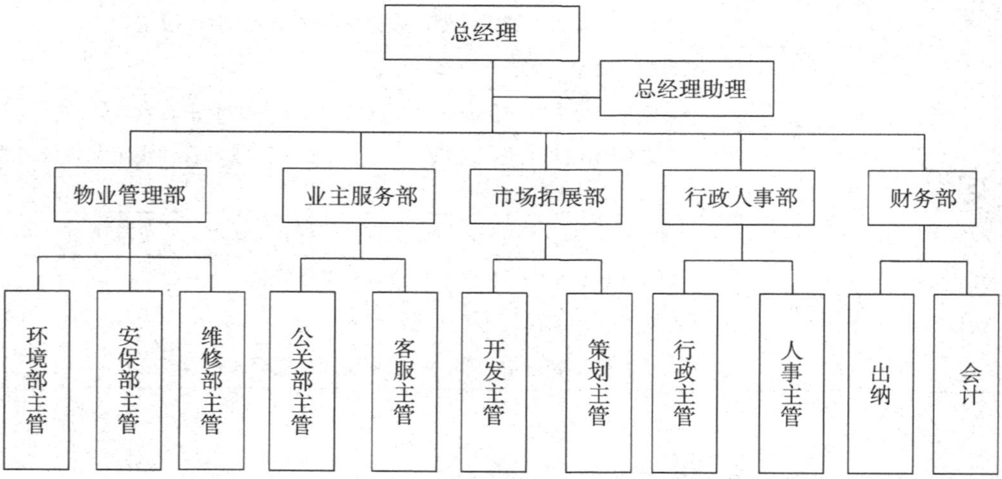

图 2-2 中小型物业公司的组织结构

2．1．3 物业公司的岗位职责设计

物业公司在设计岗位职责时，应从物业管理的特点出发，使之符合实际的管理需求。下面从物业公司的管理层、专业类、操作类、辅助支持类的角度进行岗位职责设计，分别以物业品管部经理、工程技术部经理、维修主管、服务专员四个岗位为例进行具体说明。

1．物业品管部经理岗位职责

物业品管部经理岗位职责如表 2-3 所示。

表 2-3 物业品管部经理岗位职责

岗位名称	物业品管部经理	所属部门	物业品管部
上　　级	总经理	下　　级	服务监督主管
职责概述	组织制定公司物业品质管理制度并严格执行。定期或不定期地组织对物业服务品质的检查和监督，及时发现物业品质问题，提升公司物业服务的整体水平		
工作职责	职责细分		
制度流程管理建设	◆ 组织制定物业品质管理工作制度，报总经理审批后执行 ◆ 负责根据制度的落实情况及总经理意见，对制度进行整改 ◆ 确定物业品质管理工作程序，规范各岗位职责 ◆ 定期对物业品质管理制度的执行情况进行检查		
质量管理	◆ 根据物业质量管理标准，对物业质量管理工作实施监督管控 ◆ 及时发现管理区域内各种质量问题 ◆ 定期组织对物业服务质量和工作流程进行分析，针对产生的问题提出合理的解决方案		

（续表）

工作职责	职责细分
质量认证管理	◆ 负责制订质量认证工作计划并组织实施 ◆ 负责对编写和修订的 ISO 9000 认证体系质量手册与程序文件进行审核 ◆ 组织质量认证前的各项准备与确认工作 ◆ 负责组织每年度的质量认证复审和质量改进工作，确保认证工作的顺利开展和有效运行
部门管理	◆ 设计合理的部门组织结构，优化人员配置，达到权责明晰、工作高效的目的 ◆ 负责根据部门工作情况组织部门培训，提高部门工作效率 ◆ 负责组织对工作人员的业绩进行考核，对员工的晋升、调岗及辞退等做出决定 ◆ 负责管理部门内部各项事务，控制行政费用
其他工作	◆ 协调处理物业服务监管中出现的各类问题及其他工作 ◆ 负责处理上级安排的其他工作

2. 工程技术部经理岗位职责

工程技术部经理岗位职责如表 2-4 所示。

表 2-4 工程技术部经理岗位职责

岗位名称	工程技术部经理	所属部门	工程技术部
上　　级	分管副总	下　　级	工程主管 / 维修主管
职责概述	制定部门各项规章制度，带领部门人员验收物业项目，对辖区设施设备实施维护管理，并控制部门经费的使用		
工作职责	职责细分		
制度建设	◆ 组织制定工程管理部各项规章制度，提交总经理审批，审批通过后下发执行 ◆ 组织制定工程管理部施工标准及操作规程，并监督执行的效果		
接管和验收物业项目	◆ 组织部门人员对新开发的物业项目中的施工、设施建筑、设备布置进行验收 ◆ 组织部门人员对物业施工工程、设备安装进行接管		
维修管理	◆ 组织下属人员对辖区内的物业设施进行维修和保养，并检验维修记录 ◆ 组织部门为辖区业主提供维修服务		
机电设施设备管理	◆ 制订机电设备的检修、保养计划，并监督计划的执行情况 ◆ 及时发现机电设备管理隐患，并组织解决，同时就重大技术事项向公司领导提出决策建议		
部门管理	◆ 负责本部门员工的职业道德教育和安全教育培训，以提高部门员工的服务意识、管理效能和执行力 ◆ 监控本部门的费用开支情况 ◆ 协调本部门内部及与相关职能部门之间的工作关系		

3. 维修主管岗位职责

维修主管岗位职责如表 2-5 所示。

表 2-5 维修主管岗位职责

岗位名称	维修主管	所属部门	工程技术部
上　　级	工程技术部经理	下　　级	维修工
职责概述	组织人员对辖区设施设备正常运转情况进行监督，处理业主的日常报修，协调项目工程及设备的维修和保养工作		
工作职责	职责细分		
业主装修审核管理	◆ 负责对业主装修方案中的土建改造部分的审核工作 ◆ 负责业主装修结束后的工程验收工作		
设施设备维修工作	◆ 组织辖区设施、设备的运行、保养及维修工作，负责安全检查工作的安排与落实 ◆ 组织对设施、设备进行维修和保养，并定期进行全面检查，确保设施、设备正常运行		
维修服务	◆ 负责接受业主的维修申请，并指派人员前去维修，对于因自身技术能力所限不能解决的故障，要及时联系外部维修单位进行维修 ◆ 组织人员对维修过程中的问题进行处理，及时排除疑难故障，保障业主对维修结果满意 ◆ 根据业主的要求及时做好维修服务工作，并在维修结束后，做好回访工作，以及时了解业主的需求		
资料管理	◆ 负责整理土建工程文件、资料，并将需要的资料及时归档 ◆ 负责组织技术文件和设备档案的接管、建立和管理工作		

4．服务专员岗位职责

服务专员岗位职责如表 2-6 所示。

表 2-6 服务专员岗位职责

岗位名称	服务专员	所属部门	业主服务部
上　　级	业主服务主管	下　　级	/
职责概述	在业主服务主管的领导下，为辖区业主提供各项服务		
工作职责	职责细分		
服务咨询管理	◆ 为业主提供物业管理咨询服务，及时记录业主的建议和意见，上报主管，并及时回访 ◆ 认真对待业主的报修，并以工作单形式转交有关部门，同时跟踪完成情况 ◆ 掌握业主的基本情况，热情接待物业来访用户，并准确回答其提出的问题 ◆ 对职责范围内处理不了的问题，先向业主解释，以稳定业主情绪，并及时上报领导进行处理		
物业费用收缴	◆ 按照与相关单位达成的协议代收各项费用，准时向业主派发物业费用缴费通知单 ◆ 定期向辖区内业主催缴物业管理费用		
业主投诉管理	◆ 受理业主对物业服务的投诉，并按照公司规定进行妥善处理 ◆ 定期对业主进行回访，及时汇报业主反映的问题，确保业主的专项服务需求和意见得到及时处理，并及时向业主反馈实施情况，不断提升业主满意度		
资料管理	◆ 负责整理与物业服务相关的资料，并及时归档 ◆ 负责物业服务资料的日常管理，防止资料遗失		

（续表）

工作职责	职责细分
其他工作事项	◆ 负责辖区（包括但不限于停车场、外围、大堂、各楼层、空中花园）所有公共设备、设施的维修、保洁等工作 ◆ 每天巡视检查并监督卫生、绿化、维修、装修等工作情况，发现问题及时处理并报告有关负责人 ◆ 负责为业主办理入住手续、装修手续，并为业主办理机动车、非机动车停车证 ◆ 协助业主服务主管开展社区文化活动，做好辖区精神文明建设

2．1．4　物业公司绩效指标与量化考核

物业公司制定绩效指标和量化考核方案，可以有效提升物业的服务质量，提高物业服务人员的工作效率，使公司能够实现长期可持续发展。

1．物业部团队绩效考核指标量表

物业部团队绩效考核指标量表如表 2-7 所示。

表 2-7　物业部团队绩效考核指标量表

序号	关键绩效指标	考核周期	指标公式	数据来源
1	基础设施完好率	月 / 季 / 年度	$\frac{基础设施完好数量}{基础设施总数量}\times 100\%$	物业部
2	水电暖设施完好率	月 / 季 / 年度	$\frac{水电暖设施完好数量}{水电暖设施总数量}\times 100\%$	物业部
3	设施、设备检修计划完成率	月 / 季 / 年度	$\frac{设施设备实际检修数}{设施设备计划检修数}\times 100\%$	物业部
4	保洁达标率	月 / 季 / 年度	$\frac{保洁达标的天数}{考核期总天数}\times 100\%$	物业部
5	绿化完好率	年度	$\frac{完好的绿化面积}{绿化总面积}\times 100\%$	物业部
6	安全消防设施完好率	月 / 季 / 年度	$\frac{安全消防设施完好数}{厂区安全消防设施总数}\times 100\%$	物业部
7	维修及时率	月 / 季 / 年度	$\frac{及时维修的次数}{报修总次数}\times 100\%$	物业部
8	物业服务满意度	年度	业主对物业服务的满意度评价的算术平均值	物业部

2．团队绩效指标与量化考核方案

物业部在制定团队绩效考核指标后，应根据考核指标要求制定详细的考核方案，以指导团队绩效量化考核的实施。下面是团队绩效评价标准与量化考核方案的示例，仅供参考。

团队绩效评价标准与量化考核方案

一、绩效考核的目的

为了保证公司经营目标的实现，提高物业人员的工作绩效，为物业人员的薪酬调整、学习培训、晋升奖励和惩罚等提供准确、客观的依据，特制定本方案。

二、绩效考核的时间

对物业人员的绩效考核分为季度绩效考核和年度绩效考核两种，其时间安排如表1所示。

表1　绩效考核时间安排

绩效考核		时间安排	备注
类别	名称		
季度绩效考核	第一季度绩效考核	4月1日～10日	具体的绩效考核时间由人力资源部负责安排和通知
	第二季度绩效考核	7月1日～10日	
	第三季度绩效考核	10月8日～17日	
	第四季度绩效考核	1月1日～10日	
年度绩效考核	年度绩效考核	1月5日～1月15日	

三、季度绩效考核的内容与实施

季度绩效考核是对物业人员每季度的绩效表现进行考核，考核标准是被考核者的岗位描述、工作目标和工作计划等。不同级别员工绩效考核的侧重点和评分标准不同。按照评分标准的不同，对物业人员的绩效考核分为管理类人员绩效考核和普通员工绩效考核两类。

1．管理类人员绩效考核

管理类人员季度绩效考核的内容和评分标准如表2所示。

表2　管理类人员季度绩效考核的内容和评分标准

考核要素		简单解释	评分标准	权重
类别	要点			
业绩	目标达成度	季度内工作目标达成情况	A．超过目标，B．达到目标，C．尚可，D．欠佳，E．落后	25%
	工作品质	工作秩序、事务处理及时性、资料保管完好性等	A．上乘，B．良好，C．尚可，D．欠佳，E．很差	
	工作方法	完成目标所用的方法是否科学、合理、合法和规范	A．上乘，B．良好，C．尚可，D．欠佳，E．很差	

（续）

（续表）

考核要素		简单解释	评分标准	权重
类别	要点			
业绩	监督检查力度	任务传达是否及时，任务执行过程监督是否到位	A. 很好，B. 良好，C. 尚可，D. 欠佳，E. 很差	
	业主满意度	业主对物业管理工作的满意程度	A. 非常满意，B. 满意，C. 尚可，D. 不满意，E. 很不满意	
能力	领导统率能力	组织激励下属克服困难，实现目标的能力	A. 上乘，B. 良好，C. 尚可，D. 欠佳，E. 很差	30%
	企划创新能力	抓住核心问题，开拓新思路的能力	A. 上乘，B. 良好，C. 尚可，D. 欠佳，E. 很差	
	判断决策能力	把握全局，迅速做出判断并进行决策的能力	A. 上乘，B. 良好，C. 尚可，D. 欠佳，E. 很差	
	沟通交际能力	通过沟通解决问题和协调指导下属工作的能力	A. 上乘，B. 良好，C. 尚可，D. 欠佳，E. 很差	
	洞察应变能力	洞察问题本质，及时有效地处理危机事件的能力	A. 上乘，B. 良好，C. 尚可，D. 欠佳，E. 很差	
	培训指导能力	有针对性地培训下属，帮助下属成长的能力	A. 上乘，B. 良好，C. 尚可，D. 欠佳，E. 很差	
品德	工作态度	工作的主动性、协调性、责任心、表率能力等	A. 上乘，B. 良好，C. 尚可，D. 欠佳，E. 很差	20%
	个人修养	做事公平、公正、被员工尊重的程度	A. 很好，B. 良好，C. 好，D. 欠佳，E. 很差	
	人际关系	与同事友好相处，受同事、下属欢迎的程度	A. 非常受欢迎，B. 受欢迎，C. 尚可，D. 欠佳，E. 很差	
	部门协作	在公司目标的指引下，与其他部门的协作程度	A. 很好，B. 良好，C. 好，D. 欠佳，E. 很差	
知识	管理技能	掌握管理的基本常识和管理技巧等	A. 很丰富，B. 丰富，C. 普通，D. 不足，E. 很差	25%
	专业知识	工作所需的专业基本知识、法律、法规、政策等	A. 很丰富，B. 丰富，C. 普通，D. 不足，E. 很差	
	一般知识	自然科学和社会科学的常识性知识	A. 很丰富，B. 丰富，C. 普通，D. 不足，E. 很差	
	行业知识	物业行业经营管理类知识掌握程度	A. 很好，B. 良好，C. 尚可，D. 欠佳，E. 很差	
	发展潜力	个人进取心、学习能力等	A. 潜力巨大，B. 有潜力，C. 普通，D. 不足，E. 很差	

说明：A=5 分，B=4 分，C=3 分，D=2 分，E=1 分。

（续）

2．普通员工绩效考核

普通员工绩效考核的内容和评分标准如表3所示。

表3 普通员工绩效考核的内容和评分标准

考核要素		简单解释	评分标准	权重
类别	要点			
工作能力	工作质量	季度内工作任务完成情况和质量	A．很好，B．良好，C．尚可，D．欠佳，E．很差	40%
	工作效率	工作秩序、事物处理及时性、资料保管完好性等	A．上乘，B．良好，C．尚可，D．欠佳，E．很差	
	工作方法	完成目标所用的方法是否科学、合理、合法和规范	A．上乘，B．良好，C．尚可，D．欠佳，E．很差	
	服务精神	尊重客户，服务客户，让客户满意的程度	A．很好，B．良好，C．尚可，D．欠佳，E．很差	
品德	工作态度	工作的主动性、协调性、责任心、表率能力等	A．上乘，B．良好，C．尚可，D．欠佳，E．很差	30%
	个人修养	尊重他人的程度	A．非常尊重，B．尊重，C．一般，D．不尊重，E．很不尊重	
	人际关系	受同事欢迎，与同事友好相处、互助进步的情况	A．很好，B．良好，C．尚可，D．欠佳，E．很差	
知识	专业知识	工作所需的专业基本知识、法律、法规、政策等	A．很丰富，B．丰富，C．普通，D．不足，E．很差	30%
	一般知识	自然科学和社会科学的常识性知识	A．很丰富，B．丰富，C．普通，D．不足，E．很差	
	行业知识	物业行业经营管理类知识	A．很丰富，B．丰富，C．普通，D．不足，E．很差	

说明：A=9（含）~ 10分，B=7（含）~ 9分，C=5（含）~ 7分，D=3（含）~ 5分，E=1（含）~ 3分。

3．季度绩效考核等级划分

依据物业人员季度绩效考核的总得分，将员工分成A、B、C、D、E五个等级，具体等级划分如表4所示。

表4 员工绩效考核等级划分

等级名称	得分范围（分）	奖惩措施
A级	90（含）~ 100	浮动工资上浮15%
B级	80（含）~ 90	浮动工资上浮10%
C级	70（含）~ 80	浮动工资上浮5%

（续）

（续表）

等级名称	得分范围（分）	奖惩措施
D 级	60（含）~ 70	浮动工资不变
E 级	60 以下	浮动工资下浮 5%

说明：浮动工资上浮或下浮仅仅维持一个季度。新季度绩效考核结束后，按照新的等级划分结果确定浮动工资变化比例。

4. 季度绩效考核实施

各部门经理与人力资源部共同对本部门员工的绩效进行考核。人力资源部负责填写员工季度绩效考核汇总表，共一式三份，一份交各部门负责人，一份交财务部作为浮动工资变化的依据，一份自己留存，年终汇总后存档。

四、年度绩效考核的内容与实施

1. 年度绩效考核评分标准

年度绩效考核建立在季度绩效考核的基础上，包括四个季度绩效考核得分和人力资源部奖惩记录两部分内容。人力资源部奖惩记录得分标准如表 5 所示。

表 5　人力资源部奖惩记录得分标准

奖惩记录名称		奖惩记录加减分标准
奖励	嘉奖	加 5 分
	记功	加 10 分
	记大功	加 15 分
惩罚	警告	减 10 分
	记过	减 15 分
	记大过	减 20 分

注：若在年度内既无奖励，也无惩罚，则加 1 分。

2. 年度绩效考核总分计算方法

总分 = 本年度四个季度绩效考核得分之和 ×80%+ 人力资源奖惩评分 ×20%

3. 年度绩效考核等级划分

年度绩效考核等级共有五个，具体如表 6 所示。

表 6　年度绩效考核等级划分

等级名称	得分范围	奖惩措施
A 级	前 5%	奖励 1 000 元
B 级	前 15% 除去前 5%	奖励 500 元

（续）

（续表）

等级名称	得分范围	奖惩措施
C级	前30%除去前15%	奖励200元
D级	前90%除去前30%	不奖不罚
E级	后10%	罚款500元，考虑辞退

4. 年度绩效考核的实施

公司年度绩效考核由人力资源部组织进行。

五、绩效考核结果的应用

1. 财务部依据季度绩效考核结果确定员工浮动工资的数额，依据年度绩效考核结果确定员工年终奖金数额。

2. 部门经理依据季度绩效考核结果制订员工培训计划，并向公司推荐优秀人才。

3. 人力资源部依据绩效考核结果调整员工结构，优化人员配置。

2．2 公司财务管理

2．2．1 财务预算管理

财务预算管理是指物业公司基于对公司资金活动的分析和预测，确立下一年度资金使用的方向和策略，明确物业公司资金使用的具体目标。它为物业公司进行日常资金活动控制提供了依据。

1．财务预算编制原则

财务预算的编制过程是对公司未来经营活动和经营结果的安排过程。为此，为了保证财务预算的有效性，物业公司在编制财务预算时，必须遵循以下原则。

（1）了解资金活动规律。物业公司的资金活动主要涉及收取管理费和费用支出两个环节。为了提高财务预算的准确性和可操作性，财务人员需在编制财务预算前，了解其资金活动的特点，特别是设备维修和保养等费用支出项目的规律性。

（2）员工参与编制。财务预算的编制过程也是对财务管理目标的设置过程。员工参与财务管理目标的设置，能有效地增强对目标的认同感，从而提高达成目标的可能性。

（3）符合公司实际情况。预算作为一种控制目标，其水平的高低既应该体现出挑战性，也应该体现出可实现性。因此，编制的财务预算应符合公司的实际情况，不宜过低，也不宜过高，通过全体员工的努力应能够实现。

（4）全面权衡资金的使用效益。在物业管理服务中，管理收费有既定标准，如何提高管理收费的使用效益必然是物业公司始终关心的话题。因此，在编制财务预算时，物业公司应充分考虑各种费用支出的必要性及其经济价值，防止预算中包含不应发生的费用项目。

2．财务预算编制方法

财务预算有多种不同的编制方法。编制方法不同，其效益性和实现的可能性大不相同。物业公司编制财务预算的常用方法有固定预算和零基预算两种，具体如表 2-8 所示。

表 2-8 财务预算编制方法

编制方法	具体说明	优点	缺点
固定预算	以过去的实际费用支出为基础，考虑预算期内相关因素可能发生的变动及其影响，在过去实际费用基础上增加或减少一定的百分比而确定的预算	◆ 编制简单，编制成本较低 ◆ 费用支出水平的控制要求易于为各部门所接受	◆ 难以实现费用支出效益的最大化 ◆ 难以调动各部门和全体员工控制费用支出的积极性
零基预算	一切从零开始，通过重新考虑费用预算的必要性和各项支出的经济效益而编制的预算	在既定的管理收费标准下，它有助于提高管理收费的使用效益，改善公司与业主之间的关系，从而增强物业公司的市场竞争力	◆ 编制预算的工作量相对较大 ◆ 各费用项目的成本效益率的确定缺乏客观依据

2. 2. 2 成本管理

物业公司在为业主提供物业管理服务的过程中会发生人工、设备维修等各项成本的支出，如果不能合理、全面地进行控制和管理，必将增加公司的物业管理成本，降低公司在行业中的竞争力。物业公司只有选择合理的方法对成本加以控制，才能使公司利益实现最大化。

物业成本控制具体可分为自有人工类成本控制、外包业务类成本控制和管理费用类成本控制三个部分。

1．自有人工类成本控制

物业行业属于标准的劳动密集型产业，人工成本在物业总成本中占有决定性地位。因此，对于自有人工成本不仅要从员工数量上进行控制，更重要的是在一定的人工成本水平上，以水平定工资，使物业服务质量有所提高。

物业公司一般通过制定合理的工资标准、合理的岗位编制、合理的绩效考核指标，以及通过合理排班、适当培训和激励等管理手段，有效控制人工成本。

2．外包业务类成本控制

外包业务类成本控制是对外包业务量和外包单价的控制，一般情况下，更侧重于对外包单价的控制，即保证质量、低价是根本。

外包业务类成本控制主要从以下三个方面开展。

（1）建立完善的外包申请和审批制度，杜绝不合理、不必要的外包活动。

（2）设立由采购管理部门、成本管理部门、财务管理部门、供方管理部门组成的询价小组，定期对物业项目所需外包的业务进行市场调查，定期会同外包商制定报价表，尽量做好广泛询价、价格趋势预测等。

（3）询价小组应尽可能熟悉当地市场，广泛联络外包商，提前做好外包商资源库管理工作，在保证服务质量和品质的前提下，尽可能通过让外包商之间相互竞价来压低外包价格。

3．管理费用类成本控制

管理费用类成本也是物业成本的重要组成部分。管理费用类成本控制是对各管理职能部门所耗费的办公用品、物料用品、差旅及水电消耗等采取一定的措施进行控制。

物业公司对管理费用类成本进行控制时，应做到以下三点。

（1）不定期对各项目的水、电使用情况进行检查，在保证正常运行的情况下减少浪费。

（2）对各种办公用品、物料用品的领用实施严格的审核批准制度，不符合要求的不批，杜绝不必要的浪费。

（3）公司监管部门应经常抽查、抽检各项目的办公用品、物料用品和各种器具的使用情况，做到物尽其用、以旧换新等。

2.2.3 财务报表编制

为了科学、有序地编制财务报表，确保完整、准确、及时地为公司内外部财务报表使用者提供正确的财务信息，为公司内部经营管理和领导决策提供可靠依据，物业公司要做好财务报表的编制工作。

1．财务报表编制的要求

财务报表编制的要求主要体现在以下五个方面。

（1）数字真实。财务报表中的各项数据必须真实可靠，如实地反映企业的财务状况、经营成果和现金流量。

（2）内容完整。财务报表应当反映企业经济活动的全貌，全面反映企业的财务状况和经营成果。凡是国家要求提供的财务报表，各企业必须全部编制并报送，不得漏编和漏报。

（3）计算准确。编制财务报表必须以核对无误后的账簿记录和其他有关资料为依据，不能使用估计或推算的数据，更不能以任何方式弄虚作假，玩数字游戏或隐瞒谎报。

（4）报送及时。财务报表信息只有及时地传递给信息使用者，才能为使用者的决策提供依据。

（5）手续完备。企业对外提供的财务报表应加具封面、装订成册、加盖公章。财务报表封面上应当注明企业名称、企业统一代码、组织形式、地址、报表所属年度或月份、报出日期，并由企业负责人和主管会计工作的负责人、会计机构负责人签名和盖章。

2．财务报表编制的准备工作

财务部人员在编制财务报表前，须提前做好准备工作，如清查盘点财产物资、清理核对账目、认真结账等，具体内容如图 2-3 所示。

清查盘点财产物资	在编制财务报表前，对企业的财产物资进行清查盘点，检查账实是否相符，如发现账实不符，应查明原因，并按规定及时调整账目，做到账实相符
清理核对账目	财务报表的资料主要来源于账簿记录，这就要求相关人员在编制财务报表前，要检查总账与明细账是否核对相符，做到账证相符、账账相符
认真结账	在编制财务报表前，应检查当期的经济业务是否全部入账，有关的各种记录是否予以结账，只有当期全部经济业务登记入账后，才能结账，据此编制财务报表

图 2-3　财务报表编制的准备工作

3．财务报表中资产负债表的编制

财务报表包括资产负债表、损益表、现金流量表或财务状况变动表、附表和附注等内容，其中资产负债表是其中的重要部分。资产负债表的编制要求如图 2-4 所示。

填列方法	说明
根据总账目余额填列	◆ 如“应收票据”“短期借款”等科目，根据“应收票据”“短期借款”各总账科目的余额直接填列 ◆ 有些科目则需根据几个总账科目的期末余额计算填列，如“货币资金”科目，须根据“现金”“银行存款”“其他货币资金”三个总账科目的期末余额的合计数填列
根据明细账科目余额计算填列	◆ 如“应付账款”科目，需要根据“应付账款”和“预付款项”两个科目所属的明细科目的期末贷方余额计算填列 ◆ “应收账款”科目，需要根据“应收账款”和“预收款项”两个科目所属的明细科目的期末借方余额计算填列
根据总账和明细账科目余额分析计算填列	如“长期借款”科目，需要根据“长期借款”总账科目余额扣除“长期借款”科目所属的明细科目中将在一年内到期且企业不能自主地将清偿义务展期的长期借款后的金额计算填列
根据有关科目余额减去其备抵科目余额后的净额填列	如资产负债表中的“应收账款”“在建工程”等科目，应当根据“应收账款”“在建工程”等科目的期末余额减去“坏账准备”“在建工程减值准备”等科目余额后的净额填列
综合运用上述填列方法分析填列	如资产负债表中的“存货”科目，需要根据“原材料”“委托加工物资”“周转材料”“材料采购”“在途物资”“发出商品”“材料成本差异”等总账科目期末余额的分析汇总数减去“存货跌价准备”科目余额后的净额填列

图 2-4 资产负债表的编制要求

2．3 日常行政管理

2．3．1 行政事务管理

物业公司的行政部门通过参与和保障公司的经营活动，使专业岗位人员从事务性工作中脱离出来，以提高人力资源和物质资产的利用效率。物业公司的行政事务管理事项如图 2-5 所示。

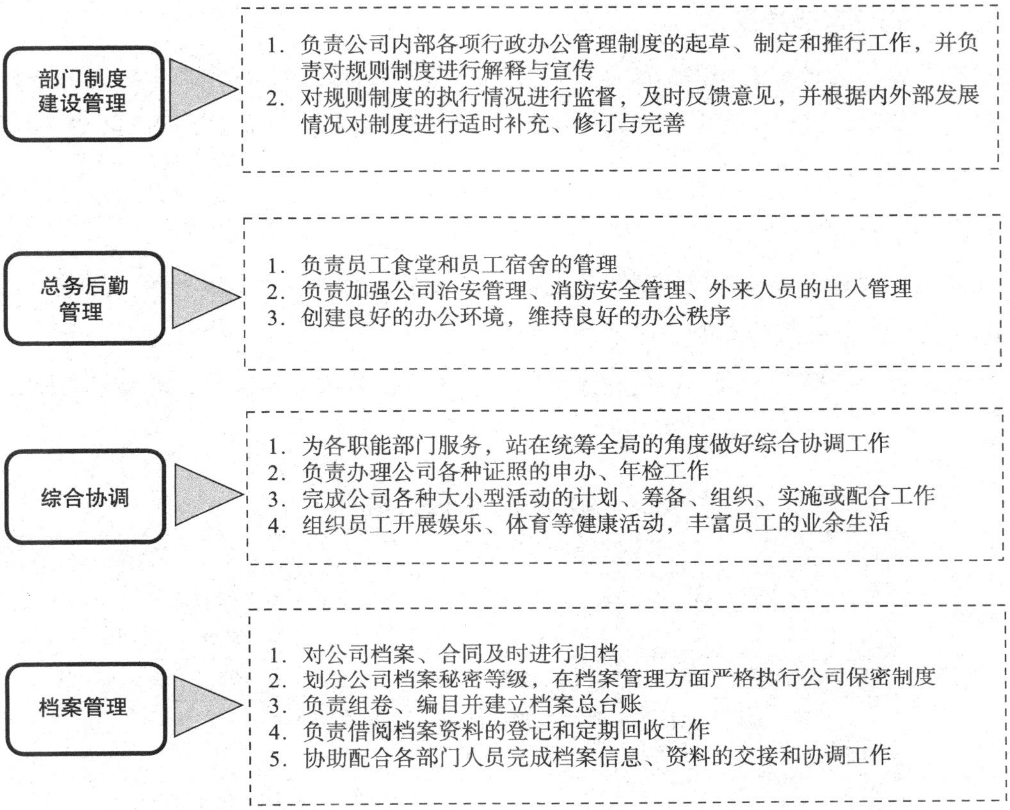

图 2-5　行政事务管理事项

2.3.2　监管事务管理

在物业工作开展过程中，监管机构会对物业公司的组建、职责、用工、报酬、分配、采购、资产租赁、经营管理、资金支付、审批程序、处罚等行为进行监督。物业公司应积极执行监管机构布置的任务，并与监管机构保持有效的沟通，具体内容如图 2-6 所示。

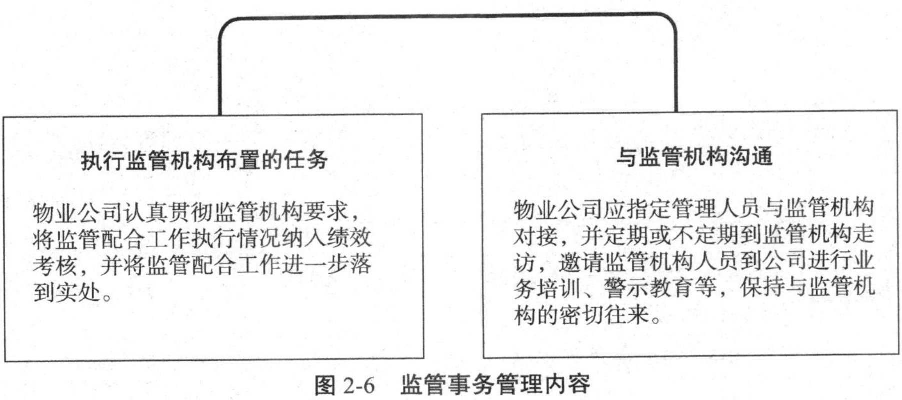

图 2-6　监管事务管理内容

2.3.3 物业文书写作

在物业管理的日常工作中，需掌握的常用文书主要有通知、通报、报告、请示、函、会议纪要、总结、计划等，主题不同，各类文书的结构也有所区别。下面以通知、商务信函、请示为例进行说明。

1．通知

通知是物业管理工作中应用最为广泛的一种文书，用于传达上级指示，公布、转发、报送有关文件，告知某些事项。

通知一般由标题、称谓、正文和落款四部分构成，各部分的撰写要求及示例如表2-9所示。

表2-9 通知各部分撰写要求及示例

构成	撰写要求	示例
标题	可以直接用“通知”作标题，也可以用“具体事项＋通知”作标题	关于做好小区公用设施改造工作的通知
称谓	可以根据需要选择单位名称或个人姓名＋尊称	××单位，××业主
正文	包括时间、地点、具体的事项、上级的指示、要达到的目的等	—
落款	署名＋日期	××物业服务中心 ××××年××月××日

2．商务信函

商务信函是指用于不相隶属的单位之间相互商洽工作、询问和答复问题，或者向有关主管部门请求批准的文书。“有关主管部门”不是上级，而是平行的关系，此文种适用于工作业务不相隶属的供应商、外包单位等协作单位的沟通。商务信函包括联系函、请复函、请求函、答复函等。

商务信函一般由信头、称谓、正文和落款四部分组成，各部分的撰写要求及示例如表2-10所示。

表2-10 商务信函各部分撰写要求及示例

构成		撰写要求	示例
信头	标题	标题要写在信函第一行的中间，要概括事由	关于加快3号楼电梯维修进度的函
	发函编号	即发函字号，应写在标题的右下方并写明发函的单位和发函的顺序号	××字【2022】××号
称谓	—	对方的称呼，应顶格写在编号下边的一行	××电梯维保公司

（续表）

构成		撰写要求	示例
正文	开头语	一般有两种写法： ◆ 直述主题，写出发函的目的 ◆ 向对方介绍自己或叙述对方的信函已收到	—
	主体	根据发函缘由认真、简洁地陈述事项，要做到有理有据，使对方易于接受；要根据内容的多少分段写或分条写，保证条理清晰、层次分明	
	结尾	将主体所讲的事情简要地进行概括，提出与信函主题有关的要求，如“候复”“希望速办”等	
落款	—	◆ 即发函单位的全称，如“×× 物业公司” ◆ 用专用发函纸写信函，只需写发函日期即可	×× 物业服务中心 ×××× 年 ×× 月 ×× 日

3. 请示

在物业管理工作中，请示是工作实施前请求上级批复、批示的文书。

请示主要由标题、称谓、正文和落款四部分组成，各部分的撰写要求及示例如表 2-11 所示。

表 2-11　请示各部分撰写要求及示例

构成	撰写要求	示例
标题	事项 + 文种	关于景观水泵采购的请示
称谓	公司领导或上级公司	×× 单位，×× 业主
正文	◆ 请示事项，正文结束另起一行，加上请示语，如妥否，请示，请领导批示等 ◆ 可另加附件 1、附件 2 等，附件目录位置在正文与署名之间	关于 ×× 的请示
落款	署名 + 日期 最下方可加注主送单位、抄送单位	×× 物业公司工程部 ×××× 年 ×× 月 ×× 日

文书管理制度示例，扫描下方二维码即可查看。

第 3 章 物业运维管理

3．1 物业项目介入

3．1．1 项目介入策划方案

物业公司的项目介入是指在新建物业竣工之前，对于开发商在项目的立项、规划设计、施工建设、营销策划、竣工验收阶段所引入的物业服务咨询活动，物业公司站在业主使用及物业服务的角度提出合理化的意见和建议，以更好地满足业主的需求。下面是项目介入策划方案示例，仅供参考。

项目介入策划方案

一、目的

为了使物业的功能设计更有利于日后的使用与管理，有效地避免因设计上的缺陷或不足给物业管理带来麻烦，特制定本方案。

二、介入时间

20××年××月××日至20××年××月××日。

三、介入人员

物业部主管及物业服务人员。

（续）

四、介入阶段

（一）可行性研究阶段的介入

1. 介入形式

物业部主管在项目立项研究阶段获取项目信息，组织相关人员对整体设想和建设思路、周边情况、项目定位等进行分析与评估，就项目的物业服务进行总体策划。

2. 介入内容及要点

（1）了解项目的周边环境。

（2）协助建设单位评估项目所需相关配套设施。

（3）向建设单位提供专业咨询意见和可行性研究报告建议。

（4）设计与业主目标相一致并具备合理性价比的物业服务框架方案。

（二）施工建设阶段的介入

1. 介入形式

此阶段主要是安排工程技术人员驻场，对施工中的项目进行巡查、了解、记录，并就相关问题提出建议。

2. 介入内容及要点

（1）熟悉规划设计内容，对现场施工情况进行跟踪。

（2）参加项目沟通会，准确了解现场施工进度节点和各专业分项施工计划。

（3）跟进设施设备的安装调试，了解设施设备的使用功能和操作要求，并收集相关的技术资料及文件。

（4）与开发商就施工过程中的问题共同磋商，及时提出并落实整改方案。

（5）做好现场记录，将重要的场景拍照、存档，为今后的物业服务提供资料，也为将来处理质量问题提供重要依据。

（三）营销策划阶段的介入

1. 介入形式

确定物业服务模式、收费标准等，提供物业服务培训，让销售人员对项目的物业服务情况有一定了解。

2. 介入内容及要点

（1）派专业人员到现场为业主提供咨询服务，促进双方的了解。

（2）采用各种方法宣传并展示未来物业管理的状况。

（3）印发有关资料与制度下发给业主，以加深业主对未来物业管理的认识，同

（续）

时要明确物业服务的收费内容与金额。 **五、介入注意事项** 1. 介入人员在提供意见时，要注意方式与方法，不能影响正常工作。 2. 在介入之前应事先与开发商签订合同，再开展工作，同时，要尊重合同关系，严格按合同约定的工作内容及介入要求开展。 3. 在介入过程中不要越俎代庖，不要轻易承诺，不要超越专业及合同范畴，不要超越开发商职权。

3.1.2 项目介入问题解决

物业管理的前期项目介入能够更好地平衡物业公司与业主之间的关系，也能使物业设计更加人性化与功能化，但是在介入过程中，由于各种各样的原因，不可避免地会存在各种问题，因此物业服务人员应按照既定措施来解决这些问题。

1．项目介入问题

在项目介入过程中，常见的问题主要体现在以下三个方面。

（1）物业招投标管理不规范。在项目介入之前，通常开发商会邀请物业公司进行投标，以确定最终合作对象。但是由于对其管理监察不到位，就有可能导致中标的物业公司存在技术不够精湛、服务观念淡薄、处理纠纷和突发事件能力薄弱等问题，并且不能承担项目介入的职责，导致对现有的开发商的工程建设并没有发挥作用，从而失去了物业公司项目介入的意义。

（2）物业公司与开发商站立角度不同。物业公司主要从两个方面提前介入项目开发。一方面是从物业管理的角度对项目施工、设备安装的质量进行监控，另一方面是站在业主的角度上考虑问题，以便及时发现和解决问题，避免房屋建成后给使用者带来各种不便，造成开发商、业主与物业公司三者之间的矛盾不可调和。

因此，对于开发商来说，有些“监督”与“建议”在施工过程中难以进行，就会导致项目介入进度无法推进，从而加大项目介入的难度。

（3）物业管理不规范。部分物业公司缺乏完整规范的项目介入管理制度，导致相关人员在介入过程中不按照正常程序操作，忽视了工程项目中的施工问题，造成共用设施设备划分不明确或者配套不完善等现象发生，给物业公司后期工作带来诸多不便。

2．项目介入问题解决措施

（1）加大招投标监管力度。开发商应树立严格管理招投标的意识，构建公平、公正、公开的招投标竞争市场环境，健全招投标备案制度，借此来完善与发展对招投标工作的监管机制，加强对物业公司招投标的指导与监督力度，选用成熟与完善的物业公司介入项目，以保证物业公司能够承担起项目介入的责任，避免物业公司无所作为的情况发生。

（2）加强和规范合同管理。物业公司应与开发商签订项目介入合同，合同中应清晰明了地规定物业公司的项目介入范围与内容，包括双方的权利和义务、合同期限、违约责任等，双方据此合同执行。若在施工过程中双方发生意见不一、彼此无法说服的情况，就应按照合同中对此做出的解释执行。

（3）健全相应的规章制度。物业公司加强项目介入管理最有效的措施就是健全相应的规章制度，其中应包括项目介入流程、项目介入内容、项目介入违规行为处罚等内容，以此来严格约束相关人员，解决项目介入流于形式的问题。

3．2 物业承接查验

3．2．1 制定验收方案

物业服务人员在做好前期项目介入之后，为保障项目的最终完成，避免出现纠纷，应制定物业接管验收方案。下面是物业接管验收方案示例，仅供参考。

物业接管验收方案

一、目的

为了明确双方的责任与义务，提高合作效率，避免出现纠纷，同时规范项目验收工作，特制定本方案。

二、接管验收时间

20××年××月××日至20××年××月××日。

三、成立接管验收小组

本公司成立接管验收小组，负责接管事宜；××项目工程负责人配合接管工作；其他相关人员予以协助。

（续）

四、接管验收方法

物业公司开展接管验收工作时应综合运用核对、观察、使用、检测和试验等方法。

五、接管验收内容

物业公司应重点查验物业共用部分、共用设备设施的配置标准、外观质量及使用功能。

六、接管验收必备资料

以下资料为本物业公司接管移交并管理 ×× 房屋的基本资料，并需永久保存，以保障设施设备能得到切实维护及保养。

1. 竣工工程项目一览表，包括竣工工程名称、工程开始日期、位置、结构、楼层、面积、装修标准等。

2. 工程项目竣工图。

3. 材料、建筑构件、外协件、各种设备、检测仪器的出厂合格证、说明书和验收记录，预制作的荷载试验记录、自动控制仪表的调试记录。

4. 设备清单，包括设备名称、规格、数量、产地、性能及单价等。

5. 设备安装调试记录，如供暖设备、通风设备、管道设备、消防设施等的检查与试验记录。

6. 土建施工记录，包括低级处理记录、结构安装矫正记录、预应力构件施工记录等。

7. 建筑物的沉降、变形、防震、隔音等指标的测试记录。

七、接管验收工作程序

（一）接管验收前的准备工作

1. 明确接管验收人员，准备相关工具。

2. 对接管验收人员进行培训。

3. 开展接管工作应准备的文件：验收接管流程、相关验收文件、相关验收表格、成品保护方案。

4. 熟悉接管各层面的情况。

（二）接管验收的实施

1. 验收小组根据开发商提供的图纸，按设计和施工要求编制验收计划，按建筑

（续）

安装工程质量检验评定标准接管验收。 2. 验收小组负责编制接管验收计划和标准，由开发商向物业公司提出接管与验收要求。验收小组按开发商提供的竣工图，设备清单，所有设施、设备出厂合格证书，设备调试运行记录、试验报告等，在开发商的组织下进行验收。 3. 验收小组按专业分工及标准、计划、设备清单进行验收。 4. 验收标准为房屋接管验收标准及业主的合理要求。 5. 验收方法为观感验收法和使用验收法。 （三）接管验收遗留问题的处理 1. 遗留问题的登记、确认：对资料验收中发现的资料不全、不真实、不合格等问题，接管验收小组应当将问题逐项记录在验收资料遗留问题登记表中并交开发商相关人员签字确认。 2. 对物业硬件设施接管验收中发现的不合格等问题，接管验收小组应当将问题逐项记录在接管验收设施设备问题登记表中并请开发商相关人员签字确认。 3. 对资料遗留的问题，接管验收小组应当积极与开发商联系，要求其补齐，必要时公司总经理应当协助进行。 4. 对物业硬件设施、设备遗留问题分两方面进行处理：一方面对于一般问题，接管验收小组应当要求开发商在两周内解决；另一方面对于重大问题，接管验收小组应当要求开发商在一个月内解决。 5. 对于长期解决不了、势必会影响物业管理的问题，物业部应当以备忘录的形式将问题登记后交给开发商。 6. 将验收遗留问题登记表和备忘录交公司行政部归档保存。

3.2.2 物业接管验收流程

为了规范接管验收工作，明确接管验收标准，给业主带来良好的入住体验，物业接管验收小组及专员应按照相关流程开展工作。

1. 物业接管验收流程

物业接管验收流程如图 3-1 所示。

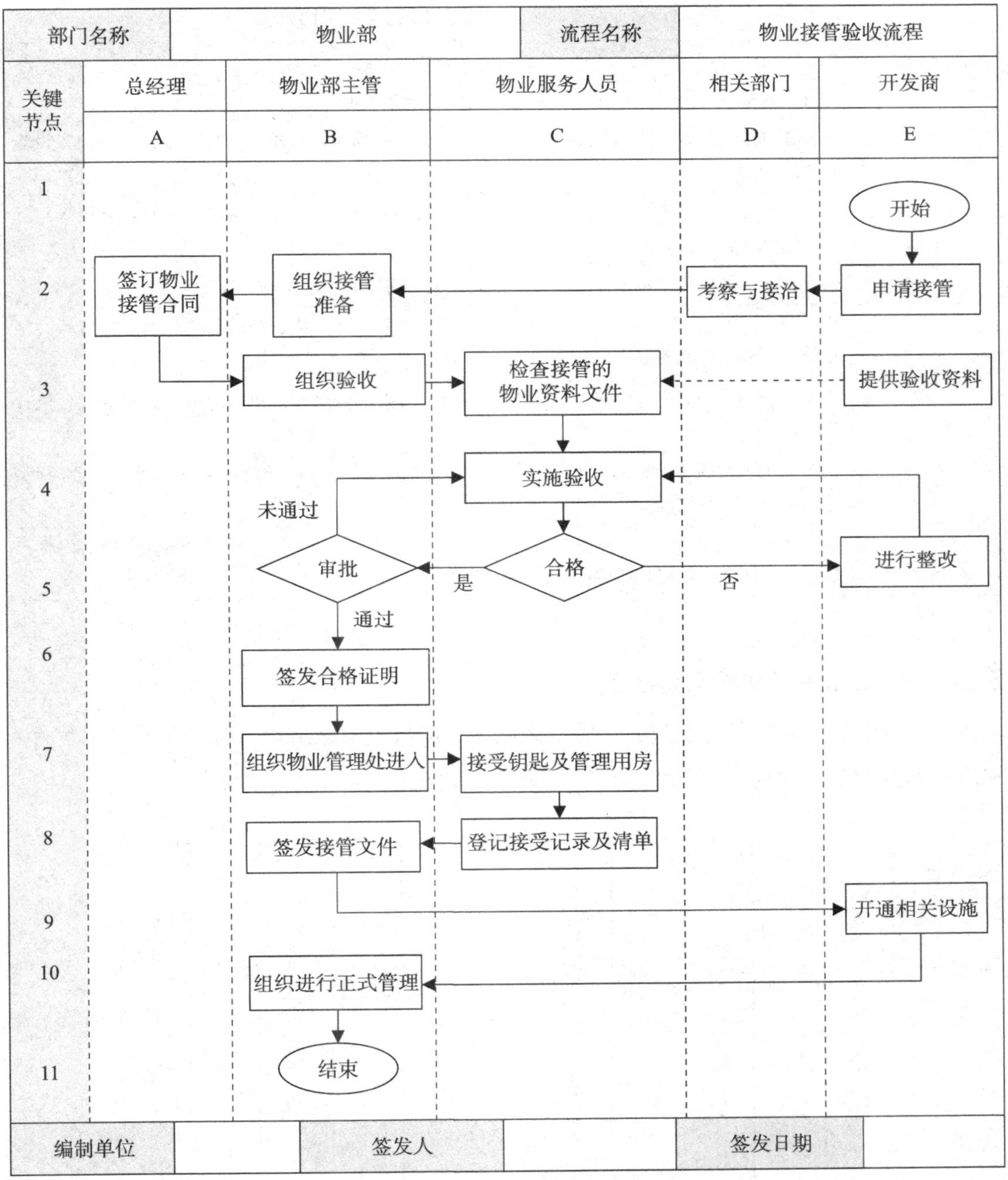

图 3-1　物业接管验收流程

2．执行关键节点

物业接管验收流程关键节点细化执行内容如表 3-1 所示。

表 3-1 物业接管验收流程关键节点细化执行内容

关键节点	细化执行内容
E2	开发商在完成工程项目以后，向物业公司提出接管申请
	提出申请后，应将所有相关资料准备齐全，包括工程竣工清单、房屋建设情况、设备设施检查情况等
C3	物业服务人员对接管的资料文件进行检查，确保资料文件齐全、准确，并且信息内容与开发商提供的信息一致
	这些资料文件应包括物业签订协议、委托合同、房屋开发证明等
C4	物业服务人员协同开发商一起对房屋进行接管验收工作，接管验收标准应按照接管验收计划执行，不得徇私舞弊
	若验收合格方可进行下一步，若验收不合格，开发商需对房屋重新整改，直至验收合格方可结束
B6	物业部主管对验收合格的房屋签发验收合格证明，证明中必须包括验收人名字、验收时间、验收地点、验收情况等
B7	物业部主管组织物业管理处入住，在入住之前应对管理处人员进行相关培训，培训内容包括业主入住办理流程、业主投诉处理流程等

3.2.3 物业承接查验问题处理

物业服务人员在承接查验过程中若发现问题，应找出问题出现的原因并要求开发商针对不同问题制定不同的解决方案，具体处理步骤如图 3-2 所示。

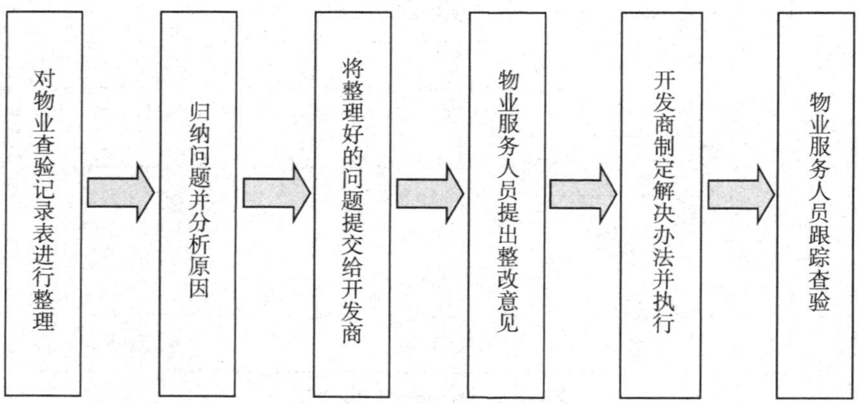

图 3-2 承接查验问题处理步骤

1. 对物业查验记录表进行整理

物业服务人员将承接查验过程中填写的物业查验记录表分类整理，将其中存在的问题登记成册，切忌主观评判问题的重要性。

2．归纳问题并分析原因

物业服务人员对承接查验过程中遇到的问题进行收集，并分析原因。常见的问题主要体现在以下三个方面。

（1）相关资料手续不健全。

（2）公用设备设施不完善。

（3）房屋质量存在问题。

导致上述问题存在的原因主要包括以下三个方面的内容。

（1）开发商未按照既定规范准备相关资料。

（2）开发商未按照规范施工或者施工过程中偷工减料，导致公用设备设施不完善。

（3）房屋设计方案不合理或者违反房屋建设规范造成设计缺陷。

3．将整理好的问题提交给开发商

物业服务人员将整理好的问题及做出的分析一并提交给开发商，请开发商签字确认，并要求其在一定期限内做出整改。

4．物业服务人员提出整改意见

物业服务人员针对整改问题提出相关意见，意见一定要切实可行，便于开发商进行有针对性的整改。

5．开发商制定解决办法并执行

开发商在结合物业服务人员意见的基础上，根据问题产生的原因制定相应的解决办法，并督促相关部门执行。

6．物业服务人员跟踪查验

为了保证承接查验过程中的问题得到及时解决，物业服务人员要做好跟踪查验工作，对完成的项目再次验收，办理查验手续，对整改不符合要求的项目督促开发商处理。

3.2.4　项目质量验收标准

物业服务人员的项目验收工作主要包括房屋本体设施的验收、公共配套设施的验收及机电设备的验收，验收时需遵循一定的验收标准，具体内容如表3-2、表3-3及表3-4所示。

表 3-2　房屋本体设施验收标准

验收项目	标准
主体结构	外墙不得渗水
	屋面排水畅通、无积水、不渗漏，出水口、檐沟、落水管安装牢固、接口严密、不渗漏

（续表）

验收项目	标准
楼地面	面层与基层粘贴牢固，不空鼓
	整体面层平整，无裂缝，无脱皮，不起砂
	块料面层表面平正，接缝均匀顺直，无缺棱掉角，粘贴牢固，色泽均匀一致，无明显色差
内墙面	抹灰面平整，面层涂料均匀，无漏刷。无面层剥落，无明显裂缝，无污渍
	块料（如瓷砖）面层：粘贴牢固，无缺棱掉角；面层无裂纹、损伤，色泽一致；对缝沙浆饱满，线条顺直
顶棚	抹灰面平整，面层涂料均匀，无漏刷，无脱皮，无裂纹，无霉点，无渗水痕迹，无污渍
卫生间、阳台地面	应低于相邻地面 2 厘米左右，不应有积水、倒泛水和渗漏
木地板	平整牢固、接缝密合、色泽均匀、油漆完好光亮
门、窗	门开启自如，无晃动和裂缝，零配件齐全，位置准确，无翘曲变形
	门锁、窗销连接牢固，开启灵活
	玻璃安装牢固，胶封密实，无明显刮花痕迹，无损伤
	油漆均匀，色泽光亮新鲜
	电子防盗门通话清晰，完好，无锈迹
	不锈钢房门表面光亮，无刮花、变形
	高档装饰门装饰完整
楼梯、扶手	钢木楼梯安装牢固，无锈蚀、弯曲，油漆完好，色泽均匀，表面平滑
	砼楼梯无裂缝，无表皮剥落
装修工程	表面光洁，线条顺直，对缝严密、牢固
油漆、刷浆	色泽一致，无脱皮、渗漏现象
水表、电表、气表	安装牢固，读数正常，无损伤
给水设施	安装牢固，接口密实，无渗漏、锈迹，流水通畅，有足够压力
地漏、排水管道	安装牢固，配件齐全，接口密实，无渗漏现象，无堵塞，排水通畅
门铃	安装牢固，操作灵活，效果良好
防盗网	安装牢固，焊接密实，面漆完好均匀，无脱皮
其他配备设施	要求齐全、完好，型号与设计相符，工作正常

表 3-3　公共配套设施验收标准

验收项目	标准
天台	天沟、落水口畅通完好
	隔热层、防水层完好
散水坡	无下陷、断裂，与墙体分离，坡度适宜、平整

（续表）

验收项目	标准
屋面避雷设施	连接牢固
路灯、装饰灯	安装牢固，完好无损，工作正常
绿化	符合设计要求，不缺株少苗，无死株，无大面积杂草；绿化水观布局合理，阀门开关灵活，安装稳固
道路	路面平整，无水泥块，无起砂、无断裂
	路牙石砌筑整齐，灰缝饱满，无缺角损伤
	块料面层拼砌整齐且牢固，无明显裂缝、缺棱掉角
	交通标识线、路牌清楚完好
室外消防栓	消防箱标识清楚，玻璃完好
	消防设施配件齐全
	消防管安装牢固，标识明显，阀门完好，无渗漏水，水压充足
楼宇门牌、楼栋号牌	安装牢固，标识清楚
垃圾中转站	密封完好，外表装饰完整，油漆完好，使用方便
安全员岗亭	安装牢固，配件齐全，标识清晰，完好无损
门禁设施	安装牢固，开启灵活，标识清楚，完好无损
停车场	地面平整，照明充足，标识清楚，安全设施良好，排水设施良好
自行车、摩托车棚	安装牢固，照明充足，标识清楚，安全防护和排水设施良好
明沟、暗沟	排水畅通，不积水，无断裂，沟盖板安装牢固、平稳
沙井、检查井、化粪池	排水畅通，池壁无裂缝，池内无杂物
护坡、挡土墙	泄水通畅，砌筑牢固
台阶、踏步	砌筑平实、牢固，无裂缝
水池、水箱	卫生清洁，无渗漏
雕塑	牢固，完好，安全
招牌、广告牌	安装牢固，安全，表面平整光洁

表 3-4　机电设备验收标准

验收项目	标准
电梯设备	型号、数量与移交清单相符，运行平稳，安装符合规范；有电梯运行准运证；机房设置合理，配件安全，标识清楚，表面光洁平整、明亮
变配电设备	型号、数量与移交清单相符，工作状态良好，安全防护装置齐全，标识清楚、机房配置齐全，通风、采光良好，设备表面油漆完好，无损伤
中央空调设备	型号、数量与移交清单相符，工作性能达到设计指标，配置齐全，标识清楚，机房通风、采光良好，设备表面油漆完好，无损伤
发电机	型号与移交清单相符，工作状态良好，反应敏捷，标识清楚，表面油漆完好无损伤，设备安装牢固，机房隔音、防护设施完好，通风、采光良好

（续表）

验收项目	标准
消防监控设备	型号、数量与移交清单相符，工作状态良好，标识清楚，设备表面完好无损，设备安装牢固，机房干燥且通风、采光良好
给水排水设备	型号、数量与移交清单相符，工作状态良好，标识清楚，设备表面油漆完好无损，安装牢固，无渗漏现象，机房配置完整
安全监控设备	型号、数量与移交清单相符，工作状态良好，标识清楚，设备表面完好无损，设备安装牢固，机房干燥且通风、采光良好

3.3 装饰装修管理

3.3.1 装饰装修管理制度

为了规范对业主装饰装修行为的管理工作，保证业主装饰装修工作的顺利进行，物业公司必须制定装饰装修管理制度。下面是装饰装修管理制度示例，仅供参考。

<table>
<tr><th>装饰装修管理制度</th></tr>
<tr><td>
第1章 总则
第1条 目的
为了规范对房屋装饰装修的管理工作，严格控制业主的装修过程，确保其符合规定要求，特制定本制度。
第2条 适用范围
本制度适用于本公司管理的各类房屋的装饰装修管理工作。
第3条 职责分工
1．物业部主管负责制定业主装饰装修管理手册，并且对业主的装饰装修进行不定期的抽查。
2．物业服务人员负责对业主的装饰装修过程进行监督，并协助相关部门完成装饰装修的房屋验收工作。
3．财务部负责装饰装修保证金的收取、扣缴和退还。
第2章 装饰装修申请
第4条 提交申请
1．业主根据实际情况提出装饰装修申请，并且如实填写房屋装饰装修施工申请表。
2．业主在提出申请时，应提供平面设计图、单元立面图、水电设计图等相关技术资料。
第5条 受理申请
物业服务中心审核业主装修资格（包括验证业主身份），经确认为本小区（或大厦）的业主，其物业管理费已按规定缴付、承租资料齐备后，同意业主申请。
第6条 填写承诺书
业主按要求填写室内装修承诺书，连同装修图纸一起交物业服务中心，并做出遵守装修规定的承诺。
第7条 告知相关规定
物业服务人员向业主简述室内装饰装修的程序及规定，将室内装饰装修规定发给业主。
第8条 办理装饰装修收费及有关手续
1．财务部向业主收取装饰装修保证金、施工人员出入证押金、业主室内装修批准书押金、装修垃圾清运费等。
</td></tr>
</table>

（续）

2．交费后，物业服务人员为施工人员办理出入证，并将业主室内装饰装修批准书与业主室内装饰装修违约记录表复印在 A3 纸交给业主。

3．装修期间，业主应将业主室内装饰装修批准书悬挂于装修单位入户门外正上方，以便物业服务中心核检。

4．物业部主管填写装饰装修通知单，交由保安派发给装修单位相邻房间。

第 3 章　装饰装修过程管理

第 9 条　监督施工

物业服务人员负责监督业主按图施工，保证装修单位在装修过程中不违反业主室内装饰装修规定，如发现违规装修，及时将其记录在表上，交业主签名确认后存档。

第 10 条　若发现以下情况，物业服务人员按照装饰装修违章处理办法进行处理。

1．未按照规定张贴装修施工许可证（见下表）。

装修施工许可证			
许可证编号			
装修业户			
业主姓名		业主联系电话	
施工单位			
施工现场负责人		联系电话	
施工期限			
物业管理处（盖章）			

注：施工期间，本许可证须张贴于施工单元正门显著位置，否则按无证装修处理。

2．未按照规定的时间施工。

3．存在超出申请范围的装修项目。

4．违反装饰装修管理规定及国家相关的其他规定。

第 11 条　定期巡检

1．物业服务人员每天对装修单位进行巡检，确保装修不影响其他业主正常办公、休息，不损坏和污染公共设施和公共区域，并将日常检查情况记录在业主室内装饰装修巡检记录表上。

2．物业服务人员定期检查业主室内灭火器的配备和使用情况，施工人员佩戴施工证情况，装修施工是否违反消防安全条例等。

第 12 条　违章处理

1．若发现装修单位初次违反室内装饰装修规定，应及时制止并口头警告要求其纠正，同时在业主室内装饰装修违约记录表内记录第一次口头警告的时间、巡查人，并且要求装修负责人签名确认。

2．装修单位若屡次不听劝告，物业服务中心将向业主发出室内装饰装修违约单，若情节严重，将向业主发送关于违反装修规定的最后警告书。

3．如违规现象仍然存在，其他业主投诉不断，物业服务中心将安排保安部对装修单位进行断电或清场处理，直至装修单位承认错误，保证遵守装修规定，方可让其重新进场施工。

第 13 条　用火管理

装修过程中需动火作业的，应到物业服务中心申请，动火时须接受工程部、保安部的监督指导。装修施工单位需有动火负责人在现场监管。

（续）

第 14 条　用电管理

装修过程中业主需临时用电的，应到物业服务中心申请，经工程部审核定价、财务部收费后，由工程部提供临时用电。

第 4 章　装饰装修的竣工验收

第 15 条　验收申请

装饰装修施工结束后，由业主向物业服务中心提出验收申请，申请通过后，工程部、业主和施工单位共同对装饰装修进行现场验收。

第 16 条　竣工验收结果处理

竣工验收合格的，由物业部主管在装饰装修完工检查验收表内签署初验合格及姓名和日期。如发现违章装修情况，按装修违章处理办法进行处理。

第 17 条　施工证收回

物业服务中心在装饰装修验收完毕后收回施工证，如有丢失，原交押金不予退还。

第 18 条　装修施工复验

装饰装修验收合格并使用三个月后，物业部主管组织对装修施工复验，复验无问题，由物业部主管在装饰装修完工检查验收表内签署复验合格后报部门经理审批。

第 19 条　退还押金、保证金

装修完工检查验收表经物业部经理审批后，由财务部退还业主、装修施工单位的装修押金、保证金。

第 5 章　附则

第 20 条　编制单位

本制度由物业部负责编制、解释与修订。

第 21 条　生效日期

本制度自 ×××× 年 ×× 月 ×× 日起生效。

3. 3. 2　业主装修管理流程

为了提高对业主装饰装修的管理效率，简化冗杂的服务流程，提高业主对物业服务的满意度，物业服务人员应按照既定流程对业主的装修工程进行管理。

1. 业主装修管理流程

业主装修管理流程如图 3-3 所示。

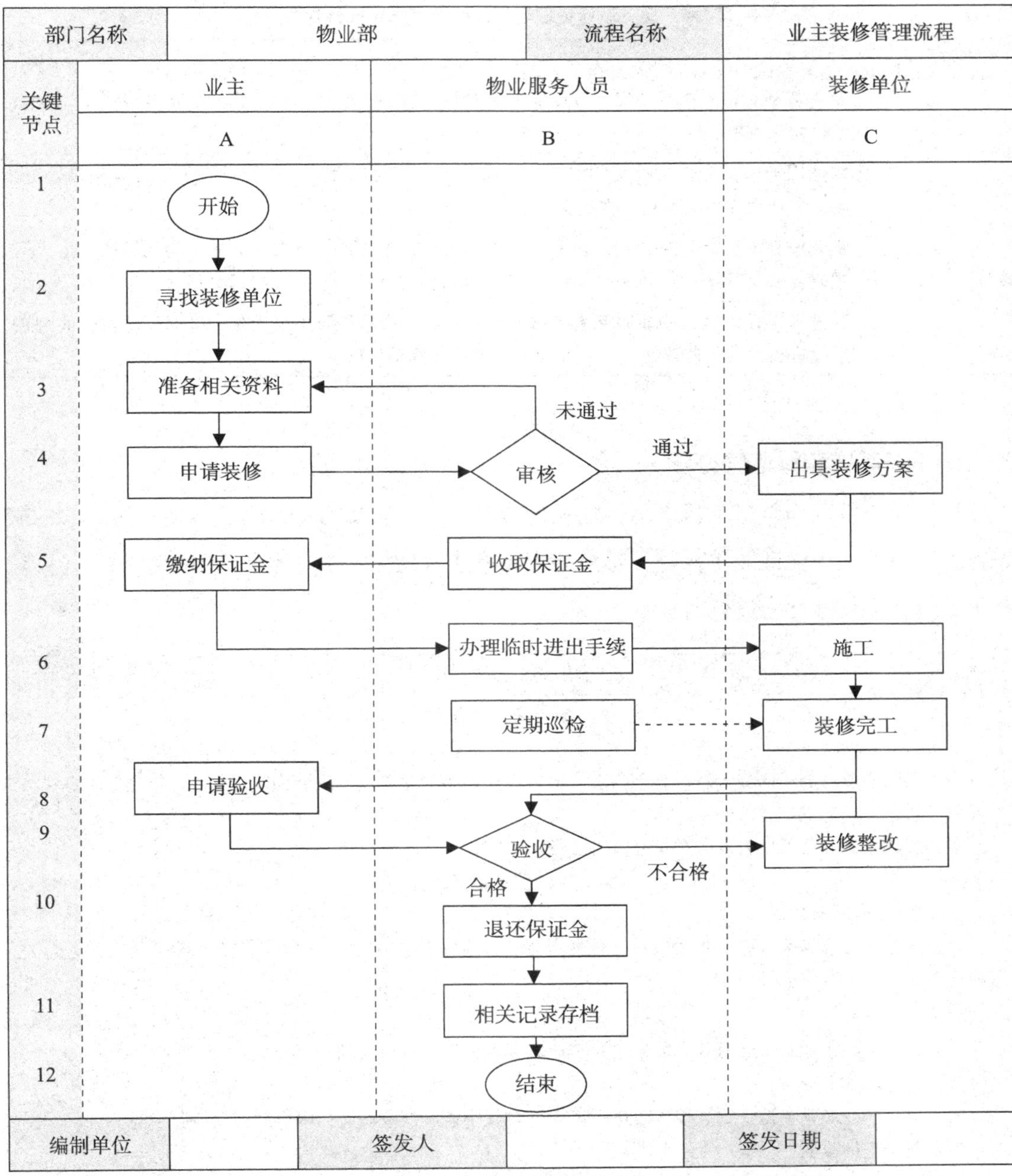

图 3-3　业主装修管理流程

2．执行关键节点

业主装修管理流程关键节点细化执行内容如表 3-5 所示。

表 3-5 业主装修管理流程关键节点细化执行内容

关键节点	细化执行内容
A3	业主若要对房屋进行装修，应提前准备好相关资料，包括房屋平面图、水电设计图、房屋装修协议书等
B4	物业服务人员对业主提交的申请进行审核，审核通过后方可进行下一步，若审核未通过，则需要业主完善资料后再次提交申请
B7	物业服务人员需要对装修过程进行巡检，防止施工改变管理布局和破坏房屋结构，出现问题时要求及时停工，责令进行整改，造成损害时按照相关规章制度处罚责任人
B9	装修施工结束后，物业服务人员需要进行验收，严格检查施工质量，针对可能发生的潜在危险进行检验，若存在不合格的现象，责令装修单位整改

3.3.3 装饰装修监管办法

为保证业主装饰装修工程进度，加强物业服务中心管理力度，强化以业主为中心的服务理念，同时又为保证业主权益，避免装饰装修违章操作，物业服务人员应参照下述办法对业主的装饰装修行为进行监管。

装饰装修监管办法

第1章 总则

第1条 目的

为了加强物业对房屋的装饰装修管理力度，监督业主依照规章制度开展装饰装修活动，特制定本办法。

第2条 适用范围

本办法适用于本公司所管的各类房屋装饰装修监管工作。

第2章 监管准备工作

第3条 准备资料

物业服务中心应提前准备好相关资料，包括房屋装饰装修服务协议、违章操作处理办法、施工现场注意事项等。

第4条 专业培训

物业服务中心在开始正式监管之前，应对物业服务人员进行专业培训。

第5条 内容审查

物业服务中心对业主提交的装修内容进行审查，对其中违反规章制度的内容，提出调整意见。

第6条 身份验证

物业服务中心需对施工人员进行身份验证及审核，并为其办理临时出入证等手续。

第3章 监管工作内容

第7条 装饰装修时间监管

物业服务中心对业主装饰装修时间进行监管，避免装修影响他人。

第8条 装饰装修设计监管

物业服务中心对装饰装修设计进行监管，避免出现违章装修情况。

第9条 装饰装修质量监管

1. 物业服务中心对装饰装修工程质量责任主体执行有关建设工程法律、法规和工程建设强制性标准情况进行抽查。

（续）

2. 物业服务中心对涉及装饰装修工程结构安全和主要使用功能的工程实体质量进行抽查检测。

3. 物业服务中心对涉及的装修装饰中所使用的原材料、配件质量进行抽查检测。

4. 物业服务中心对施工技术资料、检测报告等有关装饰装修工程质量文件和资料进行抽查。

5. 其他相关内容。

第 10 条　装饰装修投诉监管

物业服务中心接受并按照规定处理装饰装修过程中的举报与投诉。

第 11 条　装饰装修责任主体调查

物业服务中心对涉及装饰装修过程工程质量的各方责任主体进行尽责调查。

第 4 章　监管实施要点

第 12 条　申报登记

1. 业主在房屋开始装修之前，必须到物业服务中心申报登记，与物业服务中心签订房屋装饰装修服务协议。

2. 物业服务中心应履行告知义务，将有关装饰装修禁止行为、装饰装修垃圾处理、噪声扬尘控制、屋面景观房管控等内容全部告知业主。

3. 一旦业主发生违约行为，物业服务中心可先采取警告措施，若屡次不改，物业服务中心有权追究业主责任。

4. 若业主未进行申报登记或无故拒签房屋装饰装修服务协议的，物业服务中心有权阻止其施工。

第 13 条　门禁把关

物业服务中心对进入小区（或大厦）的装修材料严格把关，发现有不符合规定的情况，应当给予劝阻。对装运钢筋、钢材、建材等装修材料的车辆，应仔细盘查，若有违规行为，则严禁其进入。

第 14 条　日常巡检

物业服务中心每日对业主装饰装修现场进行不少于 1 次的巡查，若存在违规装饰装修、违章搭建、噪声扰民等相关行为的，要拍照取证，通知其整改。若屡次不改的，可阻止其继续施工，直至其整改完成，方可继续施工。

第 15 条　档案管理

物业服务中心应建立业主装修管理台账，将房屋装饰装修服务协议、装饰装修巡查记录表、整改通知书及巡查图片等资料存入业主装饰装修档案。

第 5 章　监管工作报告

第 16 条　提交报告

1. 物业服务中心应在装饰装修工程验收合格后向相关部门提交装饰装修工程监督报告。

2. 装饰装修工程监督报告应根据实际的监督记录，客观真实地反映对工程的监督情况。该报告应该由物业服务人员编写，由物业部主管审查签字后，加盖公章。

第 17 条　报告内容

1. 装饰装修工程概况及监管工作概况。

2. 对责任主体质量行为及执行工程建设强制性标准的抽查情况。

3. 装饰装修工程质量问题的整改和质量事故处理情况。

4. 装饰装修工程竣工验收的监督情况。

第 6 章　附则

第 18 条　编制部门

本办法由物业部负责编制、解释与修订。

第 19 条　生效日期

本办法自 ×××× 年 ×× 月 ×× 日起生效。

业主装修申请工作执行标准和工具，扫描下方二维码即可查看。

3.4 房屋与设施设备运维

3.4.1 基础设备与工作环境安全管理办法

为保证基础设备的正常运行，确保工作环境的稳定，保护物业服务人员的安全，避免意外情况的发生，物业部主管应制定基础设备与工作环境安全管理办法，便于物业服务人员遵照执行。下面是基础设备与工作环境安全管理办法示例，仅供参考。

基础设备与工作环境安全管理办法
第1章 总则 第1条 目的 为保证物业服务人员在提供基础设备服务时的人身安全与工作环境的安全，防范意外情况的发生，特制定本办法。 第2条 适用范围 本办法适用于本公司所负责的基础设备与工作环境的安全管理工作。 **第2章 基础设备的安全管理** 第3条 供电设备安全管理 1. 物业服务人员在保养与维修供电设备时，必须做好安全防护措施，如戴好安全防护用具、配备绝缘良好的电工工具。 2. 物业服务人员在保养与维修供电设备时，必须严格按照国家相关规章制度作业，避免安全事故发生。 3. 一般情况下，禁止带电工作，若因特殊需要而必须带电作业时，物业服务人员必须设置好隔离挡板，并有专人在旁监护。 4. 为避免无关人员随意进入操作场地造成安全隐患，物业服务人员应在显眼位置放置“禁止合闸，有人作业”的标牌。 第4条 供水设备安全管理 1. 物业服务人员在保养与维修供水设备时，必须做好安全防护措施。 2. 物业服务人员要做好值班前交接工作，了解设备运行情况，检查设备各部位的清洁与系统安全装置，正常后方可投入使用。 3. 物业服务人员在保养与维修供水设备时，应严格遵守设备操作规定和安全操作规程，发现故障及时排除。 **第3章 工作环境的安全管理** 第5条 维修与保养设备的工作环境管理 物业服务人员在维修与保养基础设备时，应设置隔离挡板，并注明维修与保养字样，避免无关人员进入带来安全隐患。

（续）

第 6 条　维修与保养房屋的工作环境管理 物业服务人员应在维护与保养房屋，以及进行高空作业时，做好安全防护措施，如系好安全绳、铺好安全垫等。 第 7 条　清洁与消杀虫害的工作环境管理 物业服务人员在进行虫害消杀与清洁工作时，要戴好防护面具，避免消杀与清洁药剂进入体内；避免在密闭环境中停留，达到一定时间后，开窗通风后进入。 第 8 条　绿化工作环境管理 物业服务人员在对服务范围内的植被进行剪修工作时，应注意用电安全，避免短路发生意外。 **第 4 章　附则** 第 9 条　编制部门 本办法由物业部负责编制、解释与修订。 第 10 条　生效日期 本办法自 ×××× 年 ×× 月 ×× 日起生效。

3.4.2 设备检修流程

设备的好坏对房屋使用安全、物业服务保值以及物业公司声誉都有着至关重要的影响。因此，物业服务人员应按流程及时对物业设备进行检修。

1. 设备检修流程

设备检修流程如图 3-4 所示。

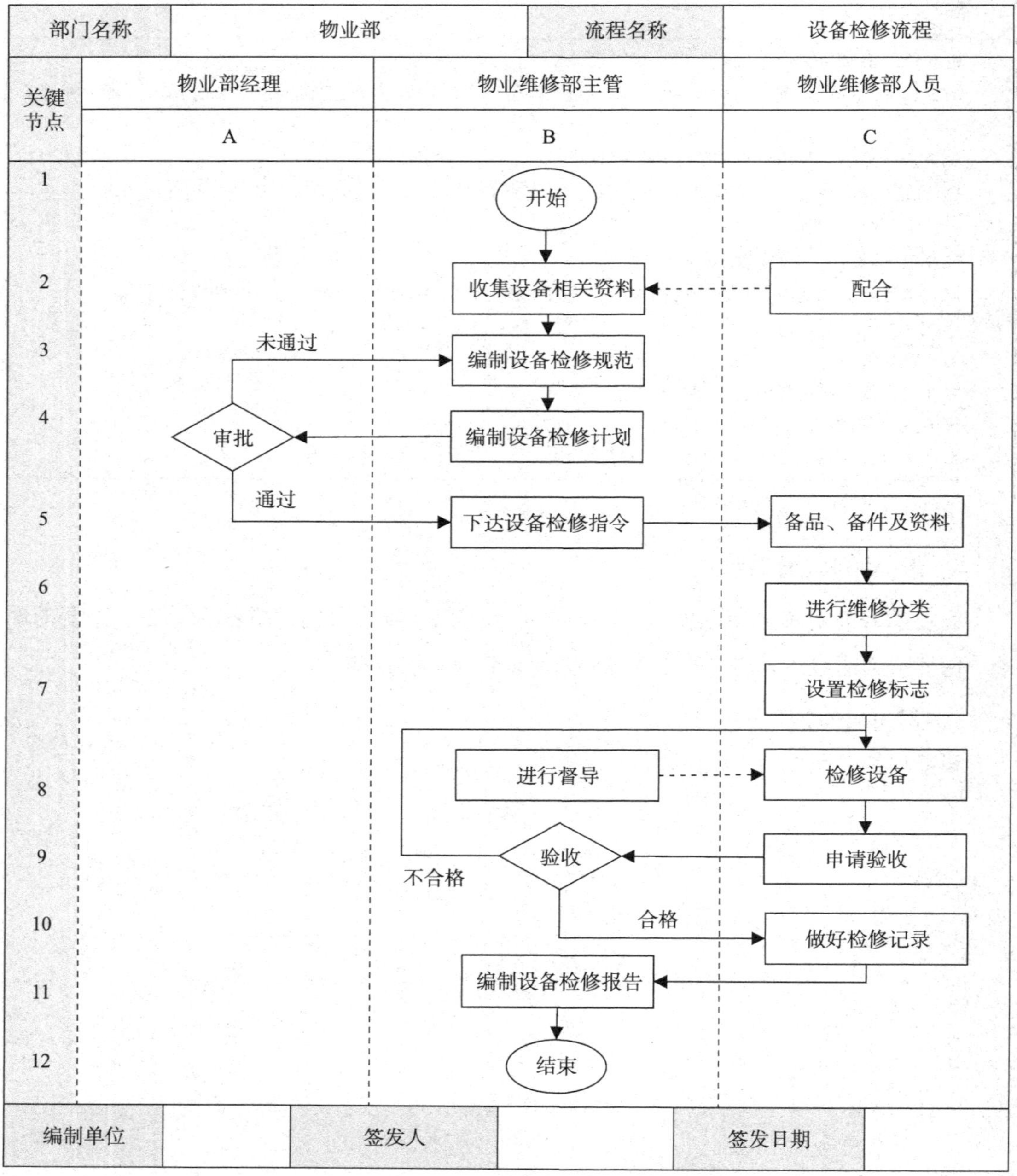

图 3-4　设备检修流程

2．执行关键节点

设备检修流程关键节点细化执行内容如表 3-6 所示。

表 3-6　设备检修流程关键节点细化执行内容

关键节点	细化执行内容
B2	物业维修部主管在设备检修计划前需要收集设备的检修和维修记录、设备说明书等相关资料
B4	物业维修部主管根据收集的资料编制设备检修计划，交物业部经理审批。设备检修计划中必须详细说明检修时间、检修人员、检修设备等
C5	物业维修部人员收到检修指令后，要准备好检修资料及检修工具等，包括设备检修记录表、检修清单、检修实施规定等
B8	物业维修部主管在设备检修过程中应不定期进行抽查，确保检修人员按照规章制度操作，对检修不到位的操作给予指导
C9	检修工作完成后，物业维修部人员向物业维修部主管申请验收，若验收不合格，需重新对设备进行检修
B11	物业维修部主管在一切检修工作结束之后，编制设备检修报告

3.4.3　公共物品（工具）管理办法

为了保障公共物品的正常使用，维护业主的切身利益，确保业主的人身安全，提升物业的服务质量与业主的房屋使用满意度，物业服务人员应参照公共物品（工具）管理办法对公共物品（工具）进行管理。下面是公共物品（工具）管理办法示例，仅供参考。

公共物品（工具）管理办法

第 1 章　总则

第 1 条　为了规范对公共物品（工具）的管理工作，确保公共物品（工具）的完整及各项性能完好，特制定本办法。

第 2 条　本办法适用于本公司所管的各类房屋的公共物品（工具）管理工作。

第 2 章　公共物品（工具）使用管理

第 3 条　业主应自觉维护公共物品（工具），保证其正常运行，若物业服务人员在巡检过程中发现有业主破坏现象，要按照规定追究业主的责任。

第 4 条　任何人不得随意使用、损坏、拆除小区（或大厦）内的消防设施、设备。

第 5 条　禁止物业服务人员私自开启井盖、电箱门、水表门，如因装修或者维修需要，必须在取得物业部主管同意后方可开启。

第 6 条　禁止物业服务人员私自接引和改变各类管道设施、设备，必要时应向物业部主管申请，取得同意后方可进行。

第 7 条　物业服务人员应加强对监控系统的管理，禁止无关人员随意动用监控设备，严禁损坏监控系统的各种操作。对于监控录像，任何人不得私自调取。

第 8 条　禁止物业服务人员私自将公共物品（工具）外借，确有需要时，应取得物业部主管同意后方可借出，但物业服务人员需要负责追回。

第 9 条　在使用公共物品（工具）时，物业服务人员应注意保管爱护，不得乱扔乱丢，更不得随意损坏。

第 10 条　若出现公共物品（工具）丢失的情况，相应的物业服务人员应承担责任，并且照价赔偿。

（续）

第3章　公共物品（工具）的维护管理
第11条　物业服务中心应安排专人负责公共物品（工具）的日常管理和保养维护，保证公共物品（工具）能够正常运行与使用，杜绝安全事故的发生。 第12条　物业服务人员建立公共物品（工具）的管理档案，其中应包括公共物品（工具）的运行、检查、保养记录。 第13条　物业服务人员按照规章制度对公共物品（工具）进行维护保养，避免对其造成损坏，影响运行。 第14条　物业服务人员对公共物品（工具）进行定期巡检，并且做好巡检记录，需要进行保养维护的，及时组织人员处理。 第15条　对于比较特殊的公共物品，如测量仪表、仪器等，按照公司相关规定，物业服务人员定期进行维护校准，使之正常运行。 第16条　物业服务人员要保证公共物品（工具）所在区域的卫生清洁，无堆积杂物，各种标识清晰明了。 第17条　定期维护公共区域内的各种管道，避免堵塞，发生外溢情况。 第18条　设置日常消耗物料、备用零件仓库，以保证日常维护保养的顺利进行。
第4章　公共物品（工具）的维修管理
第19条　物业部主管应制订公共物品（工具）检修计划，定期对其进行检修，确保其正常运行与使用。 第20条　若公共物品（工具）需要维修时，物业服务人员应制定维修方案，派遣专业人员维修，并明确修复时间。 第21条　物业维修部人员在进行维修时，应填写物业维修申请单，做好维修存档工作。 第22条　物业部维修人员在维修电梯、消防设备等特殊物品（工具）时，应持专业证书，严禁无证上岗，违章操作。 第23条　物业部维修人员接到紧急维修任务时，无特殊情况，应在××分钟内到达现场，并且迅速处理故障。 第24条　物业部维修人员在开展维修工作时，必须按照规定着装，佩戴工作证，在与业主接触时，应言行举止得当。 第25条　物业部维修人员必须在指定时间内完成公共物品（工具）的维修，维修完成率必须达到××%以上。
第5章　附则
第26条　本办法由物业部负责编制、解释与修订。 第27条　本办法自××××年××月××日起生效。

3.4.4　水电管理制度

水电是日常生活中最基本的物资资源，为加强水电管理，保证水电设备安全，确保业主能够正常使用水电，物业服务人员应根据水电管理制度开展工作。下面是水电管理制度示例，仅供参考。

水电管理制度
第1章　总则
第1条　为加强水电管理，保障业主正常使用水电，维护水电设备正常运行，特制定本制度。

（续）

第 2 条　本制度适用于本公司管理的房屋范围内的水电管理工作。

第 3 条　物业部主管负责制定水电管理制度，物业服务人员执行此制度，相关部门协助物业部进行水电管理。

第 2 章　水电日常管理

第 4 条　每周物业服务人员应对供水设施设备进行一次保养与检修。每天值班人员应每两小时巡查 1 次，确保水源供应。

第 5 条　物业服务人员应定期检查各业主的水电使用情况，防止偷水、偷电现象发生。

第 6 条　物业服务人员随时向业主讲解水电使用相关事项及要求，对出现的问题做出解释说明。

第 7 条　物业服务人员应在每月固定时间将查抄的水电数据（包括当月用量及损耗）上报给物业部主管，由物业部主管组织人员对水电表进行测试，确保其准确性。

第 8 条　物业服务人员若发现水电表运行不正常，应立即上报主管，便于及时维修和查明情况。

第 9 条　物业服务人员在所辖区域内定期宣传用水用电知识，包括安全用水用电及节约用水、用电等内容。

第 10 条　物业服务人员定期检查所辖区域内各水电计量装置的运行情况，水电节约情况，杜绝跑、冒、漏等情况的发生，并对发现的问题及时处理。

第 3 章　水电临时使用管理

第 11 条　业主若因临时使用，要在管道、线路上临时搭接的，应向物业服务中心提出申请。禁止任何人以任何名义私自改接、搭用水电。

第 12 条　对于已经取得同意的水电临时申请，物业服务中心应负责临时线路搭建与后续线路的拆除，并安装临时水电表。

第 13 条　物业服务人员在安装临时水电表的第一时间就要记录下初始数字，至使用结束时，记录下最终数字。

第 14 条　物业服务人员要详细记录所有临时使用水电的相关事项，包括申请人、申请时间、总计用水用电、结束时间等，并整理归档。

第 15 条　物业服务人员应对临时搭建线路进行检查，避免出现意外情况，危及财产与人身安全。

第 4 章　水电停用管理

第 16 条　物业服务人员应确保所辖区域内的水电设施设备正常运行，一旦因正常维修保养需要停水停电的，应提前 24 小时通知业主做好停电停水准备。

第 17 条　物业服务人员提前发布停水停电通知，填写停水停电通知单，注明停水停电原因及时间等。

第 18 条　突发停水停电事件时，物业服务人员应迅速查明原因，将情况上报主管，并通过广播、微信消息推送等方式向业主解释原因，告知恢复供水供电的大概时间。

第 19 条　物业服务人员应详细记录停电停水情况，若因设备故障造成停水停电，还须注明责任人与处理措施，并将处理结果告知主管。

第 5 章　附则

第 20 条　本制度由物业部负责编制、解释与修订。

第 21 条　本制度自 ×××× 年 ×× 月 ×× 日起生效。

3.4.5　跑水事故应急处理方案

房屋跑水的处理是整个物业管理中较为重要的一环，体现着物业管理的应急能力与事件处理能力。因此，当发生跑水事故时，物业服务人员应按照跑水事故应急处理方案进行处理。下面是跑水事故应急处理方案示例，仅供参考。

跑水事故应急处理方案

一、目的

为切实提高物业保障公共安全与处理突发事件的能力，减少跑水带来的损失，保证业主财产与人身安全，特制定本方案。

二、处理人员

物业服务人员负责处理跑水事故，其他部门协助处理。

三、应急准备

1. 物业服务中心应定期检查水箱、水管，确保给水设施的完好与正常运行。

2. 物业服务中心应事先准备好相关物资和工具，如排水泵、吸水机、输水管、电源接线板、警戒带等，并确保能够随时投入使用。

四、应急处理程序

1. 物业服务人员发现漏水或者跑水事故时，应立即上报物业部主管，并通知维修部。

2. 维修部人员要立即赶赴现场判断事故原因，及时查找故障点，并采取措施排除故障。

3. 在维修部人员到达之前或者是修复结束之前，物业服务人员应使用警戒带围住跑水区域，使用排水泵降低水位，使用沙袋、吸水机等阻拦水势向外蔓延。

4. 维修部人员到达后，物业服务人员协助其完成现场抢修工作。

5. 跑水设备修复完成后，维修部人员应进行测试，检查是否遗漏，确认一切正常后，恢复现场设备运行。

6. 物业服务人员清理现场积水，恢复现场原有状态。

五、注意事项

1. 涉及的部门均应对跑水事故的处理过程进行详细记录，包括处理时间、处理人员、处理结果等。

2. 物业服务人员全程跟进跑水事故的处理，并将事故处理过程整理成报告，交物业部主管审批后上报公司。

3. 对于跑水事故中需要上报审批的部分，相关人员可采取先处理后上报的方式，但是要拍照留存，便于后续追溯。

4. 物业服务人员要仔细观察，以判断漏水是否影响周围设备，如电梯、机房、

（续）

电箱、电源开关等，如有浸水，立即切断电源，避免短路。

5. 在抢修期间，物业服务人员应向其他业主发送紧急通知，将情况及采取的措施告知业主。

6. 物业服务人员应在抢修区域内加强巡视，维护现场秩序，确保抢修工作顺利完成。

给水排水管理工作标准示例，扫描下方二维码即可查看。

3. 4. 6　停电事故应急处理方案

物业服务人员应参照停电事故应急处理方案解决停电问题。下面是停电事故应急处理方案示例，仅供参考。

停电事故应急处理方案

一、目的

为切实提高物业保障公共安全与处理突发事件的能力，减少停电给业主带来的影响，降低因停电带来的损失，特制定本方案。

二、处理人员

物业服务人员负责处理停电事故，其他部门协助处理。

三、应急响应

当发生停电事故时，物业服务人员应根据实际情况判定事故原因，按照事故原因分别采取以下措施。

（一）内部原因停电

1. 若因内部原因停电，物业服务人员应立即将停电区域和停电情况告知维修人员，以便于维修人员采取措施。

2. 物业服务人员将停电情况告知业主，并且稳定业主情绪，避免业主情绪激动出现意外情况。

（续）

3．物业服务人员应第一时间赶赴现场，维护现场秩序，禁止无关人员私自检查电路。

4．维修部人员应第一时间赶赴现场，检查停电原因与设备故障情况，记录工作参数，及时关闭较大负荷的用电设备，避免恢复供电时烧伤设备。

5．查明故障原因后，维修部人员应立即进行抢修，以尽快恢复供电。

（二）外部原因停电

1．启动备用电源，保障重要用电设备处于运行状态，如消防电梯、消防用电设施、疏散照明设施等。

2．物业维修人员向供电部门咨询原因，并将停电原因与恢复时间告知业主。

3．物业服务人员在电力恢复之前组织维修部人员对设施设备进行检修及保养，避免电力恢复时造成设备设施损坏。

四、注意事项

1．若业主有特殊服务需求，如接送伤员，物业服务人员应提供帮助。

2．在停电期间，如需疏散人群的，物业服务人员应引导业主走安全通道，避免意外情况发生。

3．停电发生时，物业服务人员必须对电梯进行检查，确认是否有人被困，若有，要及时进行救助。

4．物业服务人员应检查弱电监控、消防设施等是否处于正常运行状态。

5．若备用电源不足以满足正常运行需要，导致一些次要场所照明不足，物业服务人员应在必要处放置照明物及警示牌。

6．恢复供电后，物业服务人员应编制停电事故处理报告，上交物业部主管审批后，再交公司备案。

预知停电管理程序与关键问题，扫描下方二维码即可查看。

3.4.7　公用设备设施检查标准

为规范物业服务人员对公用设备设施的检查，提高工作效率，给业主带来更好的使用体验，物业部主管应制定公用设备设施检查标准（见表 3-7），以便物业服务人员参照执行。

表 3-7　公用设备设施检查标准

检查系统	检查项目	检查标准
供电系统	配电房	室内地面干净无杂物，物品摆放整齐，设备表面无灰尘，外观清洁，无油污，无油漆脱落现象
		配电房内严禁吸烟，无易燃易爆物品存在，并配有相应的灭火器材
		配有足电的应急灯，保证应急灯能在停电事故发生后使用 ×× 分钟
		设备房内保持通风，排水系统正常运行
		设备房内安装明锁，钥匙由专门人员保管，未经物业部主管允许，禁止私自将无关人员带入设备房内。如有相关人员经过允许后进入，应记录在册
		配电房内的温度应保持在 ××℃以下，湿度应保持在 ××% 以下
		配电房门口应贴有设备房标识以及“机房重地，非请勿进”的标识
		设备房内的各设备、阀门、配件等都有标识
		各种标识清晰、完整、醒目，并标注责任人与联系方式
		配电房内有完整齐全的操作规程、事件处理流程、设备的维修保养流程、作业说明书等
		配电房内各设备、仪器仪表能够正常使用，无跑、冒、滴、漏等现象
	高（低）压柜	柜内部件及零件无异响、异味，仪表盘运行正常
		柜号前后标识相同，进线电压比较稳定，停用与检修的设备要挂有相应的标识牌
	变压器	变压器温度控制参数合理，风机正常，总断路器参数设定合理，实际运行电流不超过变压器电流值
		变压器内无异响、异动，变压器出口电压控制在 ×× 伏
用电系统	监控柜	监控柜及各线路标识明确，无破损，无污渍
		监控柜防水防潮符合规范要求，动力配电柜互动装置灵敏，电缆线接地可靠
	公共照明	各供电线路正常使用，照明灯具完好，灯具安装稳定
	电梯	电梯房贴有设备的操作规程、保养流程及事故处理流程，字迹清晰明了，内容切实准确
		电梯房内各设备、仪器仪表使用正常，无损毁，无漏油、漏电现象
		电梯房内温度控制在 ××℃以下，相对湿度应在 ××% 以下
		轿厢内照明应良好，光亮足够，信号（指示器、方向箭头）准确
		轿厢内紧急救护电话与监控中心联系正常，语音清晰
	电气监控柜	监控柜内外保持清洁，无异响、异味，仪表仪器运行正常，标识明确，无脱落
		导线压接牢固，布线规范，电气箱外壳接地可靠

（续表）

检查系统	检查项目	检查标准
给水系统	水箱水池	标识清晰、明确，字迹清晰可见
	水泵房	机房内地面干净、物品摆放整齐，无杂物，设备表面无积尘，设备外观清洁、无油污、无油漆脱落
		机房内禁止吸烟，无易燃易爆物品，按照消防规定配有灭火设施
		机房内通风良好，排水通畅，有应急照明设备
		机房内设有“机房重地，非请勿进”的标识，机房内各设备应有明显的状态标识、流向标识、警告标识等
		机房内应张贴有关设备的操作规程或事件处理流程，或设备的修理修缮保养作业指导书等
		仪器仪表使用正常，无损毁，无跑、冒、滴、漏现象，设备责任人明确
		导线压接牢固，电气箱外壳、电缆接地线接地可靠，排水装置正常
	电气柜	正常运行，柜内外清洁，无异响、异味，仪表指示正常，标识明晰，无脱落
	电机	导线压接安稳，电气箱外壳、电缆接地线接地可靠，排水装置正常
	给水管道	给水管道正常运行，无堵塞、无异味、无异响现象
排水系统	雨水井	排水通畅，无淤泥堆积，井盖不晃动
	污水井	排水通畅，无淤泥，井盖不晃动
	下水管道	排水通畅，无淤泥、杂物
消防系统	烟感、温感	烟感、温感安装安稳，探头清洁，报警功能正常，报警点位与报警主机办公地址图一致
	消防栓	消防栓使用正常、标识清晰、无脱落现象
	灭火器	灭火器数量与种类齐全，放置位置清晰明了
	报警装置	报警装置正常使用，能够及时发现火灾情况并发出警报

3.5 物业收费管理

3.5.1 物业管理费的构成

物业管理费的构成是物业服务中心收取物业费用的依据。因此，物业服务人员应掌握物业管理费的构成，以应对业主的询问，具体构成内容如下。

（1）公共物业及配套设施的维护和保养费用。

（2）聘用管理人员的薪资。

（3）公共水电的支出。

（4）购买或租赁必需的机械及器材的支出。

（5）物业财产保险及各种责任保险的支出。

（6）垃圾清理、水池清洗及消毒灭虫的费用。

（7）清洁公共区域及幕墙、墙面的费用。

（8）公共区域种植花草及养护费用。

（9）行政办公费支出，包括办公用品等杂项及公共关系费用。

（10）经业主同意的其他费用。

3.5.2　物业收费公示

物业服务中心应向所有业主公开展示物业收费的具体情况，以便接受业主及相关部门的监督。物业收费公示内容如图 3-5 所示。

1. 物业公司及项目负责人的基本情况、联系方式、服务投诉电话
2. 物业服务合同约定的服务内容、服务标准及收费项目、收费标准等情况
3. 电梯、水、电、气、暖等设施设备日常维修保养单位的名称、资质及收费等情况
4. 业主缴纳服务费用使用情况、公共水电分摊费用情况及物业共用部位
5. 物业管理区域内公共车位、共用车库经营所得收益及支出情况
6. 其他应当公示的信息

图 3-5　物业收费公示内容

3.5.3　收费问题处理办法

物业费用的收取是物业公司管理中始终存在的重点与难点。物业服务人员应对收费困难的原因进行分析并制定相应解决措施。下面是收费问题处理办法示例，仅供参考。

收费问题处理办法
第 1 章　总则 第 1 条　目的 为了解决在收费过程中遇到的问题，保证物业服务费用的正常收缴与使用，维护本公司与业主之间的关系，特制定本办法。 第 2 条　适用范围 本办法适用于物业收费过程中的拖欠、拒交等问题的处理工作。

（续）

第3条　职责分工

1．物业部主管负责制定物业收费问题处理办法，并监督执行。

2．物业服务人员负责处理物业收费问题。

第2章　物业收费问题处理准备

第4条　培训员工

物业服务中心对收缴物业费的员工进行专业培训，包括问题处理方式、沟通技巧、物业费用的构成等内容。

第5条　收集资料

物业服务人员整理收集相关资料，将收取费用的所有内容整理成册，便于后续工作使用。

第6条　整理名单

物业服务人员整理有欠缴、拒交等现象的业主名单，并且标明业主的具体住址、联系方式等详细信息。

第7条　分析原因

物业服务人员根据业主名单及实际情况，对现有问题原因进行分析。

1．业主对现有物业服务不满意，以拒交物业费的形式表达不满。

2．业主对收费项目不满，认为收费项目损害了自身利益。

3．业主存在消费侥幸心理，借由"搭便车"心理逃避物业费。

4．业主无任何正当理由，拒绝缴纳物业费用。

5．其他原因。

第3章　物业收费问题处理流程

第8条　进行走访

物业服务人员通过电话询问、上门走访等形式，了解拒交、拖欠的原因，若业主反映的原因真实存在，物业服务人员可在问题解决后，向业主收取物业费用。

第9条　发出催缴通知单

物业服务人员向未缴纳物业费的业主发送催缴通知单，并由业主签收。

第10条　公示名单

若是催缴通知单发放后，业主仍不愿意缴纳物业费，物业服务人员可在本公司所辖范围内显著位置张贴欠费人员名单。

第11条　向有关部门抄送

物业人员将不支持物业管理工作和未缴纳物业服务费的人员名单抄送给有关部门，督促其配合物业服务人员工作。

第12条　提出诉讼

经过上述沟通后，若业主仍然拒交物业费，物业服务人员可向主管报告，以司法起诉的方式向法院提出诉讼，由法院介入处理此案件。

第4章　物业收费问题处理监督

第13条　建立健全监督机制

物业部主管应建立健全监督机制，以此来约束物业收费过程中物业服务人员的行为。

第14条　随时抽查

物业部主管不定期对物业服务人员收费行为进行抽查。

第15条　违规处罚

若物业服务人员出现以下问题，物业公司根据事件严重程度，追究其责任。

1．在收费过程中，采用暴力手段强迫业主的。

2．在收费过程中，因各种原因徇私舞弊的。

3．在收费过程中，未按照规定流程进行的。

（续）

4．在收费过程中，以各种名义多收款项的。
5．在收费过程中，发生违法违规行为的。
第 16 条　异议处理
在收费过程中，业主若有异议，物业服务人员可向物业部主管汇报，寻求解决方案。

第 5 章　附则

第 17 条　编制部门
本办法由物业部负责编制、解释与修订。
第 18 条　生效日期
本办法自 ×××× 年 ×× 月 ×× 日起生效。

物业服务费用公示表示例，扫描下方二维码即可查看。

第 4 章

物业业主服务与公共关系维护

4．1　业主服务体系建设

4．1．1　业主服务体系建设方案

业主服务体系是提高业主服务质量水平和服务人员素质、优化业主服务环节的重要管理体系之一。针对实际情况，物业部主管可制定业主服务体系建设方案并执行，以保证业主服务水平的提高。下面是业主服务体系建设方案示例，仅供参考。

业主服务体系建设方案

一、目的

为了保证本公司在激烈的市场竞争中保持一定的竞争力，提高业主服务水平与业主满意度，特制定本方案。

二、现状分析

本公司缺乏合理有效的业主服务体系，人员服务意识不高，激励机制难以运行，服务模式较为单一，业主满意度较低。

三、业主服务内容调查与评价

（一）确定调查目标

以问卷的方式对公司现有业主进行调查，了解业主对公司所提供的物业服务项

（续）

目、服务质量的评价情况。

（二）确定调查与统计时间

1．调查时间：从____年__月__日至____年__月__日。

2．统计时间：调查问卷收集后的第二天。

（三）人员配备

1．物业服务中心负责调查问卷的设计、发放、回收与统计，进行业主服务体系建设。

2．其他相关部门配合物业服务中心的工作。

四、业主服务体系建设内容

1．实施物业全过程服务

结合物业公司的业主关系管理实际情况，建立符合业主服务体系需要的网络系统，通过此系统，实现从业主入住到物业回访的全过程服务。

2．建设“以业主为中心”的服务文化

根据“全过程服务”的理念，结合“以业主为中心”的服务文化，不断提高业主的满意度。

3．评价与改进

业主服务体系评价与改进是针对整个物业服务过程进行评估及改进，对重点环节进行监控与梳理，及时发现问题，查找原因与不足，通过持续改进与完善，提高公司服务质量，降低投诉率，提升业主满意度。

五、业主服务体系建设措施

1．优化组织结构，明确服务职能；优化物业服务流程，明确各级物业人员的服务职能，更好地服务业主。

2．完善服务制度，规范服务流程，以建设更加高效的业主服务体系。

3．加强资源配备，增强服务力量，不断强化物业服务人员的业主服务意识，大力提升资源利用效益，推动业主服务体系建设深度发展。

4．健全监督机制，保证服务质量，逐步实现物业服务标准化、管理制度化，保证业主服务质量。

5．加强与业主的联系，夯实服务基础，深挖业主需求，推进业主服务体系建设。

（续）

六、业主服务体系建设效果调查 1．非现场回访 以非现场回访的形式对新增业主及原有业主进行业主服务满意度调查，收集业主对物业服务工作的意见与建议，并据此对现有业主服务体系进行优化升级。 2．上门回访 对于特定业主，采用上门回访的形式，重点针对此类业主享有的物业服务进行调查，发现现有物业服务的薄弱点，以及时优化业主服务体系。

4．1．2　业主服务定价方法

专业化、市场化的物业公司应通过对市场的分析，采用最佳的定价方法，确定合理的、有效的和动态的业主服务价格，以赢得更大的市场份额，使自身处于有利地位。常见的业主服务定价方法如图 4-1 所示。

市场导向定价法	根据区域内同类公司客户服务的平均价格水平及竞争情况，确定价格的方法
成本导向定价法	根据客户服务的综合成本，再加上预期目标利润，确定价格的方法
需求导向定价法	以服务给客户带来的价值为基本依据，经过多次商议后确定价格的方法
战略导向定价法	根据公司战略发展规划，对于能提升公司竞争力、丰富客户服务链条、提升综合效益的服务业务，在一定期限内执行战略性低价的方法

图 4-1　常见的业主服务定价方法

4．1．3　业主服务管理流程

为了规范物业服务人员对业主服务的行为，提高物业服务人员的服务意识，物业部主管应制定业主服务管理流程。

1．业主服务管理流程

业主服务管理流程如图 4-2 所示。

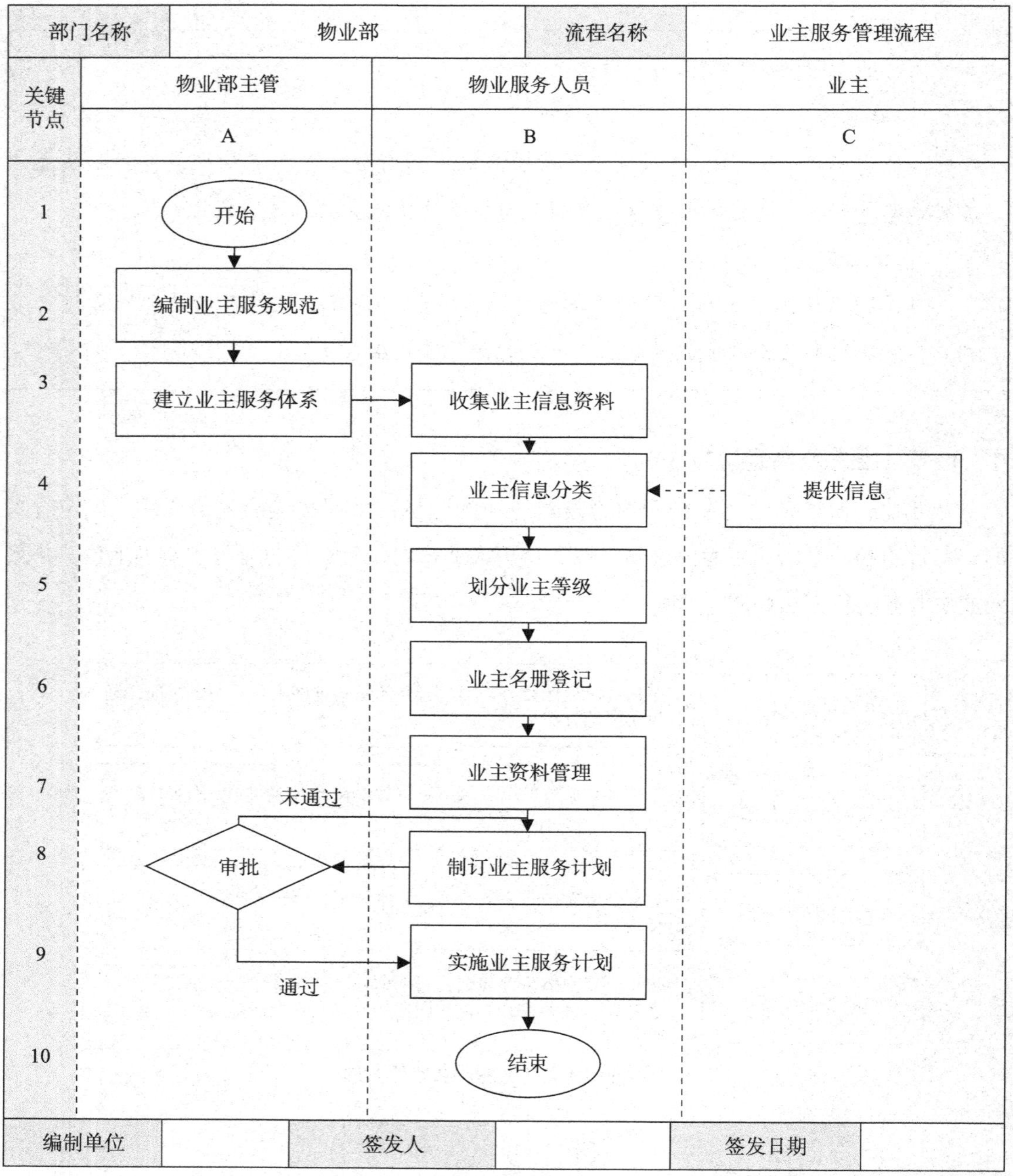

图 4-2 业主服务管理流程

2. 执行关键节点

业主服务管理流程关键节点细化执行内容如表 4-1 所示。

表 4-1　业主服务管理流程关键节点细化执行内容

关键节点	细化执行内容
A3	物业部主管负责建立业主服务体系，内容包括制定业主服务标准、规范业主服务主要环节的工作流程及如何应用业主信息、资料等
	业主服务体系应定期根据实际情况进行修订
B3	物业服务人员收集、整理业主信息资料，如有必要可进一步调查业主相关情况、信息，并记录汇总
B5	物业服务人员依据业主的重要程度将其划分为重点业主、普通业主和未来潜在业主
B8	物业服务人员根据实际情况，制订业主服务计划，包括业主拜访计划、设备设施维修计划等，报物业部主管审批

4.1.4　业主服务过程监督

为了保证物业服务人员的服务质量，规范其服务行为与服务态度，提升业主满意度与忠诚度，物业部主管必须对业主服务过程进行监督与检查。下面是业主服务过程监督检查办法示例，仅供参考。

业主服务过程监督检查办法

第 1 章　总则

第 1 条　为了进一步规范业主服务质量监督工作，确保业主服务得到有效实施，不断提高业主服务质量，保证业主利益，特制定本办法。

第 2 条　本办法适用于物业服务人员进行业主服务的监督工作。

第 3 条　物业部主管组织成立专项小组，负责对管理区域内的业主服务过程进行监督与检查。

第 2 章　监督与检查内容

第 4 条　物业服务人员对规章制度的执行情况，包括考勤打卡、仪容仪表、礼仪礼貌、工作态度、职业形象等内容。

第 5 条　物业服务人员的服务合同的履行情况，如出现的问题是否得到及时处理、业主是否满意等。

第 6 条　物业服务人员对于主管或者业主提出的不合格事项进行整改的情况。

第 7 条　物业服务人员对于投诉问题的处理情况。

第 8 条　物业服务人员的服务记录填写情况，如填写是否及时、真实、全面等。

第 9 条　物业服务人员每月工作计划的落实及临时工作任务的完成情况。

第 3 章　监督与检查实施

第 10 条　专项小组应定期对业主服务过程进行监督检查，对于重点岗位或者是突出问题应酌情增加监督检查次数。

第 11 条　专项小组在监督检查的过程中应认真做好各项记录，记录应客观真实，并且确保字迹清晰明了。

第 12 条　专项小组对计划内工作及临时下达的工作任务完成情况进行检查，对因人员缺岗或其他原因造成的未按时完成的各项工作采取补救措施，确保各项工作按时完成。

第 13 条　专项小组定期编制巡检计划表并严格执行，保证对业主服务过程进行至少每月两次的监督与检查。

（续）

<table><tr><td>
第 14 条　专项小组应进行不定期抽检，对检查过程中发现的问题填写在抽检记录表中，并且确定整改期限，同时跟进整改进度与结果。
第 15 条　专项小组定期向业主发放业主满意度调查表，征求业主意见及建议，根据意见做好整理工作。
第 16 条　专项小组根据收集的业主意见反馈，对业主服务过程进行调整升级。
第 17 条　专项小组将监督与检查结果定期在公司内部通报，以便充分发挥监督作用。
第 4 章　监督与检查结果应用
第 18 条　专项小组定期将业主服务过程监督与检查情况进行汇总评比，并结合公司规章制度对表现优异的员工进行嘉奖。
第 19 条　专项小组将监督与检查结果同员工薪酬绩效结合在一起，据此对员工工资考评等级做出调整。
第 20 条　专项小组将监督与检查结果作为年底评选先进人员的重要依据。
第 5 章　监督与检查注意事项
第 21 条　专项小组在监督与检查过程中应严格遵守和执行公司的管理规章制度，敢于制止违纪行为。
第 22 条　专项小组在监督与检查过程中应客观公正，讲究处理方式，不徇私舞弊。
第 23 条　被监督与检查的人员，不得以任何理由拒绝或阻碍专项小组的监督与检查。
第 6 章　附则
第 24 条　本办法由物业部负责编制、解释与修订。
第 25 条　本办法自 ×××× 年 ×× 月 ×× 日起生效。
</td></tr></table>

4．2　业主入住管理

4．2．1　业主入住办理流程

物业部主管应按照相关流程为业主办理入住手续。

1．业主入住办理流程

业主入住办理流程如图 4-3 所示。

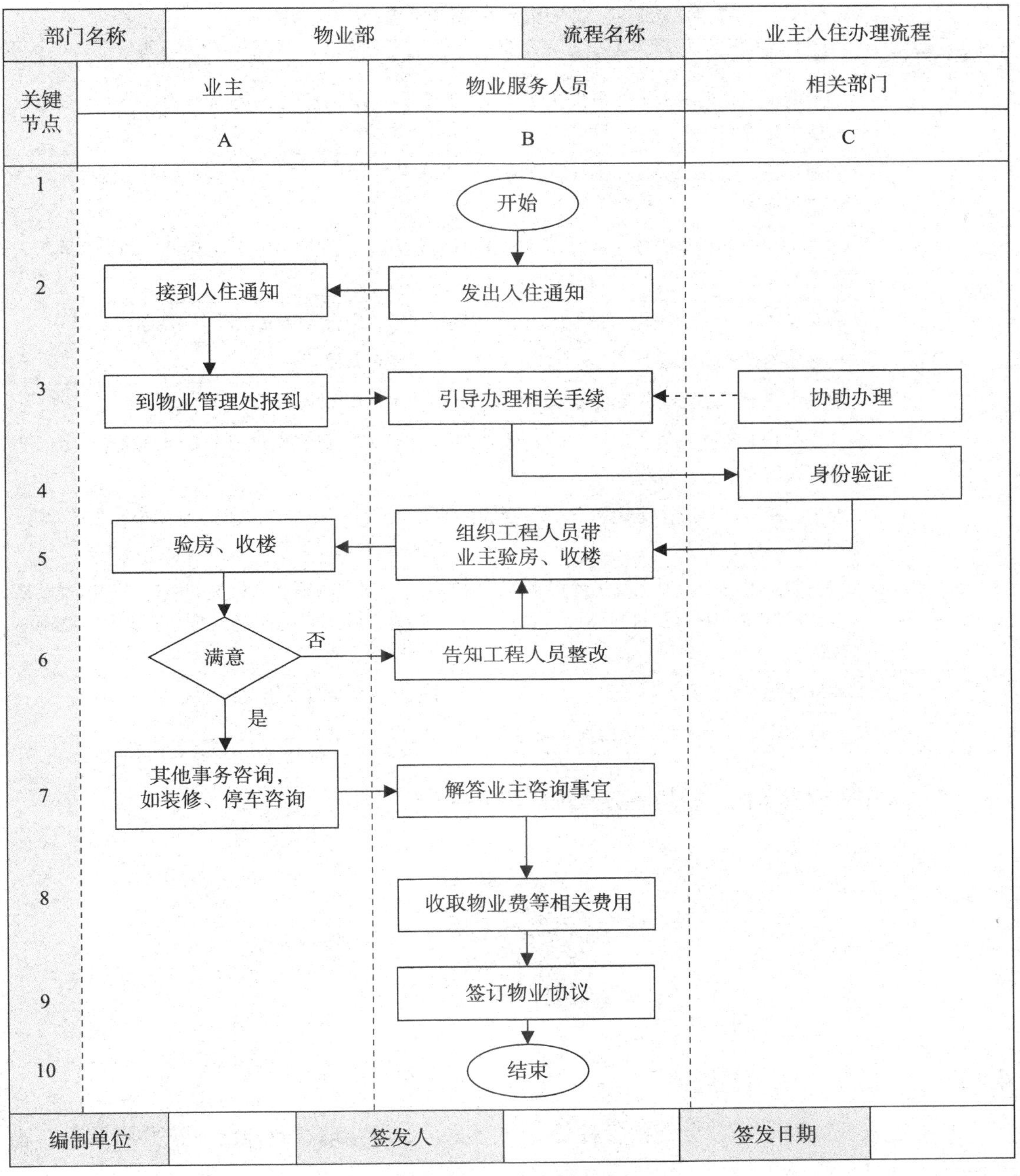

图 4-3　业主入住办理流程

2. 执行关键节点

业主入住办理流程关键节点细化执行内容如表 4-2 所示。

表 4-2 业主入住办理流程关键节点细化执行内容

关键节点	细化执行内容
B2	物业服务人员向所有业主发出入住通知，通知要表明办理入住手续的时间、地点及业主应携带的证件等信息
B3	物业服务人员在相关部门的配合下为业主办理相关手续，其间应认真解答业主问题，态度应良好亲和
C4	相关部门配合物业服务人员对业主的身份进行验证，验证内容包括身份证、购房合同、入住通知等
B5	验房过程中应详细检查房屋质量，包括墙壁、门窗、阳台等部位有无开裂现象
	检查屋内设施设备是否与购房合同上所述一致且能正常使用
	检查水、电、煤气或者天然气、各种管道是否能正常使用
A5	业主与物业服务人员及工程人员一起对房屋进行验收，若在此过程中有任何意见或者问题都可询问物业服务人员
	业主在验房过程中，物业服务人员应随时陪同，并对业主提出的房屋问题实事求是地回答，切不可欺瞒业主
B6	若在验房过程中，业主对房屋不满意，物业服务人员应根据实际情况判断，如房屋可以整改，就联系工程人员进行整改；若房屋不可整改，应向业主说明情况，详述不能整改的原因
B9	收取物业服务费后，与业主签订物业协议，并向业主发放房屋钥匙与出入证
	物业协议中应注明可提供的物业服务及应承担的责任和义务等

业主入住登记表示例，扫描下方二维码即可查看。

4. 2. 2 业主入住问题处理

业主在入住过程中经常会遇到各种各样的问题，如何合理有效地解决这些问题是对物业服务人员最大的考验。

1. 开发商未按时交房

一般来讲，按照合同约定，开发商必须按照规定时间交房，并在交房前通知业主具体交房的时间及应携带的资料。如果因意外情况或者不可抗力因素导致开发商未按照规定时间交房，物业服务人员应确定开发商延期交房的原因，针对原因采取相应措施，并向业主解释说明情况。

2．相应配套设施不齐全

在业主办理入住的过程中，业主不仅要对房屋外部进行查验，也要对相应的配套设施进行查验，检查开发商是否按照合同约定建设，如车库、会所、景观园林等。若业主发现存在相应配套设施不齐全或者未履行合同约定的情况，应立即向物业服务人员及开发商反映。物业服务人员要立即联系开发商，制定解决措施，并督促开发商尽快解决。

3．房屋质量问题

业主在入住过程中可能会发现房屋质量存在问题，如墙面存在细微裂纹、地面存在裂缝等，物业服务人员需要进行现场查验，确定问题产生的原因。若是由自然原因导致的，就应向业主解释清楚，并且采取补救措施；若是开发商施工导致的，就需立即联系开发商，让开发商按照业主要求在规定期限内完成整改。

4.2.3　业主入住管理办法

物业部主管应依据业主入住管理办法来严格要求物业服务人员，以保证业主能够安全、有序、合理地入住，确保业主入住流程正常运行，提高业主入住手续办理效率。下面是业主入住管理办法示例，仅供参考。

业主入住管理办法
第 1 章　总则 第 1 条　为了规范业主入住管理工作，明确工作责任和工作流程，确保业主顺利入住，树立良好的公司形象，获得业主的支持与信任，特制定本办法。 第 2 条　本办法适用于物业服务中心为业主办理入住手续的管理。 第 3 条　物业服务中心负责接待业主入住，办理相关手续及解释相关规定；财务部负责核验各项入住费用；相关部门配合物业服务中心开展工作。 第 2 章　入住准备工作 第 4 条　物业部主管在业主入住前制订入住工作计划，计划中应明确以下内容。 1．入住时间。 2．负责入住工作的人员及其职责。 3．入住手续。 4．入住过程中使用的文件及表格。 第 5 条　入住计划经总经理审批通过后，物业服务中心与开发商协商，向业主发出入住通知书。入住通知书应包含以下内容。 1．需业主准备的身份证明材料。 2．需业主填写申请表格。 3．办理入住手续的程序。 第 6 条　办理入住手续的工作现场应张贴入住公告和明确指示标识，物业服务中心指定专人负责业主办理入住手续时的各类咨询和引导。 第 7 条　其他相关部门配合物业服务中心进行环境卫生与设备设施的检查与改进，确保环境整洁、设备设施安全及运行通畅。

（续）

第3章 入住审查登记

第8条 物业服务中心对业主提交的入住通知书进行查验，确认无误后将相关信息记入入住登记表中。

第9条 物业服务中心在提供给业主的入住说明中应明确由业主填写并提交的资料，具体包括以下内容。

1．身份证

2．工作证复印件。

3．入住登记表。

4．购 / 租房合同的正本及复印件。

5．已签署的业主公约、管理协议。

第10条 物业服务中心指定专人对业主的资料进行审核、验证，具体内容如下。

1．表格填写是否完整、正确和清晰。

2．业主公约和管理协议是否已签署。

3．身份证明文件与购 / 租房合同及业主登记表是否一致。

第11条 审查通过后，物业服务人员收取购 / 租房合同复印件、业主登记表、业主公约、管理协议，并且在入住通知书中注明签收。

第4章 验房与发放钥匙

第12条 在业主交完入住费用后，物业服务中心派遣专人带领业主一起检验房屋，并请业主将房屋存在的问题填入业主入住验房表中。

第13条 房屋验收合格的，业主在业主入住验房表中签字确认。

第14条 验收中发现问题，业主要求搬入或二次装修前维修的，物业服务中心应通知开发商在一周内给予解决，并将整改结果告知业主。

第15条 若开发商在规定的时间内未整改完毕的，物业服务中心应将整改情况反馈给业主，并告知具体再验收时间。

第16条 整改完毕后，物业服务中心通知业主二次验收，二次验收仍不合格的，由物业部主管进行跟进，并依据公司同开发商签订的物业管理委托管理合同中的保修条款要求开发商尽快解决。

第17条 业主验收无问题或要求在搬入后再维修的，物业服务中心应将业主房屋钥匙全部交给业主。

第18条 业主验收有问题，物业服务中心在将钥匙交给业主的同时，应留下一把钥匙，以供维修时用。

第19条 业主在领取钥匙时，应在钥匙领用表内签字确认。

第5章 文件签署和资料管理

第20条 物业服务中心将业主公约、消防安全责任书（一式两份）交给业主阅读并签字确认。

第21条 物业服务中心将签署的业主公约、消防安全责任书其中一份存入业主档案，另一份随其他资料交业主保存。

第22条 物业服务中心将以下资料发给业主保存并要求业主在资料领取清单上签字。

1．住户手册和住户指南。

2．签署后的业主公约。

3．签署后的消防安全责任书。

4．住宅使用说明书。

5．住宅质量保证书。

第23条 物业服务中心应为每位入住的业主建立档案并妥善保管。

第6章 附则

第24条 本办法由物业部负责编制、解释与修订。

第25条 本办法自 ×××× 年 ×× 月 ×× 日起生效。

4．3　业主日常事务处理

4．3．1　业主资料收集

业主资料的收集与整理是物业服务中心日常事务处理中较为重要的一环，是物业服务中心提供个性化服务的基础，是物业服务中心生存与发展的重要资源。

物业服务中心应收集的业主资料包括业主入住资料、装饰装修资料及入住后日常管理资料等，具体内容如表 4-3 所示。

表 4-3　收集的业主资料名称及解释

业主资料名称	具体解释
业主入住资料	入住通知单
	业主身份证复印件
	销售合同、银行按揭合同、公证书复印件
	住户登记卡
	已签署的业主公约
	已签署的物业管理服务协议
	已签署的银行托收协议
	业主验收交接表
装饰装修资料	业主装饰装修申请表
	装修方案及附图
	家居装修合同副本
	装修工程队治安责任书
	施工单位营业执照复印件、资质证书复印件、税务登记复印件
	装修施工人员身份证复印件
入住后日常管理资料	搬入、搬出申请表
	住户登记卡（入住后及资料变更后再次收集）
	业主投诉处理单复印件
	给物业服务中心的信函、文件等
	回访记录复印件
	其他日常管理资料

4．3．2　业主档案建立

物业服务人员根据收集的业主资料，建立业主档案，这样不仅有助于物业服务人员针对不同的业主提供有针对性的服务，而且能够更好地提高业主满意度与忠诚度。业主档案建立步骤如图 4-4 所示。

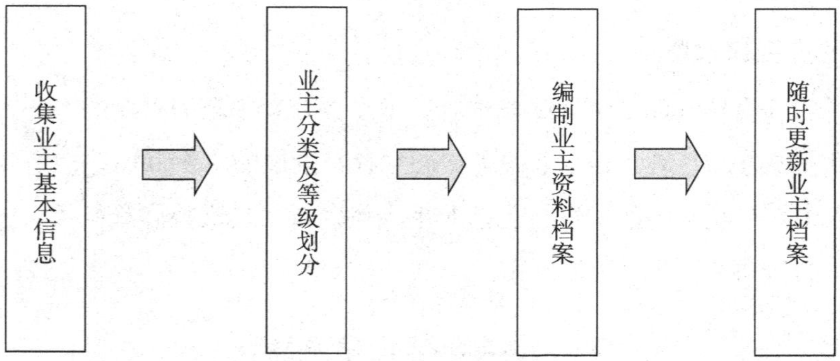

图 4-4　业主档案建立步骤

1．收集业主基本信息

物业服务人员应通过各种方式收集现有业主的基本信息，包括业主名称、地址、电话、家庭成员及个人性格、兴趣爱好、从事的工作等内容，这些信息是物业服务人员建立业主档案的起点与基础。

2．业主分类及等级划分

物业服务人员可根据实际情况对业主进行科学的分类和等级划分。

3．编制业主资料档案

物业服务人员对收集的信息、资料进行管理，采用纸质化管理与电子化管理相结合的方式，将涉及的所有业主资料全部归入档案中，逐渐形成系统、真实的基础管理档案。

4．随时更新业主档案

由于业主档案具有动态性，业主信息又在不断变化，因此物业服务人员应在现有档案的基础上随时更新，随时了解业主的信息变动，定期对现有档案开展全面修订与补充工作。

4．3．3　业主需求调查

进行业主需求调查的目的是广泛和深入地了解业主的实际需求，从而帮助公司做出正确的决策，赢得更多业主的青睐，提高业主满意度。因此，物业服务中心应定期对业主需求展开调查，以便更好地服务业主。业主需求调查步骤如图 4-5 所示。

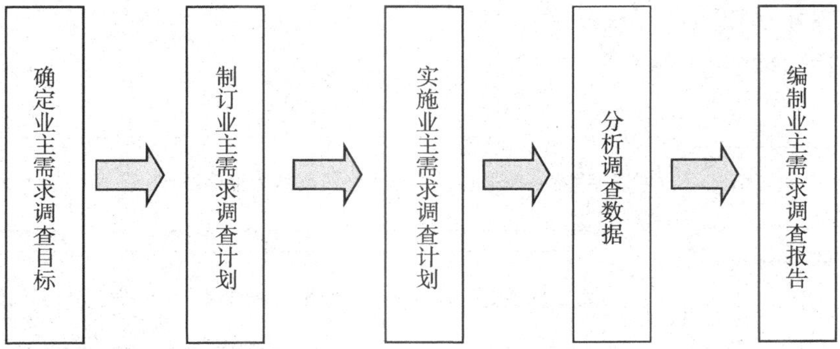

图 4-5　业主需求调查步骤

1．确定业主需求调查目标

物业服务中心根据公司年度发展战略与定位，确定业主需求调查的目标与问题，如确定业主满意度得到提高的关键影响因素、评估公司的满意度指标及主要竞争者的满意度指标、征集业主对公司的建议等。

2．制订业主需求调查计划

物业服务中心在明确业主需求调查目标的基础上，制订业主需求调查计划，其中应具体表明计划实施人员、计划实施时间、计划实施要点等，并交由物业部主管审批，审批通过后方可继续执行。

3．实施业主需求调查计划

物业服务中心根据业主需求调查计划开展调查活动，收集所需的信息及数据。在实施过程中，可使用组织镜像、实地调查、角色转换等方法。

4．分析调查数据

物业服务中心对收集的数据进行分析，从中提炼出有效的业主需求信息。不同年龄、不同阶层、不同人群的需求不尽相同，物业服务中心可根据一定标准将业主划入不同的群体，然后再进行数据整理。

5．编制业主需求调查报告

物业服务中心根据整理归纳好的数据编制业主需求报告，并交由物业部主管审批。审批通过后，物业服务中心据此调整下一步工作计划。

4.3.4　业主定期回访

物业服务中心应定期对所辖区域内的业主进行回访，以征集业主的意见及建议，提升物业服务中心工作效率。

1．业主回访内容

业主回访内容如图 4-6 所示。

业主意见征询回访	按照物业服务中心统一的规定进行意见征询回访
投诉回访	对日常工作中接待的投诉、上级单位转呈的投诉等进行处理效果回访
意见、建议回访	物业服务中心在日常巡视中收集业主意见、建议的回访
维修服务回访	物业服务中心收集业主关于维修保养意见的回访

图 4-6　业主回访内容

2．业主回访程序

物业服务中心应按照以下程序进行业主回访活动。

（1）回访预约。物业服务中心负责组织回访小组按工作计划与业主预约回访时间，请求回访。

（2）回访实施。回访小组携带回访记录登记表按预约时间前往约定地点，将访谈中业主的意见、想法、建议记录下来。如不能解答业主的疑问或不能自行决定是否可以满足业主的要求时，应将业主的要求与想法记录在案并向公司管理层反映，寻求解决方案。

（3）记录存档。回访小组完成对业主的回访工作后，物业服务中心应指定人员填写回访记录登记表并存档。

（4）注意事项。电话回访人员也要填写回访记录登记表，但必须注明回访方式与回访时间。

服务中心回访制度示例，扫描下方二维码即可查看。

4．3．5　业主报修处理流程

为了提升工作效率，更好地为业主提供维修服务，物业服务人员应按照业主报修处理流程开展工作。

1．业主报修处理流程

业主报修处理流程如图 4-7 所示。

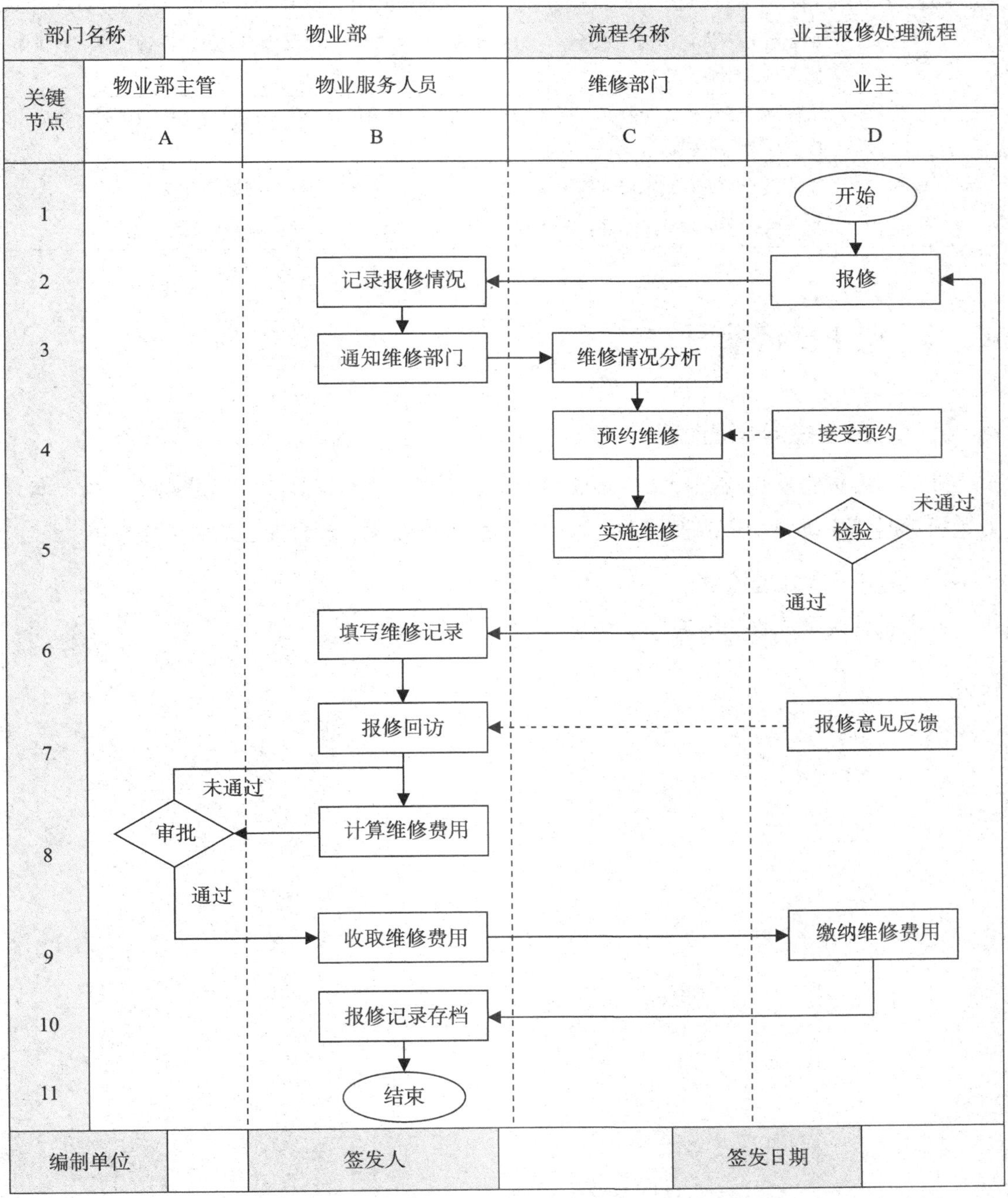

图 4-7　业主报修处理流程

2. 执行关键节点

业主报修处理流程关键节点细化执行内容如表 4-4 所示。

表 4-4　业主报修处理流程关键节点细化执行内容

关键节点	细化执行内容
B3	物业服务人员在详细登记业主的报修情况后，立即通知维修部门并提供详细报修资料供维修人员做维修分析
C5	维修部门的维修人员在预约时间对业主的报修对象进行维修，并请业主检验试用合格后在维修单上签字确认
B6	物业服务人员收到维修部门提交的维修单后，进行维修过程与结果的记录
B9	物业服务人员收到经过物业部主管审批的应收维修款后，进行维修款收缴工作

4.4　业主投诉处理

4.4.1　业主投诉处理流程

处理好各类物业投诉事件，是物业服务工作中的一项重要任务。物业服务人员在面对业主投诉时，应按照规定流程处理，以达到提高工作效率、提升业主满意度的目的。

1. 业主投诉处理流程

业主投诉处理流程如图 4-8 所示。

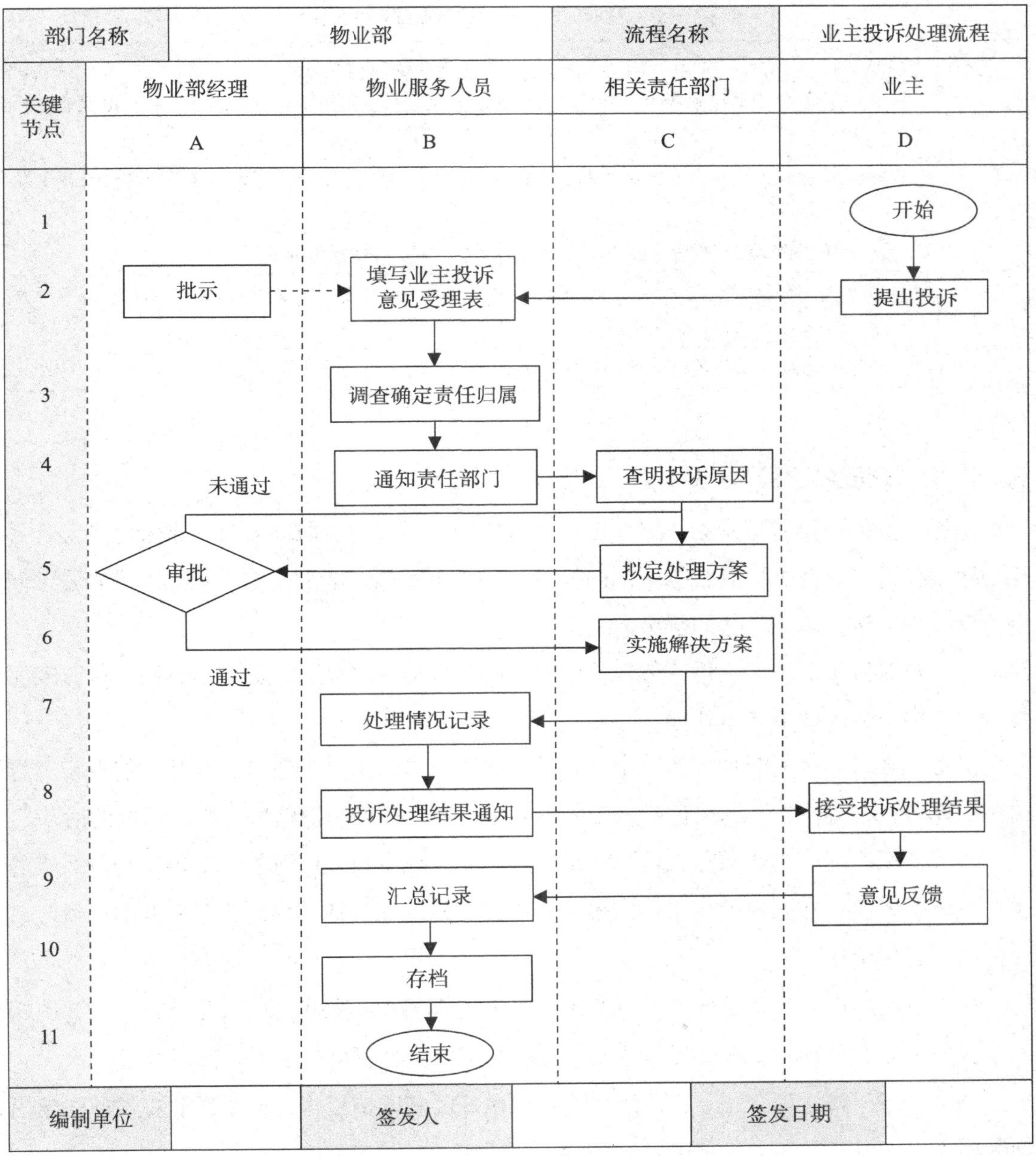

图 4-8　业主投诉处理流程

2．执行关键节点

业主投诉处理流程关键节点细化执行内容如表 4-5 所示。

表 4-5 业主投诉处理流程关键节点细化执行内容

关键节点	细化执行内容
B2	物业服务人员接到业主投诉后，根据业主意见填写业主投诉意见受理表，并且确保业主名称、联系方式、投诉原因、期望结果等要素填写清楚
	物业服务人员在面对情绪激动、言辞激烈的业主时，一定要注意沟通技巧，切勿与业主发生直接冲突
C4	相关责任部门根据业主投诉事件及公司规章制度，查明投诉原因
C5	相关责任部门根据事件的严重程度制定不同的处理方案，方案中一定要表明对投诉事件的最终解决办法，切忌避重就轻
B8	物业服务人员将投诉处理结果告知业主

4.4.2 环境管理投诉处理

房屋周围的环境管理是物业服务工作中重要的一环。物业服务人员经常会遇到各种各样的环境投诉，这就需要其根据不同的投诉事件给出不同的解决措施。下面以广告张贴问题投诉处理为例，阐述具体的解决措施。

（1）及时做出处理。投诉接待人员应承认既定事实并对投诉人员表示感谢，向其表明物业服务中心会对此事做出处理。

（2）加强对小区的管理。物业服务人员要加强对来访人员的管理，并且做好登记。将违规张贴各种“小广告”的单位或者个人列入黑名单，严格限制这些人在小区内的活动。

（3）变堵为疏。物业服务人员可在小区内的固定地点设置广告栏，要求有合理需求的单位或者个人统一在固定地点张贴广告，并且实行规范化管理，同时物业服务中心可收取一定的“管理费用”。

（4）主动出击。物业服务人员可按照广告上提供的联系方式与广告张贴者沟通，表明物业服务中心的立场与要求，对一些违法违规的广告张贴者可交由公安部门处理。

（5）做好门禁管理工作。物业服务人员要做好门禁改造工作，向小区业主发放固定门禁卡用于出入，避免无关人员进入。

（6）定期清理广告。对于不在固定地点张贴的、内容不健康或者违法违规的广告，物业服务中心派遣专员定期进行清理，以维护小区的环境，提升业主满意度。

4.4.3 房屋管理投诉处理

房屋管理同样是物业服务工作中的重要一环。物业服务人员经常会遇到各种各样的房屋管理投诉，这就需要其根据不同的投诉事件给出不同的解决措施。下面以排水管道堵塞投诉处理为例，阐述具体的解决措施。

（1）分析原因。物业服务人员收到此类投诉时，应立即赶赴现场进行处理，对事件发生原因进行初步分析。常见的排水管道堵塞的原因如图 4-9 所示。

开发商重视不够	部分开发商对排水管道建设不够重视，就近将排水管道接至城市管网，一“接”了之
设计不合理	如排水管道的设计未考虑流量、管径、充满度、流速、连接方式等条件
施工质量低劣	开发商未按照管道施工标准施工，造成排水管道施工质量低劣，以至于排水不当
对排水管道使用不当	对排水管道使用不当，业主将生活垃圾倒入排水管道

图 4-9 常见的排水管道堵塞的原因

（2）组织业主协商处理赔偿事宜。如排水管道问题对业主造成损失，则物业服务人员应组织业主与责任方协商处理赔偿事宜。

（3）对于此类事件，物业服务中心应从源头上加强管理，做好风险防范工作。

①在早期介入阶段，物业服务中心应对排水管道网规划、设计、施工等方面提出专业意见和建议。

②加强对业主共用的上下水管道及落水管的维修、养护和运行管理工作。

③加强对装修单位施工现场与淤泥的管理，禁止施工单位将装修垃圾倒入排水管道，违者给予处罚。

④对业主进行文明行为宣传教育。提醒业主不要将纸屑、菜叶、剩饭等大颗粒杂物倒入排水管道。

⑤物业服务人员定期对各种排水管道进行清理。

4.4.4 设施设备管理投诉处理

物业服务人员经常会遇见各种各样的设施设备管理投诉，这就需要其根据不同的投诉事件给出不同的解决措施。下面以被困电梯中救援不及时投诉处理为例，阐述具体的解决措施。

（1）物业服务人员应认真倾听投诉人员的倾诉，并向其表达歉意，关心其身体状况。

（2）在电梯维修工作结束后，物业服务中心应派遣专人上门回访投诉人员，并且告知电梯维修情况，表示日后会尽力杜绝此类事件发生。

（3）物业服务中心处理投诉后，应加强对员工的培训，强化各级员工的岗位职责，确保电梯发生运转故障时，能及时接听求助电话，同时维修部人员能够第一时间到达现场。

（4）物业服务中心应完善电梯管理流程，建立健全电梯应急处理方案，并要求所有员工熟记处理方案。

（5）物业服务中心定期组织突发事件处理的培训与演练。物业服务中心可邀请业主参加，以增强业主对物业服务中心的信任、理解与支持，同时还可收到业主的意见与建议。

（6）处理投诉事件后，物业服务中心应对此次事件做好记录与报告，报告要全面，如事件发生的时间、处理措施、维修人员何时到场、救援结束时间与后续处理方式等，为后续工作提供便利。

4．4．5 业主纠纷投诉处理

业主发生纠纷的原因多种多样，物业服务人员不应采取“一刀切”措施，而应具体事件具体分析。下面以小区内养犬（伤人）造成纠纷导致投诉处理为例，阐述具体的解决措施。

（1）物业服务人员第一时间赶赴现场，先将受伤人员送至医院治疗，然后督促养犬业主在24小时内将伤人犬送至动物卫生机构进行检测，为伤者的治疗与后续的处理提供依据。

（2）物业服务人员上门向伤者道歉，并安抚其情绪，积极促成双方就赔偿与就医问题进行协商。在协商过程中，物业服务人员应积极安抚双方情绪，促进协商工作顺利进行。若协商不成功，可采取法律手段解决。

（3）如物业服务中心已购买公众责任险，可通知并协助保险公司进行赔付与处理。

（4）物业服务人员应在小区内展开养宠物宣传活动，通知小区内养宠物的业主到物业服务中心登记宠物健康情况，并要求业主签署文明养宠的书面承诺。一旦发现不文明养宠物的行为，物业服务人员应及时制止，严重时可交由公安部门处理。

（5）为避免再次发生此类事件，物业服务中心可在小区内设置宠物专门活动区域，并将人流密集区设置为宠物禁止活动区域。

（6）为转移和规避责任风险，物业服务中心可向保险公司购买公众责任险，避免宠物伤人事件给自身带来风险。

4．5 社区生活服务与文化活动

4．5．1 社区生活服务与文化活动要求

为提高社区生活服务质量与文化活动举办效率，不断满足业主日常生活对于物业服务

的需求，物业服务中心在履行社区生活服务义务与举办文化活动时，必须按照相关要求进行，避免出现意外情况。社区生活服务与文化活动的要求主要体现在以下三个方面。

1．站在业主的角度考虑问题

物业服务人员应当树立“以业主利益为核心”的服务理念，应当“想业主所想，急业主所急”，站在业主的角度思考问题，只有这样才能提供更加优质的生活服务，举办更加优质的文化活动。

2．生活服务内容要全面、文化活动要有益

物业服务中心所提供的服务一般包括房屋共用部位的维护与管理、共用基础设施的维护与管理、环境卫生和绿化的维护与管理、治安管理等。除此之外，物业服务中心还应提供教育医疗、餐饮住宿等生活服务。

物业服务中心在举办社区文化活动时，一定要注意此次活动是否能够给业主带来身体或者精神上的益处。也就是说，社区文化活动的内容一定要健康、积极、充满正能量，切忌空洞乏味甚至违法违规。

3．服务态度与服务礼仪要规范

服务态度与服务礼仪是贯穿整个物业服务工作中最为基本也是最为重要的一环，一旦二者缺失，就会导致业主对物业服务中心的印象直线下降，不利于后续物业工作的开展。

因此，无论是在进行社区生活服务还是在举办文化活动时，物业服务人员都应规范自己的服务态度与服务礼仪，态度应亲和有力，礼仪应规范到位，切忌与业主发生冲突。

4.5.2 社区文化活动策划步骤

为了能够顺利地举办社区文化活动，物业服务人员应按照一定步骤对社区文化活动进行策划，具体策划步骤如图 4-10 所示。

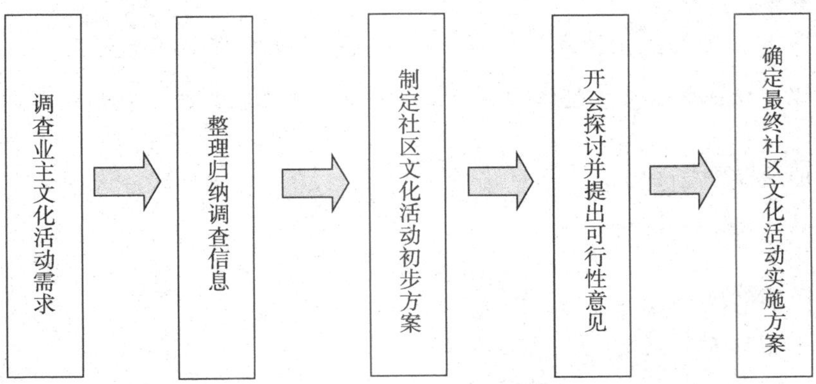

图 4-10　社区文化活动策划步骤

1．调查业主文化活动需求

物业服务人员通过走访、电话回访、问卷调查等方式对业主需求展开调查，征集业主最需要、最迫切的文化活动需求。

2．整理归纳调查信息

物业服务人员对收集的信息进行整理归纳，获取业主更加倾向的社区文化活动形式、社区文化活动内容、社区文化活动举办时间、社区文化活动主题等信息。

3．制定社区文化活动初步方案

物业服务人员根据整理好的信息制定社区文化活动初步方案，方案中应表明活动时间、活动地点、活动主旨等主要内容，并交由物业部主管审批。

4．开会探讨并提出可行性意见

物业部主管召开会议，对此次社区文化活动方案征集意见。物业服务人员应积极讨论，确定此次方案实施的可行性，并对其不足之处给出建设性意见。

5．确定最终社区文化活动实施方案

在综合各种意见的前提下，物业部主管派人对此次社区文化活动方案进行修改，确定最终实施方案。

4.5.3 社区文化活动实施方案

为了确保社区文化活动的顺利开展，提高物业服务人员的工作效率，切实履行工作职能，物业部主管应提前制定社区文化活动实施方案并据此执行。下面是社区文化活动实施方案示例，仅供参考。

社区文化活动实施方案

一、目的

为了丰富社区业主精神文化生活和业余文化生活，不断提升社区文化水平与业主环保意识，增强社区文化整体实力，推动基层文化活动建设，特制定本方案。

二、活动时间

20××年××月××日。

三、活动地点

××社区活动广场。

（续）

四、活动原则

本次活动坚持“文明健康、喜庆祥和、贴近群众、丰富内容”的原则。

五、活动主题

本次活动以“弘扬先进文化，共建和谐社区”为主题，包括“有奖知识竞猜、业主才艺展示、现场展示书法”等内容。

六、举办单位

本次活动由物业服务中心全权负责。

七、参加人员

×× 社区物业服务中心全体工作人员及自愿参加的社区业主。

八、活动准备

1. 一条社区文化活动宣传横幅。
2. 各种尺寸的桌椅及名牌。
3. 宣传资料，如文化宣传手册、书法用具等。
4. 有奖知识竞猜的奖品与各类小礼品等。
5. 饮水机等服务设施。

九、活动流程

1. 主持人进行开幕式致辞。
2. 歌舞队开场表演。
3. 社区业主与物业服务人员参加有奖知识竞猜。
4. 获奖者发表感言。
5. 业主代表展示才艺。
6. 业主代表进行书法展示。
7. 歌舞队闭幕表演。
8. 主持人进行结束致辞。

十、说明及注意事项

1. 为了确保活动效果，物业服务中心应提前开会进行商议，对社区文化活动实施方案进行总结，指出其中的不足之处。

2. 对相关服务人员提前进行培训，使其具有较好的服务能力与语言表达能力。

（续）

3. 物业服务人员应合理利用社区宣传栏，以达到宣传活动、丰富文化生活、提升业主文化意识的目的。

4. 物业服务中心应在文化活动结束后，对现场进行清洁整理，将现场恢复原样，确保活动现场卫生。

5. 物业服务人员应做好活动现场的防火及安全用电管理工作。

4. 5. 4 举办社区文化活动的注意事项

物业服务人员在举办社区文化活动时应注意以下事项，以保证社区文化活动举办质量，避免安全事故与其他事故的发生，具体注意事项如图 4-11 所示。

1. 物业服务中心在举办社区文化活动时必须选择有经验、活动能力强的主持人
2. 尽可能安排在周末或者是重大节日前两天
3. 物业部主管必须有详细的人流组织与疏散方案，并经过演练
4. 维修部必须配合物业服务中心工作，确保现场设备设施完好，并运转正常
5. 开展社区文化活动时应注意防火、防盗、防打架斗殴等管理工作的落实
6. 社区文化活动的结束时间一般在晚上22:00前，避免影响居民休息
7. 物业服务中心举办的社区文化活动内容应健康、积极、合法，有利于居民身心健康

图 4-11 举办社区文化活动的注意事项

文化活动管理制度示例，扫描下方二维码即可查看。

4．6　公共关系维护

4．6．1　策划与指导公共关系维护

物业服务中心对公共关系的策划与指导是指为谋求自身发展，创造良好的内部与外部环境，以求得外部关系的理解与支持，物业服务中心所采取的一系列的合理政策与行动。

1．公共关系维护策划

公共关系维护策划是指为实现公司目标，相关人员在进行充分的环境分析和调查的基础上，对公司整体的公关策略及公共活动进行的筹划、计划和设计过程。它不是具体的公关业务活动，而是公关决策的形成过程。公共关系维护策划内容主要包括协调与行政主管部门的关系、处理与街道办事处和居委会之间的关系、处理与业主间的信任危机等。

2．公共关系维护指导

物业服务中心在指导公共关系维护活动时，必须将公众利益放在首位，以公众利益为出发点，这样才能更好地实现公共关系的维护、业主满意度的提高、自身竞争力的提升，从而在激烈的市场竞争中赢得一席之地。

4．6．2　协调与行政主管部门的关系

行政主管部门制定的政策、法规及传递的行业信息，对物业服务中心的日常管理工作起着十分重要的作用。因此，物业服务中心必须做好与行政主管部门的沟通协调工作，具体措施如下。

1．积极配合行政主管部门的工作

物业服务中心应及时、准确地配合行政主管部门的工作，如认真落实行政主管部门的有关指示精神，积极参加行政主管部门组织的各种活动，严格遵守各项规章制度，自觉服从行政主管部门的管理。

2．及时获取相关信息

物业服务中心应随时关注行政主管部门的动态，及时获得有关物业管理的最新信息，按照新标准及新要求推进与完善现有物业管理工作。

3．及时反馈相关困难

物业服务中心要想实现健康、可持续的发展，行政主管部门的支持不可或缺。物业服务中心在发展过程中遇到矛盾与困难时，可以向行政主管部门汇报，争取得到行政主管部门的支持与帮助，为自身的发展奠定良好的外部条件。

4.6.3 处理与街道办事处和居委会之间的关系

在日常生活中，物业服务中心与街道办事处和居委会共同对社区进行管理、提供服务，二者不仅是社区生活中必不可少的服务机构，也是政府实施有效管理、联系业主的有效桥梁。因此，物业服务中心必须协调好与街道办事处和居委会之间的关系，具体措施如下。

1．明确各自的职责范围

物业服务中心主要根据《物业管理条例》中的内容履行职能，按照法律法规与约定合同为业主提供服务，包括房屋维护与保养、共用设备设施维护与保养、环境卫生的维护等有偿服务。

街道办事处和居委会主要按照《中华人民共和国城市居民委员会组织法》等文件，结合各自实际情况，履行职能，负责社区日常事务的管理，以“管人”为主。例如，社区内的户籍管理、民事纠纷调解、扶贫帮困等工作。

要想处理好与街道办事处和居委会之间的关系，物业服务中心应当按照约定职责工作，不过多参与对方事务。

2．加强沟通协调

物业服务中心与街道办事处和居委会之间不存在领导与被领导的关系，双方按照约定各司其职，相互配合，加强协作，共同做好社区事务管理与服务。

双方可通过加强互访、召开座谈会和经验交流会等形式促进沟通，联络感情，达到促使业主支持和配合开展社区工作的目的。

3．建立健全监督机制

物业服务中心可建立健全完善的监督机制并告知街道办事处和居委会，由其定期组织走访调查、征求业主意见，征集业主对物业服务质量的意见及建议，并统一对外公示，以便物业服务中心改进自身不足，提高服务质量。

4.6.4 处理与业主间的信任危机

一旦业主对物业服务中心产生了信任危机，就容易导致物业管理难、物业收费难等各种问题。因此，物业服务中心应采取各种措施使业主重新建立起对自己的信任，具体措施如下。

1．采取措施弥补

当业主对物业服务中心产生信任危机时，物业服务中心应派专业人员进行事故调查，确定事故严重程度与信任危机产生的原因。物业服务中心应根据事故发生原因，采取相应的弥补措施，争取得到业主谅解，重新建立彼此间的信任。

2．建立健全相关机制预防信任危机的产生

公开完善的制度是业主对物业服务中心建立信任的基础。物业服务中心应建立健全相关机制，规范物业服务人员行为，加强物业服务管理力度，提高物业服务管理水平，预防信任危机的产生。

3．重要事务公开透明化

物业服务中心可将关系业主利益的重要事务在社区公告栏公示，如物业管理的标准、物业费用收取标准、物业费用使用明细等。这样就会使业主加深对物业服务中心的了解，从而对物业服务中心的工作做出恰当评判。

4.6.5　建立公关危机预警方案

物业服务中心在日常工作中会遇到一些突发公关危机，而如何对其进行处理则关系到物业服务中心的声誉与未来的发展。因此，物业服务中心应按照既定步骤建立一套完整的公关危机预警方案，便于物业服务人员据此执行。建立公关危机预警方案的步骤如图 4-12 所示。

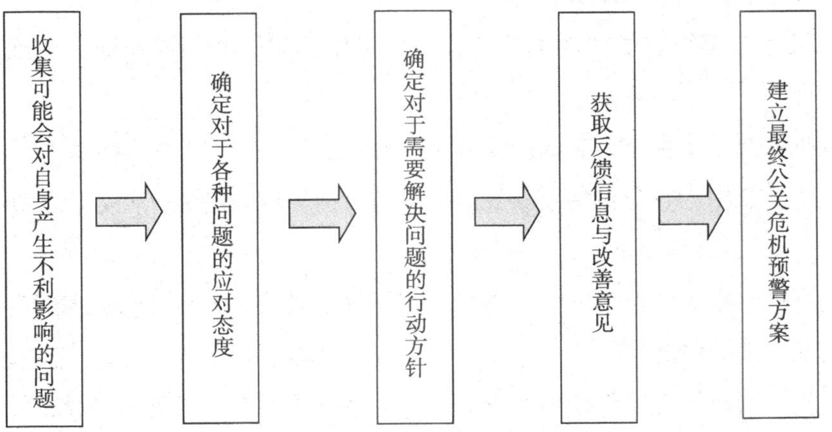

图 4-12　建立公关危机预警方案的步骤

1．收集可能会对自身产生不利影响的问题

物业服务中心定期派遣专人收集有可能会对自身发展产生恶劣影响的问题，确定其中需要考虑的具体问题，估计这些问题会对自身发展产生怎样的或者多大的影响。

2．确定对于各种问题的应对态度

根据问题严重程度与对自身影响程度，物业服务中心可将事件分为低敏事件、一般事件、重大事件，在此基础上，确定对于不同程度的事件的处理态度。

3．确定对于需要解决问题的行动方针

对于一般事件和重大事件，物业服务中心所采取的措施也不尽相同。物业服务人员需要确定对于不同的事件应该采用怎样的行动措施与行动方针。

4．获取反馈信息与改善意见

物业服务中心向全体员工征集意见，收集反馈信息与改善意见，筛选其中有用的信息与意见作为公关危机预警方案的补充内容。

5．建立最终公关危机预警方案

物业服务中心根据征集的意见与建议，对现有公关危机预警方案进行完善，确定最终公关危机预警方案。

4．6．6 事发后的公关危机处理

物业服务中心在处理公关危机的过程中，既要维护、恢复和完善自身的声誉与形象，也要符合公众的心理特征，除了按照事先制定的公关危机预警方案进行处理外，还必须遵循一定的处理程序，具体程序如下。

（1）当危机发生时，物业服务中心应以最快的速度建立危机控制小组，组织受过专业培训的物业服务人员，实施危机应对策略。

（2）危机控制小组应尽快准确地调查事故发生的原因和当前情况，并且预测事态的发展。

（3）危机控制小组根据事态的严重程度，确认是否需要召开新闻发布会，并准备好相应的公关说明，其中内容应包括事故发生背景及目前采取的措施，使公众重新建立起对物业的信任。

（4）危机控制小组可通过电话、网络、媒体等方式及时了解公众的态度与意见，随时掌握危机处理的进展情况。

（5）危机控制小组在事件处理结束后，将处理结果及时上报公司领导，并且将相关资料进行整理归档。

第 5 章 物业资产管理

5．1 房地产资产调查与评估

5．1．1 房地产现状调查

市场发展部应对房地产现状进行全方位的市场调查，将调查的房地产现状信息进行分析和整理，形成调查报告，将其作为物业公司进行资产评估工作的依据。开展房地产现状调查要遵循一定的步骤，具体如图 5-1 所示。

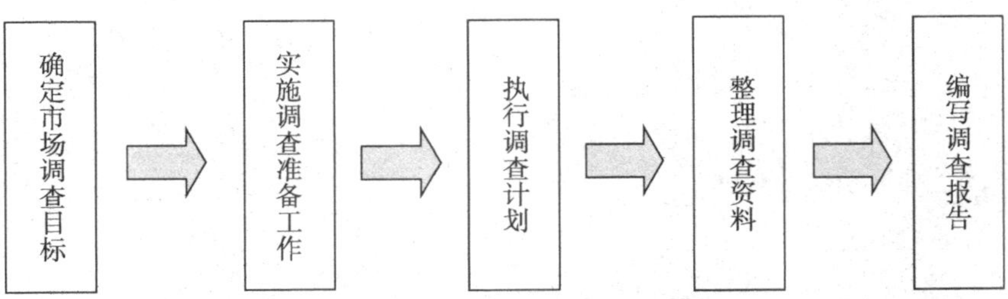

图 5-1 房地产现状调查步骤

1．确定市场调查目标

市场发展部根据公司的战略规划，选定调查目标，制订符合当下需求的调查计划，报总经理审批后实施房地产现状调查准备工作。

2．实施调查准备工作

调查准备工作主要包括调查方案的设计、调查方法的选择、调查步骤的确定、人员的安排、时间和地点的确定等。

3．执行调查计划

市场发展部根据调查方案，执行调查计划，主要调查房地产政策、房地产市场发展情况，据此分析房地产现状。

4．整理调查资料

市场发展部将调查收集的房地产现状信息进行整理、统计和分析，并在其他部门的协助下得出调查结果。

5．编写调查报告

市场发展部根据调查结果编制市场调查报告，在报告中不仅要对现状进行分析，还要对未来物业公司的发展提出相关的意见。

5．1．2 房地产资产评估

设计出逻辑清晰、职责分明的房地产资产评估的具体工作流程，有利于高效地开展房地产资产评估的相关工作，并可以对具体工作进行监督控制。

1．房地产资产评估流程

房地产资产评估流程如图 5-2 所示。

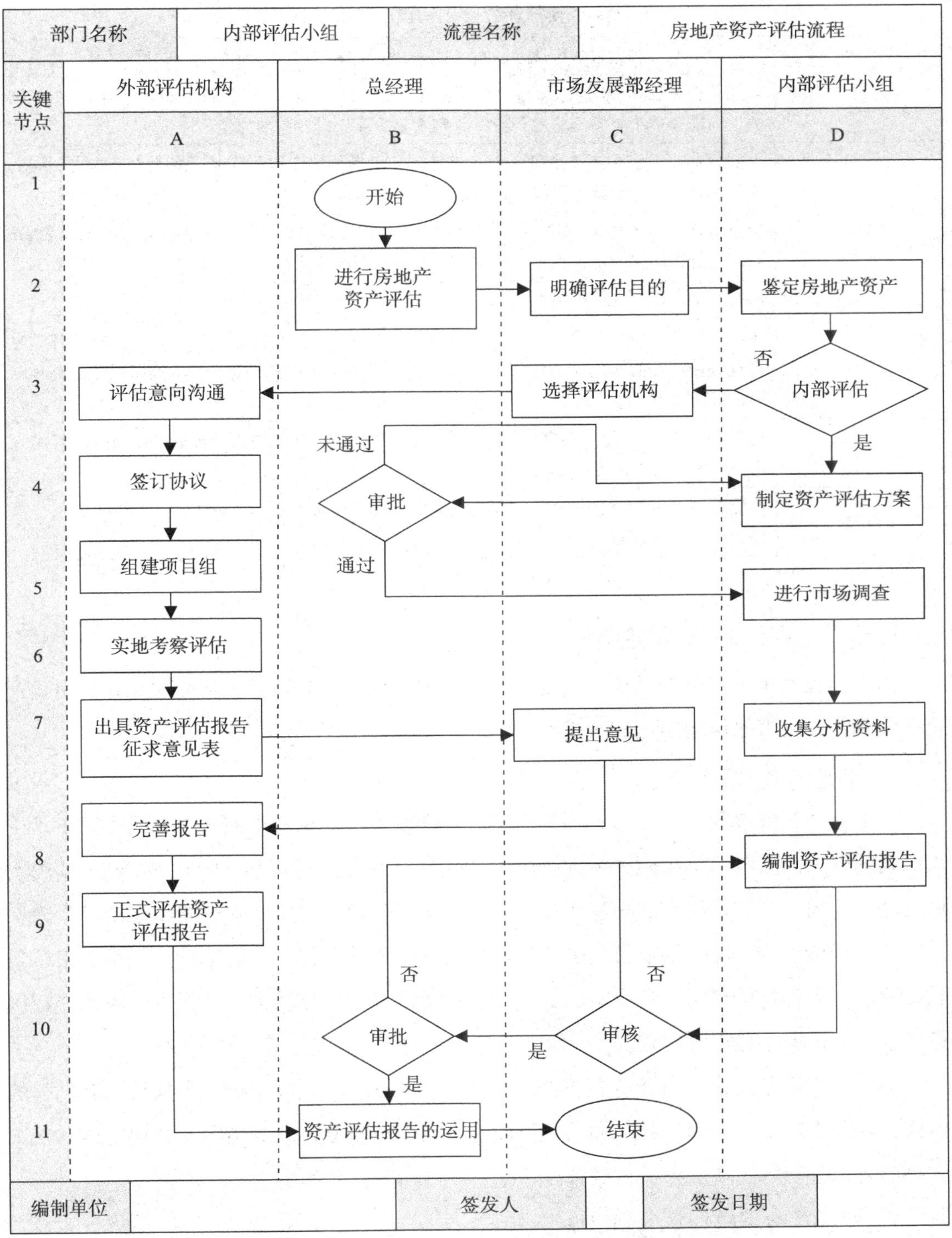

图 5-2　房地产资产评估流程

2．执行关键节点

房地产资产评估流程关键节点细化执行内容如表 5-1 所示。

表 5-1　房地产资产评估流程关键节点细化执行内容

关键节点	细化执行内容
B2	总经理根据公司战略层面的需要，进行房地产资产评估工作。总经理负责明确评估的目的，内部评估小组鉴定房地产资产，判断是否需要进行内部评估
D4	内部评估小组成员主要由财务部、审计部、市场部和工程部等部门专业人员构成，其主要是对公司内部房地产资产进行评估，提供参考意见
	经过鉴定，可由内部评估小组进行评估的，应根据具体的项目评估的类型，统筹全局，精心设计，组织内部评估小组制定符合实际的资产评估方案
	经过鉴定，内部评估小组评估不了的，需要选择外部的评估机构
D7	所收集的评估资料大部分来源于公司内部的房地产实体和权益资料，其他资料则需要通过现场勘探和必要的调查访问等方式获取，需要强调的是，撰写评估报告所需的资料也要一并收集
D8	内部评估小组在编制资产评估报告时，需要明确资产评估报告的类型，以报告的作用为导向，把握报告的各基本要素
B11	物业公司对资产评估报告的运用主要体现在房地产资产的转让、置换、租赁、抵押、销售等商业行为方面

5.1.3　房地产资产风险控制

为了加强对房地产资产风险的控制，物业公司要识别、分析和评估公司存在的房地产资产风险，并且根据风险制定应对措施。

1．房地产资产风险类别

（1）资产投资风险。由于房地产的投资回报周期长，规模较小的物业公司不具备承受长时间的资金压力与市场风险的能力。由于物业公司的投资利润率与借入资金利率间的不稳定性，公司在某种程度上面临着亏损的风险，其有可能因为负债率过高而选择破产。

（2）资金统筹风险。物业公司需要不断的资金统筹才能保证正常运营，但由于银行贷款发放审批流程比较严格，花费时间长，因此资金统筹难度比较大。如果资金不能快速统筹到位，公司就不能正常运营。

（3）资产运营风险。当资金链条出现断裂，流动资金不足以支撑一个项目顺利进行的时候，就会出现资产运营风险。如果银行没有及时发放贷款，就会给物业公司的运营带来直接影响，甚至可能使工程项目搁置。

2．房地产资产风险及控制措施

房地产资产风险及控制措施如表 5-2 所示。

表 5-2　房地产资产风险及控制措施

资产风险类别	控制措施
资产投资风险	◆ 物业公司在进行投资前要对市场的供求关系做全面调查，选择刚需且有较大利润的投资项目 ◆ 采取有效的措施转移资产风险，如在签订合同时要有明确具体的违约责任条款，约定发生风险时违约方要承担的违约风险
资金统筹风险	物业公司要对现有的融资渠道进行改革和创新，降低对银行贷款的依赖，实现融资渠道的多元化发展
资产运营风险	◆ 强化公司资金的使用，加强对运营成本的监督与管理 ◆ 加强对公司内部的管理和决策体系的建设，科学编制内部控制管理机制，实现对房地产项目的监管

5．2　物业租赁管理

5．2．1　租赁方案设计

要根据租赁物业的类型、位置、用途、租金、租期等设计租赁方案，并且要遵循一定的步骤，具体如图 5-3 所示。

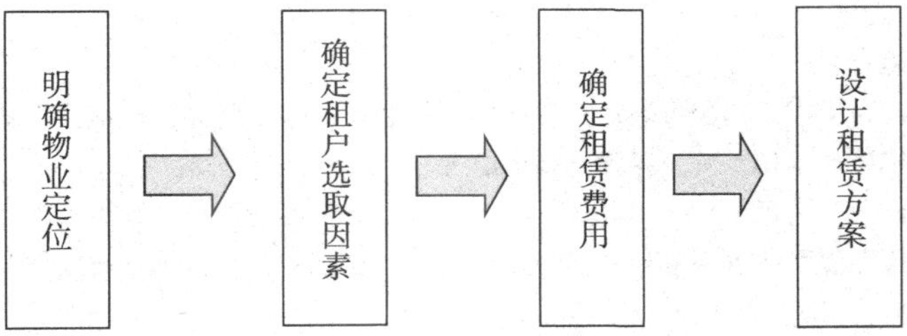

图 5-3　设计租赁方案的步骤

1．明确物业定位

首先要确定项目的经营功能定位，明确租赁项目的用途。其次要对区域进行定位，调查项目周围区域的分布情况，是否与项目的经营功能相匹配。

2．确定租户选取因素

在选择租户时，要进行综合考虑，主要的考虑因素有租户的声誉、租户的财务状况、租户组合与位置分配、租户所需的物业服务、主要租户与一般租户的关系、物业租赁项目的大小等。

3．确定租赁费用

租赁费用主要包括租赁的报价、租赁的成交价、租赁期限、租金支付方式、租金支付期限、车位费等。要根据项目的经营功能定位及区域定位合理地确定物业项目的租赁费用，使其符合市场的发展水平。

4．设计租赁方案

基本的租赁内容确定之后，就要设计相应的租赁方案，主要内容包括租赁项目位置、租赁方式、租赁费用、租户确定等。设计的租赁方案要符合租赁项目的实际情况，并且科学、合理。

5．2．2 物业租赁管理办法

为了进一步提升公司的经济利润，避免房地产资源浪费，物业公司需要对所管辖的房地产资源进行租赁管理。下面是商业物业租赁管理办法示例，仅供参考。

商业物业租赁管理办法
第1章 总则 第1条 目的 为了规范和完善物业公司的物业租赁行为，提高物业公司的经济利润，根据物业公司的实际情况，特制定本办法。 第2条 适用范围 本办法适用于商业物业公司租赁工作的管理。 第2章 出租管理 第3条 制定出租方案 物业公司应制定出租方案，出租方案的内容包括出租物业的基本情况，招租租金底价及拟定依据，招租方式，拟出租期限、用途、承租条件、年度租金增幅等。 第4条 定期研讨租金政策 1．物业公司根据社会发展水平和经济政策，每年至少组织____次专门会议，研讨近期和中远期租金政策。 2．租赁合同到期后，承租人要求续租的，应于租赁合同期满前____日至____日内向公司提出书面申请，续租期限一般不超过____年。 第5条 不对外出租的情形 1．未取得物业权属证明或相关产权证明，产权未定或产权不明晰的。 2．因司法和行政机关依法判决、裁定、决定查封或以其他形式限制物业出租的。 3．共有物业未征得共有人同意的。 4．不符合国家和行业安全标准，可能导致人身伤亡和财产损失的。 5．法律法规禁止出租的其他情形。 第3章 公开招租管理 第6条 招租方式 物业公司原则上须采用公开竞价、招投标等公开招租方式确定承租人。 第7条 招租步骤 1．发布招租信息。通过公开的交易平台、网站、新闻媒体等公开招租信息，公布时间应不少于____日，相关信息随招租公告一并发布。

（续）

2. 进行资格审查。公布信息后，公司应指定专人负责接受竞租人的报名，并且进行资格审查，若资格审查合格则要求竞租人缴纳竞租保证金。

3. 确定租金底价。招租租金底价要参照公司所在地政府部门发布的同类物业租金参考价，以及结合物业租赁市场供求情况、周边同类物业的租金水平等确定。

4. 进行竞价和招标。公司组织召开竞价会或开标会，符合条件的竞租人或投标人应准时参加。

（1）采用公开竞价方式的，价高者确定为承租人。

（2）采用招标方式的，公司应事先制定具体的开标计分方法，由符合资格条件的投标人带标书参加开标会，高分者确定为承租人。

第 8 条　签订租赁合同

通过公开竞价、招标活动等公开招租方式确定为承租人的，承租人应于确定之日起____日内，与公司签订租赁合同。

第 4 章　租赁合同管理

第 9 条　租赁合同应具备的条款

1. 租赁双方姓名（或名称）及地址。

2. 物业位置、面积、装修及设施状况。

3. 租赁用途、期限、租金数额及支付方式。

4. 维修、装修、环境卫生、秩序等责任约定。

5. 转租约定。

6. 解除合同条件。

7. 违约责任。

8. 当事人约定好的其他条款。

第 10 条　变更或解除租赁合同

1. 当事人协商一致的。

2. 承租人擅自将承租物业转租的。

3. 承租人擅自改变承租物业结构或约定用途的。

4. 承租人拖欠租金达三个月以上的。

5. 承租人故意损坏承租物业的。

6. 承租人利用承租物业进行非法活动，损害公共利益或他人利益的。

7. 因不可抗力致使租赁合同不能继续履行的。

8. 法律、法规规定的其他情形。

第 5 章　转租管理

第 11 条　转租要求

1. 转租须经公司书面同意，承租人转租的，公司与承租人之间的租赁合同继续有效，第三人不得将租赁物业再行转租，第三人对租赁物业造成损失的，由承租人赔偿损失。未经公司同意转租的，承租人不得擅自转租。

2. 经公司书面同意转租的，转租合同的终止日期不得超过原租赁合同约定的终止日期，否则公司有权解除租赁合同，收回物业并依法追究转租人的法律和经济责任。

3. 转租期间，原租赁合同变更、解除或终止，转租合同也随之相应变更、解除或终止。

第 6 章　附则

第 12 条　编制部门

本办法由物业管理部负责编制、解释与修订。

第 13 条　生效日期

本办法自 ×××× 年 ×× 月 ×× 日起生效。

5.2.3 租赁经营预算编制

根据物业租赁市场的整体情况，物业公司可编制科学的租赁经营预算，制定目标清晰的租赁工作方案，保证物业租赁各环节围绕着总目标运作。

1. 租赁经营预算的编制方法

租赁经营预算的编制方法如表5-3所示。

表5-3 租赁经营预算的编制方法

方法	概述	适用范围	优点	缺点
概率预算法	概率预算法是指对在预算期内不确定的各预算构成变量，根据客观条件，做出近似的估计	适用于难以准确预测变动趋势的预算项目	扩大了变量的适用范围，改善了预算指标的准确程度	预算的准确率低
滚动预算法	滚动预算法是指根据上一期的预算指标完成情况，调整和具体编制下一期预算，并将预算期连续滚动向前推移的一种预算编制方法	适用于规模大、时间长的大型设备采购项目预算	◆ 及时调整和修订近期预算 ◆ 有助于保证采购支出的连续性和完整性 ◆ 充分发挥预算的指导和控制作用	操作复杂，工作量大
弹性预算法	弹性预算法是指以预算期间可能发生的多种业务量水平为基础，分别确定与之相应的费用数额而编制的、能适应多种业务量水平的费用预算	◆ 适用于采购数量随着业务量变化而变化的采购 ◆ 适用于市场价格及市场份额不确定的公司	◆ 扩大预算的适用范围 ◆ 有利于客观地对预算执行情况进行控制、考核和评价 ◆ 避免了由于业务量发生变化而对预算的频繁修订	操作复杂，工作量大

2. 租赁经营预算的编制程序

租赁经营预算的编制程序如图5-4所示。

3. 租赁经营预算的编制要点

（1）经营预算在物业租赁工作中主要体现为销售预算。销售预算具备基础性和关键性的特征，表现为对销售预测的计划具备指导作用，是公司经营费用维持的主要来源。因此，在经营预算中要将销售预算作为主要目标，集中力量实现以房屋租赁为主要项目的销售目标。

（2）明确经营预算表的构成，有利于降低物业租赁业务的成本，提高物业租赁业务的利润。相较于传统生产制造型公司，物业公司中的经营预算表的构成主要有销售预算、推销预算和管理费用预算三部分。

（3）在经营预算的编制过程中应明确经营预算与财务预算的关系，健全预算管理体

制，提高预算信息共享的效率，推动经营预算与财务预算的协同运作，这有利于提高资源的配置效率，减少资源浪费，最大限度地发挥财务数据的指导性作用，最终实现公司的战略目标。

提出目标	总经理根据预算期经济形势的初步预测，在决策的基础上，提出预算期的预算目标，包括预期收入、销售预算、运营成本费用、税费、利润等，并提出预算编制的政策、原则及编制的要求和时间安排等
编制上报	各预算执行部门按照总经理提出的目标和下达的政策，结合自身的特点和预测的执行条件，根据规定的格式编制部门的预算方案
审查平衡	财务部在汇总各部门预算后，进行审查和综合平衡，汇编预算草案，对审核过程中发现的问题提出意见
审议通过	对财务部提出的预算草案和审查平衡的意见进行逐级检查和讨论后，与预算部门协调，做进一步修改，并且提出意见与建议，报总经理审批
批准执行	总经理审批通过后，在预算开始初期将预算分解成各种指标，逐级下达，贯彻执行

图 5-4 租赁经营预算的编制程序

5. 2. 4 租户关系管理办法

为了避免与租户发生纠纷，解决租户的问题，提高租户的满意度，物业公司需要制定租户关系管理办法。下面是租户关系管理办法示例，仅供参考。

租户关系管理办法

第 1 章 总则

第 1 条 目的

为了与租户建立良好的关系，提供优质的管理服务，完善租户信息，掌握租户需求特征与行为偏好，提升租户对管理服务的满意度，培养租户的忠诚度，特制定本办法。

第 2 条 适用范围

本办法适用于与物业公司有租赁关系租户的管理。

第 2 章 租户类型划分管理

第 3 条 租户类型划分

租户类型有四类，即 A 类、B 类、C 类和 D 类。

第 4 条 租户类型划分标准

1. A 类，租期长（大于____年）且对公司服务水平认可度高的租户。
2. B 类，租期短（小于____年）但对公司服务水平认可度高的租户。
3. C 类，租期长（大于____年）但对公司服务水平认可度低的租户。

（续）

4. D类，租期短（小于____年）且对公司服务水平认可度低的租户。

第3章　四类租户关系管理

第5条　对A类租户的管理

A类租户的忠诚度和满意度高，且认可物业的服务水平，对待A类租户可从以下三个方面进行管理。

1. 问题处理方面。

要重视A类租户提出的问题，并且在问题提出时，立即对问题进行记录、分析，同时指派工作人员赶赴现场进行解决。

2. 关系维护方面。

（1）定期了解A类租户的需求，并进行走访。

（2）设计调查问卷，调查A类租户的满意度。

（3）在节日、租户生日等重要日期献上祝福，赠送礼品。

3. 特色服务方面。

为A类租户提供收纳整理、卫生清洁、家宴服务、宠物托管等特色服务。

第6条　对B类租户的管理

B类租户虽然租期比较短，但对公司的物业服务认可度较高，要把该类租户变成长期忠实的租户，还要从以下三个方面进行管理。

1. 问题处理方面。

B类租户对公司的忠诚度很高，要重视B类租户提出的问题，并且尽快为其解决，维持其对公司的满意度，保持其的续租意愿。

2. 关系维护方面。

定期对B类租户进行回访，询问其问题是否得到解决，其对处理结果是否满意。

3. 特色服务方面。

为B类租户提供部分特色服务，如卫生清洁、收纳整理等。

第7条　对C类租户的管理

C类租户虽然租期较长，但对公司的物业服务认可度低，公司要想提高C类租户的忠诚度和满意度，可从以下三个方面进行管理。

1. 问题处理方面。

当C类租户出现问题的时候，要派专人到现场进行处理，以使其满意。

2. 关系维护方面。

为了提高C类租户的满意度和居住意愿，要分析C类租户认可度低的原因，并且对C类租户进行满意度调查或者进行回访。

3. 特色服务方面。

为C类租户提供收纳整理、卫生清洁、家宴服务、宠物托管等特色服务。

第8条　对D类租户的管理

D类租户的租期较短且对公司的物业服务水平认可度较低，对待D类租户可从以下两个方面进行管理。

1. 问题处理方面。

记录D类租户产生的问题，按照记录的先后顺序逐一解决租户的问题。

2. 关系维护方面。

对于D类租户，要保持正常的租赁关系，为其提供基础的服务。

第4章　租户关系管理注意事项

第9条　注意事项

1. 在处理错综复杂的租户问题过程中，切忌形式主义，要对问题进行本质分析，联合内部相关部门，制定解决问题的方案。

（续）

2. 在维护与租户的关系中要明确双方的权利与义务。

3. 租户关系管理不是独立的工作，而是与招租营销管理工作相辅相成，在租户为公司推荐更多租户的过程中，要注重对租户的物质奖励，以提高其推荐的积极性。

第 5 章　附则

第 10 条　编制单位

本办法由物业管理部负责编制、解释与修订。

第 11 条　生效日期

本办法自 ×××× 年 ×× 月 ×× 日起生效。

租户管理公约示例，扫描下方二维码即可查看。

5．3　资源开发与经营管理

5．3．1　项目资源开发流程

随着需求的增加，业主对物业服务的要求也越来越高，物业公司要积极进行多种项目资源的开发，不断创新发展收益模式，增加物业管理收入。

1．项目资源开发流程

项目资源开发流程如图 5-5 所示。

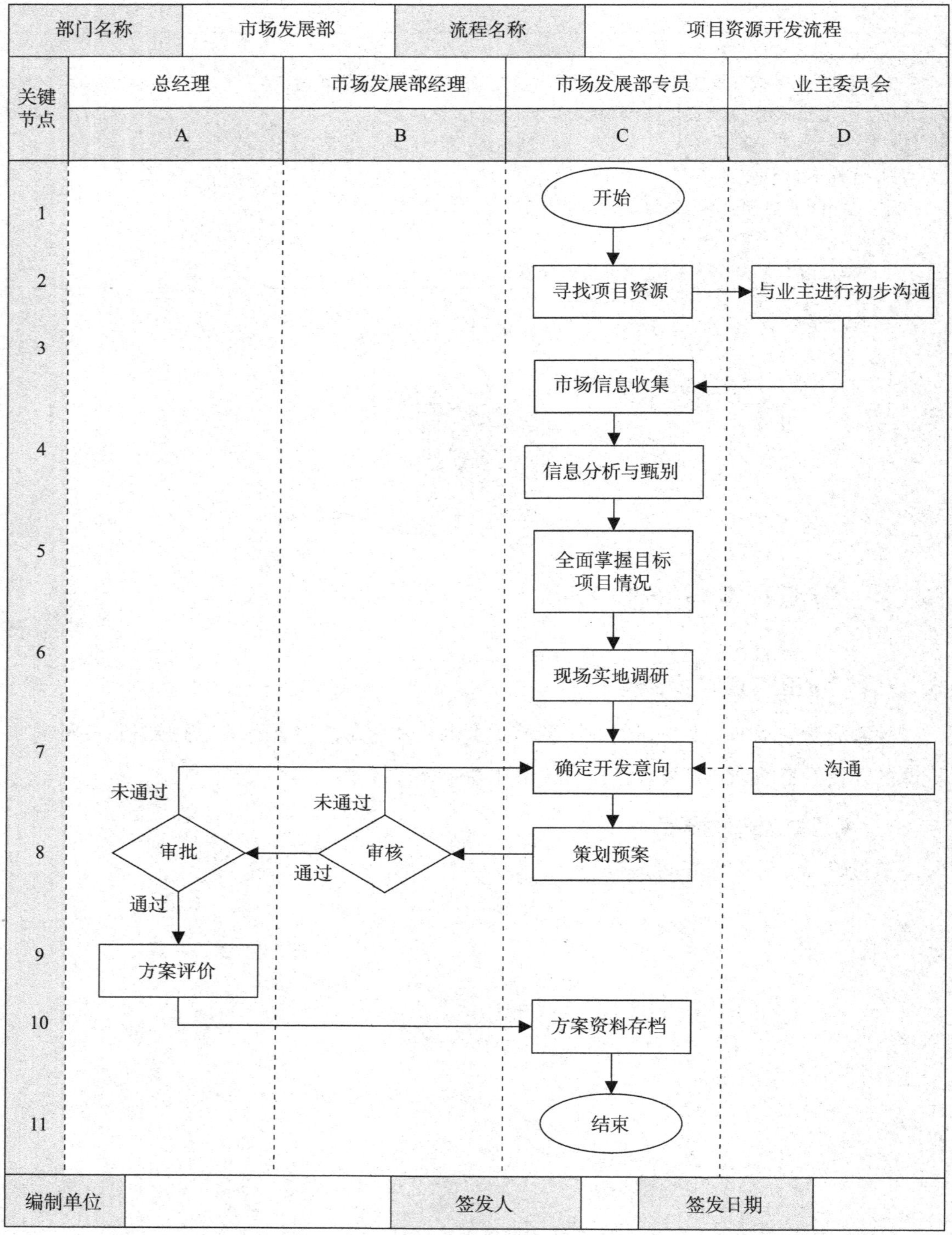

图 5-5　项目资源开发流程

2. 执行关键节点

项目资源开发流程关键节点细化执行内容如表 5-4 所示。

表 5-4 项目资源开发流程关键节点细化执行内容

关键节点	细化执行内容
C2	以公司战略目标为导向，通过详细的市场调研，寻找适合发展的项目资源
D2	了解业主需求，与业主进行初步沟通，针对不同业态的物业经营管理模式进行具体分析
C6	完成项目初步评估，通过详细的理论资料收集和实地调研，进行项目可行性分析
C7	加强与相关业主的沟通，努力达成共识，确定项目资源开发意向，形成文字性的项目设计
C8	物业项目资源开发成本涉及人、财、物管理的各个方面，因此要制定具有可行性的策划预案

5. 3. 2 资源开发可行性分析

为了评估物业项目资源开发的可行性，物业公司需要从不同的角度对项目进行分析，具体的分析步骤如图 5-6 所示。

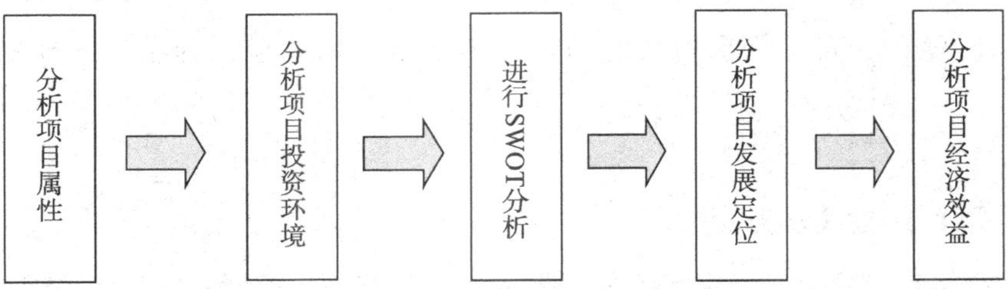

图 5-6 资源开发可行性分析步骤

1．分析项目属性

分析项目的区位属性、物业属性、生活便利程度属性、生活氛围属性、资源属性，重视区域未来发展及项目本身配套的建设，规避项目资源开发的某些风险。

2．分析项目投资环境

（1）分析宏观的经济条件。分析外部的市场环境及项目投资的发展前景，了解相关政策法规。

（2）分析当地的市场总体环境。查看房地产市场的发展情况，了解交易量如何。

（3）分析本项目周边的市场环境。分析周边的房价区间、小区户型、房屋交易情况等。

3．进行 SWOT 分析

（1）优势。项目所在的区域拥有较好的配套设施及稀缺的资源，邻近高档住宅区，这些因素都会使整体产品价值有所提升。

（2）劣势。项目所在的区域环境可能一般，周围大多为老旧小区，没有相应的优势资源，这些因素都制约着项目的发展。

（3）机会。项目紧密结合市场需求，能给公司的发展带来较大的经济利润和较好的发展机会，推动着项目的可持续发展。

（4）挑战。外部宏观市场环境及未来的经济政策的不确定性，都给项目资源的开发带来一定的挑战。

4. 分析项目发展定位

（1）明确项目的发展定位。从项目的地域环境出发，分析区域空间及区域资源，充分挖掘、发展项目的潜在资源，立足于区域发展的现状，弱化区域的不足，提升自身的价值。

（2）业主定位。分析项目所在地的业主的年收入情况、工作单位等。

5. 分析项目经济效益

（1）分析项目的经济效益和动态盈利能力，分析投入的成本是否能得到回收。

（2）分析项目开发、资金周转的周期，是否由于周期过长为项目的发展带来一定风险。

5.3.3 项目经营策划方案

物业项目经审定具有开发可行性的，需要对其经营进行策划，以保证该项目达到预期目标。下面是商业物业项目经营策划方案示例，仅供参考。

商业物业项目经营策划方案

一、项目描述

为了打破传统商业模式，将该物业项目区域打造成现代商业模式，建立集大型超市、家电卖场、数码电器、家具百货、娱乐休闲、餐饮等多功能为一体的中高档商业广场，特制定本方案。

二、项目定位

该物业项目区域周边交通便利、人口众多，适合将项目打造成为一个中高档的商业广场，吸引各类品牌店、特色店、主题百货、电器卖场、超市、书城的入驻，可采用多元化经营模式，满足不同消费者的消费需求。

三、项目经营计划

（一）项目经营时间

（1）××××年××月到××××年××月，基本完成商业广场的建设。

（续）

（2）截至 ×××× 年 ×× 月，基本完成招商任务。

（3）截至 ×××× 年 ×× 月，商家开始入场装修，为开业做准备。

（4）力争 ×××× 年 ×× 月底，完成开业准备，确保 ×× 月开业。

（二）经营内容

1．定编定岗及培训计划

定编定岗服从物业公司的统一管理安排，计划定编____人，其中管理人员____人。按照物业公司的培训安排参加培训。

2．招商计划

选择目标商户进行招商，挑选合适的主力店和次主力店入驻商场，计划招募____家主力店，____家次主力店。

3．代租、代收计划

按照开发商的委托要求，对 ×× 商业代为租赁，房屋出租率大于____%，今年完成代租收入不少于____万元，按要求完成水、电、暖等费用的代收、代缴工作，保证所辖物业的正常运作。

（三）经营成本

预计本年度总计支出____万元，其中营业成本____万元、税金____万元、管理费用____万元、财务费用____万元。

（四）经营收益

该项目预计总收入为____万元，其中物业管理费收入____万元，供暖费收入____万元，停车管理费收入____万元，装修管理费收入____万元，维修费收入____万元。

四、项目经营策略

1．业态规划设计先行

商业广场的开发、运营要紧紧围绕本地消费需求倾向和消费特点，突出重点，摒弃不适合本地消费文化的业态。

2．为租户量身定做开店全面解决方案

根据不同类型的租户提出的不同需求，为他们量身定做开店全面解决方案。根据整体市场定位和业态组合，对进驻租户提出要求，并且协助调整、提升和完善他们在本商业广场开店的定位、档次和其他品质。

5.3.4 项目经营管理办法

为了避免项目经营风险，延误项目的进展，提升经营质量，物业公司需要加强项目经营管理。下面是项目经营管理办法示例，仅供参考。

项目经营管理办法

第1章 总则

第1条 目的

为了进一步优化物业项目的经营管理，规范项目的经营行为，规避经营风险，提升经营质量，根据公司的实际情况，特制定本办法。

第2条 适用范围

本办法适用于物业项目经营工作的管理。

第2章 投标管理

第3条 建立投标管理机构

1. 要建立相应的投标管理机构，负责投标文件的评审、编制、审核及协调管理等。
2. 各部门投标文件必须由投标管理机构负责编制和审核。

第4条 建立评审制度

建立统一的招标文件评审制度，由投标管理机构对招标文件进行评审。只有通过评审后的项目才能正式参与投标。

第5条 建立审批制度

为了避免经营过程中出现风险，各部门对外所有与经营有关的报告、承诺及工作函等资料报出，必须建立审批制度。

第6条 建立投标信息库

各部门必须建立投标信息库，收集各项目的招标信息，及时整理和更新，并且实行投标信息库的共享，确保对外投标资料的一致性。

第3章 合同管理

第7条 成立合同管理机构

公司需成立专门的合同管理机构，负责合同的洽谈、评审、签订、存档、监督、管理和内部承租合同的监督、存档、管理等。

第8条 建立合同评审制度

1. 建立统一的合同评审制度，由专职、专业人员对合同条款进行评审。
2. 根据市场情况、法律法规和公司实际，规范项目合同条款。

第4章 经营管理

第9条 项目经营

所有开发经营项目须依法办理有关手续、依法经营。

第10条 项目进度控制

在项目开发的过程中，物业公司要监督项目的开发情况和进展情况，若发现项目有问题，须及时上报并提出解决措施。

第11条 项目监督管理

在项目投标、开发的过程中，物业公司要指定专人对项目的各个环节进行监督，避免出现收受贿赂、违法乱纪等现象。

第5章 经营费用管理

第12条 费用管理

为了保证经营工作的顺利开展，各部门可根据业务情况提取一定比例的费用作为各部门专项经营费用开支。

（续）

第 13 条　奖励措施

为了保证经营队伍的素质和稳定性，提高经营人员的工作积极性，各部门可提取一定比例的费用作为经营人员的奖励开支，并且根据项目的难易程度设定不同的奖励标准。

第 6 章　附则

第 14 条　编制单位

本办法由市场发展部负责编制、解释与修订。

第 15 条　生效日期

本办法自 ×××× 年 ×× 月 ×× 日起生效。

5. 3. 5　物业招商方案

为了保证物业招商工作的顺利进行，挑选出合格的商户，提高物业公司的经营效益和利润率，物业公司需要制定具体的物业招商方案，以规范招商人员的工作和行为。下面是物业招商方案示例，仅供参考。

物业招商方案

一、任务描述

为了将 ×× 商业物业出租出去，公司需要开展物业招商活动，以选择合适的商户。

二、招商启动时间

×××× 年 ×× 月 ××× 日上午 9:00 至 ×××× 年 ×× 月 ××× 日下午 5:00。

三、招商地点

×× 办公室。

四、招商人员安排

1. 招商经理，负责统筹全局，制定招商方案，控制招商进度，安排招商专员的日常工作。

2. 招商专员，负责执行招商经理安排的具体招商工作。

3. 招商助理，负责协助招商专员进行招商工作。

五、招商工作开展

（一）招商准备工作

1. 确定招商形式和条件

（1）招商形式。本次采用公开招商的形式，所有符合条件的商户均可参加本次

（续）

招商活动。

（2）招商条件。前来参加招商的商户的资金、资质需要达到一定的水准。

2. 成立招商小组

公司根据招商需要成立招商小组，小组成员主要包括招商经理、招商专员、招商助理等。

3. 制作招商宣传资料

根据招商类型、招商需求，制作此次招商宣传的资料。宣传资料包括招商的时间、地点及相关要求等内容。

（二）招商工作实施

1. 审核参加招商活动名单

（1）审核本次参加招商活动的商户，查看这些商户是否符合招商要求；审核商户提交的资料的真实性。

（2）判断参加招商活动的商户是否在三家以上，不满足条件的需要重新进行招商或者邀请符合条件的商户。

2. 与商户进行洽谈

招商小组与前来参加招商活动的商户就租期、租金、交付方式进行沟通洽谈。

3. 与商户进行谈判

招商小组与商户就招商细节进行谈判，将符合公司预期要求的商户作为招商目标。确定好招商的商户后，双方就细节达成共识并签订合同。

（三）招商工作收尾

招商小组要加快与未确定入住的商户的沟通，做好招商收尾工作。

（四）招商工作总结

招商小组要撰写招商工作总结报告，提出本次招商活动的问题及相应的解决措施，并且做好下一阶段的招商工作规划。

六、物业招商注意事项

1. 在开展招商活动前，要分析本次招商活动的优势和劣势，判断本次招商活动的难度，对于招商难度较大的区域，公司可以做出相应的让步或提供一些优惠条件给商户。

2. 通过多种方式、多个平台发布招商活动，扩大宣传渠道，以便吸引更多的商户前来参加招商活动。

（续）

3. 对于招租，公司可制定招商奖励机制，可将提成奖励调整为当月租金的_____%。 4. 定期对招商人员进行培训，使其掌握洽谈和谈判的技巧，以及招商的相关知识，提升招商人员的语言表达能力和沟通能力。

招商管理制度示例，扫描下方二维码即可查看。

5.4　不同业态的物业经营管理

5.4.1　住宅物业经营管理

住宅小区是业主稳定居住的场所，入住的都是相对固定的业主。对住宅的经营管理主要趋向于营造一个相对舒心、干净和安全的居住环境。

1．住宅物业经营管理的特点

住宅物业经营管理的特点如表 5-5 所示。

表 5-5　住宅物业经营管理的特点

特点	具体内容
全面性	住宅物业公司对于小区内涉及具体生活的事项进行全面管理，如安保、绿化、清洁、基础设施维护等
持续性	提供持续不间断的物业服务
以服务为宗旨	住宅物业管理坚持服务至上的理念，尽力满足业主需求
与业主的沟通紧密	需要加强与业主的沟通交流，时刻维护业主利益

2．住宅物业经营管理注意事项

（1）针对不同小区的实际情况制定专门化、精细化、具体化的可操作的规章制度，要具体问题具体分析。

（2）住宅物业面对的是业主和租户，会存在沟通困难、业主拖欠物业管理费等情况。

（3）物业和各参与主体之间的权利与义务不明确，物业公司、居委会、行政部门间权责混淆，遇事互相推诿。

（4）部分业主主人翁意识淡薄，参与小区治理意识薄弱，法律意识不强，存在乱搭乱建、在楼道堆放垃圾、私拉乱接电线等问题。

（5）物业公司所提供的服务需要与时俱进，传统的管理服务方式已经不再适用。物业公司不仅要满足业主最基本的需求，还要满足业主对住宅的其他需求。

5．4．2 写字楼物业经营管理

写字楼是办公的场所，入住的往往都是各种不同的公司。对写字楼的经营管理主要趋向于营造舒适、整洁、安全的办公环境。

1．写字楼物业经营管理的特点

写字楼物业经营管理的特点如表5-6所示。

表5-6 写字楼物业经营管理的特点

特点	具体内容
车辆管理难度大	大量的机动车和非机动车辆为写字楼附近的交通管理与停车场管理增加了压力
管理点分散，专业化程度高	因为人流量大，管理难度也相应增加，同时消防、安全、清洁、消杀等基础设施设备维护起来需要更加专业
清洁难度大	公司众多，要营造干净的办公环境，清洁难度加大
服务专业化	除了提供常规的物业服务之外，还会提供会务服务、接待服务、客服服务等

2．写字楼物业经营管理的注意事项

（1）写字楼的公司众多，物业公司要实现科学化、规范化、市场化管理。要建立健全相应的规章制度，保证写字楼管理有法可依、有章可循、责任到人、责任到岗，确保各项工作正常运行，各种设备设施得以安全运转，实现统一管理，分散经营。

（2）物业公司要加强治安防范，严格出入制度。写字楼物业对于安保工作要求更加严格。写字楼的安保工作不仅涉及公司和个人财产的损失，还涉及公司、行业、部门之间的机密。物业公司必须提高治安防范，加强安保和值班管理，建立健全规章制度，确保公司人身和财产安全。

（3）物业公司要重视清洁服务。写字楼的清洁程度关系到写字楼的形象，物业公司要完善清洁管理细则，并严格执行，保障大堂、电梯、过道、洗手间干净整洁，做到随脏随清，日产日清。

（4）物业公司的服务项目要具有多样性和专业性，为业主提供人性化、日常化、专业化服务，如协助接待来访客人。

（5）物业公司要打造一支管理经验丰富、知识水平较高、专业技术扎实、作风过硬、充满激情和敬业精神的物业服务队伍，树立高端物业服务的形象。

5.4.3 工业园区物业经营管理

工业园区物业属于收益型物业，其管理除了常规的物业服务外，重点还要考虑物业出租经营状况、业主稳定状况等。工业园区物业经营管理内容和方式相比住宅物业要丰富和复杂得多，因此要重视对工业园区公司需求的研究，为工业园区公司提供精细化服务。

1．工业园区物业经营管理的特点

工业园区物业经营管理的特点如表 5-7 所示。

表 5-7　工业园区物业经营管理的特点

特点	具体内容
业主多元	工业园区物业服务的对象是租赁公司和相关工作人员，各类园区都属于生产运营机构，业主更加多元
程序复杂	工业园区物业会涉及机器设备、园区食堂、宿舍等管理，需要对相应工作进行协调，相比住宅物业管理程序更加繁杂
体系严谨	对于工业园区内门卫、巡逻、安全管理等方面要求更加严格
政府监督	物业管理会受到政府相关部门的监督，需要做好与政府相关部门的配合工作
工作繁杂	物业管理的对象大部分为房屋和各种配套设施，需要开展的辅助性工作繁杂。由于服务种类和目标业主的不同，服务的重难点也存在较大差异

2．园林物业经营管理的注意事项

（1）管理要求高，对物业管理者的综合素质要求也高。物业服务内涵丰富，责任重大，工业园区面对的业主多元、占地面积广阔、公司多而复杂，这都给物业管理带来了困难并增加了压力。

（2）所需安全级别高，对物业管理要求严格。需要加大对园区总体安全环境的管理，制定详尽的巡逻路线，加强进出口值班管理及工业园区巡查，保证安保工作的质量，实现数字化、规范化、集约化管理。

（3）对日常环境要求高。工业园区物业管理人员需要具备一定的审美能力和环境管理能力，以实现标准化保洁，使业主处于洁净舒适的工业园区环境之中。

（4）由于工业园区业务量大，一般都远离市中心，在工作日大量货车、通勤车、私家车进出，外围容易造成交通堵塞。特别是上下班两个高峰时段，经常造成路口及外围道路拥堵，车辆长时间无法出入，因此需要完善相应的基础设施。

（5）在工业园区物业管理中，针对不同的工业园区，对物业管理的服务要求也大不相

同。物业公司可通过大数据分析不同园区的特征，针对不同的工业园区制定不同的物业管理方案，加强和完善相关的服务内容，努力为工业园区引入更多的优质公司。

5.4.4 商业物业经营管理

商业物业是指为人们提供产品、服务、设施和场地的场所。由于商业物业的服务性和社会性特点，使商业物业的经营管理比住宅物业、写字楼物业和工业园区物业更为复杂，也使其经营管理的内容更加丰富。

1. 商业物业经营管理的特点

商业物业经营管理的特点如表 5-8 所示。

表 5-8 商业物业经营管理的特点

特点	具体内容
顾客流量大	商业物业的进出人员比较多，客流量大，对安保和消防工作的要求更为严格
营业时间长	商业物业是为顾客提供消费的场所，为了增加公司利润，接待更多的顾客，通常一天的营业时间都会比较长，统一店铺的开张及关门时间有利于商业物业的整体形象塑造
车辆管理压力大	人们出行选择的交通工具比较多，给商业物业进行车辆管理带来一定的压力
服务要求高	商业物业服务面向的对象比较广，需求也千差万别，需要为顾客提供一个便捷、安全、舒适的消费环境

2. 商业物业经营管理的注意事项

（1）装修方面。装修在商业物业经营管理中比较重要，好的装修风格、设计能吸引顾客前来消费，如果做得不好，那么会影响商业物业的经营效益。

（2）设施维护方面。商业物业的设备要经常保养维护，避免使用率过高影响设备的正常运转，给顾客带来不好的体验。

（3）安保服务方面。商业物业要做好安保工作，防止盗窃事故、突发事件。

（4）环境卫生方面。要做好商业物业的环境卫生管理，为顾客提供一个干净、整洁、优美的购物环境。

（5）广告方面。商业物业在经营的过程中，要采取多种宣传和促销手段。物业公司在支持商业宣传策划的同时，必须加强对商业物业的广告宣传管理。

第 6 章
物业质量管理

6.1 物业服务质量控制关键点

6.1.1 员工专业化提升关键点

提升物业公司员工的专业化程度，可使员工适应公司发展需要，从而提高工作效率，促进各岗位员工工作标准化和规范化，进而提高物业服务质量。

1．员工知识与技能培训

物业公司应积极组织员工培训，培训内容、培训重点和培训方式等要切合公司发展实际且科学规范。由于员工水平与工种不同，公司在培训时应分步骤、分方向、分水平进行。员工知识与技能培训内容如表 6-1 所示。

表 6-1 员工知识与技能培训内容

培训类型	内容
知识培训	◆ 员工守则、礼仪行为规范、职业道德教育等 ◆ 客服知识、安全知识培训 ◆ 物业管理基础知识及强化服务意识的专题培训
技能培训	◆ 基本技能培训：相应岗位的专业知识、质量执行标准、质量考核标准等 ◆ 新技能（术）培训：智能化技术、信息网络技术、新设备仪器的使用与管理技术等

2．为员工搭建学习平台

物业公司应根据自身特点，发挥自身优势，为员工搭建学习平台，如组织员工去其他物业公司交流学习，做专业技能演练，使员工的实际操作水平得到提高，促进员工专业技能的提升。

3．员工考核与激励

物业公司应根据自身需求与岗位职责设定不同的员工考核标准，提供公平、公正、公开的竞争机制，并且根据考核结果进行相应的奖励与惩罚，力求避免培训、考核与实际工作脱节。

4．开展职业技能竞赛

开展职业技能竞赛不仅可以提高员工的专业化程度，还可以最大限度地开发员工的潜能，使其理论知识得到提高。物业公司要广泛发动员工参与，从而提升员工的技能水平。

6．1．2 基础设施质量控制关键点

物业公司应对基础设施进行质量控制，保证各项基础设施正常使用，满足各项服务要求，尽可能延长设施的使用寿命，并且达到节能降耗的目的。

1．基础设施验收

物业基础设施验收是在政府有关职能部门和监理公司竣工验收合格的基础上，以物业设施安全运行和满足使用功能为主要内容的接管与再验收。验收时应严格按照国家标准要求与公司自身要求进行，主要的验收内容有避雷设施、消防设施、路灯、垃圾处理设施等。

2．基础设施检修

物业公司应对基础设施进行定期或不定期的检修，具体应达到以下要求。

（1）检修作业的各工种人员应遵守本工种安全技术规程的规定。

（2）检修结束后，检修项目责任人会同有关检修人员检查检修项目是否有遗漏、工器具和材料是否遗忘在设备上，并且及时清理检修垃圾、杂物。

（3）基础设施检修均应有记录，其中主要设施应建立设备修理保养情况记录卡，作为设施履历一直保留。

3．基础设施保养

基础设施在使用过程中会发生污染、松动、泄漏、堵塞、磨损、震动、发热、压力异常等各种故障，影响设施正常使用，严重时会酿成事故，因此公司应定期对其进行保养。保养方式主要有清扫、紧固、润滑、调整、防腐、防冻等。保养时应达到以下要求。

（1）所有基础设施的保养必须根据保养手册及相关规程进行，并明确相应年度、季度、月度保养项目，制订保养计划，落实执行责任人。

（2）相关人员必须认真执行保养计划，以便尽可能延长设施系统正常使用的寿命，减少紧急维修的次数。

（3）保养记录及更换零配件记录必须完整、真实，并须由专业工程师建立设备保养档案，以便分析故障原因，确定责任。

6.1.3　特约服务质量控制关键点

物业特约服务又称物业增值服务，是指物业为业主提供的非标准化的专项服务，如家政服务、改造及家装、有偿维修、送货上门、代购、跑腿、房屋代租代售及其他服务等一系列便民服务。特约服务质量控制关键点体现在以下四个方面。

1．特约服务受理

（1）物业公司应安排专人负责特约服务的受理，并且保证是唯一的有效途径。

（2）特约服务人员受理特约服务后，需向业主说明特约服务收费标准，获得业主同意后，立即填写业主特约服务申请单（注明收费标准），并且录入物业系统。

（3）未由特约服务人员派单，任何人不得提供特约服务。

（4）业主向非特约服务人员提出特约服务需求的，相关人员应立即将业主需求和其他信息告知特约服务人员，统一填写业主特约服务申请单。

2．特约服务的实施

（1）特约服务人员受理并登记特约服务后，由实施部门主管派工。

（2）一般情况下，按业主预约时间实施特约服务，特殊情况，实施部门主管应明确上门服务的时间，由特约服务人员与业主沟通，并且就实施时间达成一致。

（3）实施部门按业主的相关要求、操作规范或作业标准实施特约服务。

（4）为避免产生纠纷，特约服务所需的材料均由业主自行采购。

3．特约服务费的收取

（1）物业公司应对特约服务项目及收费标准进行公示。

（2）物业公司每季度抽查项目中的业主特约服务申请单，核对收费情况，若发现违纪现象，按管理规定追究相关人员的责任。

（3）除物业经理外，公司任何人不得擅自决定免收特约服务费。物业经理同意免费提供特约服务费的，必须在业主特约服务申请单上注明原因，并且签字确认。

4．特约服务质量考核

质量管理部应按服务质量标准监督、抽查开展的特约服务的服务质量，并且纳入公司质量考核范围，针对考核结果给予相应的奖惩。考核内容主要有仪容仪表、行为举止、服务合格率、业主满意度等。

6.1.4 社群服务质量控制关键点

物业公司通过建立社群，可实现业主互动、信息传播、经营参与、社区活动及消费整合等功能，达到资源互动、共建和谐社区及联动业务拓展的共赢目的。物业公司应安排专人进行社群运营。社群服务质量控制关键点主要体现在以下三个方面。

1. 搭建社群服务实施载体

社群服务实施载体一般为社区微信公众号和社区微信群。该实施载体除应具备社区资讯、交流互动、服务预约等基本功能外，还可以具有抽奖与积分功能，以提升业主的社群体验感。

2. 确定社群服务基本要求

社群服务人员应遵循以下要求，以保证服务质量。

（1）保证群内互动，针对不同类型业主设计有效活动，提升业主活跃度、留存率、转化率等。

（2）及时回复并处理社群业主消息和私聊消息。

（3）及时处理店铺在线客服消息，解答业主疑问，提升业主体验感，增加业主黏性。

3. 持续输出高质量内容

持续输出对业主有价值的内容，可以大大地提高社群服务的质量。社群输出内容可参考表 6-2 所示的内容。

表 6-2 社群输出内容

栏目	事件	内容	发布时间
社区资讯（固定）	项目进度	建筑、绿化、设备维护等项目进度，应图文并茂	每周一
	生活常识	家电维修、装修、家具采购、保养等	每周一、三、五
		养生、保健、饮食、休闲等	每周二、四、六
	节日及生日问候	—	当日
	天气预报	—	每日
	短文	时事、幽默、哲理类	每周六、日
	公示	物业收费及使用明细	每年 3 月
		物业月度工作事件及上月工作完成情况	每月 5 号
	好人好事	—	每周二
社区资讯（临时）	社区活动	活动信息释放、活动组织实施情况	方案确定 2 天内
	公益活动	业主或子女关怀、捐赠、救助、帮扶及社会公益参与	事件完结 2 天内
	通知	停水、停电、缴费、商家联动信息、会议等	提前 2 天

（续表）

栏目	事件	内容	发布时间
互动交流	业主需求及建议	—	适时
	意见征集	针对社区活动、服务项目、设施装配等内容征集业主意见	项目开始前一周
	业主咨询	—	适时

服务质量控制方案示例，扫描下方二维码即可查看。

6．2 物业服务质量管理

6．2．1 住宅物业服务质量管理方案

住宅物业的服务质量会直接影响业主的居住体验，甚至会影响该区域的房价。物业公司应对物业服务质量进行有效控制，以满足业主和租户的需求，提升公司规范化管理水平，提高业主满意度，增强公司竞争力。下面是 A 住宅物业服务质量管理方案，仅供参考。

A 住宅物业服务质量管理方案

一、服务质量目标

1．做好小区卫生环境和基础设施的维护，创造良好的居住环境。

2．提高物业管理人员的整体素质及工作能力，提升物业服务水平。

3．形成完善的物业管理监督机制，定期回访业主，提升业主的整体满意度。

4．业主满意率达到 95% 以上。

二、服务质量标准

本公司住宅物业服务主要包括基本服务、安全管理、环境秩序管理、房屋管理、设备设施管理及其他便民服务等。

（一）基本服务

1．承接项目时对住宅公共部分、公用设施进行认真检查，保证验收手续齐全。

2．具备完善的服务体系与规范要求，包括物业管理方案、质量管理制度、财务

（续）

管理制度、档案管理制度等。

3．管理人员与技术操作人员应按国家相关规定持证上岗。

4．服务人员应统一着装，佩戴相关标志，并且行为要规范等。

（二）工程管理

1．严格完成对业主的服务事项，维护及时率、返修率、业主满意率必须达到规定标准。保持公共区域设施配件完好，开闭正常，需要维修的在两个工作日内完成。

2．按政府规定，每年进行一次房屋避雷测试，以符合避雷规范要求。

3．对于需要维修的设施，属于小修范围的需要及时修复，属于大中修范围或者需要更新改造的，要向业主委员会提出报告，按规定办理。

4．确保小区电力、供水供暖、煤气、通信、网络等正常，定期完成电力、消防等各项安全监测。

（三）环境秩序管理

1．对于小区道路、广场、停车场，每日要清扫两次；在各楼层和各门厅设置垃圾桶，每日清理两次。集中的垃圾应尽快外送。

2．小区供水箱按规定每半年清洁一次，并定时巡查化验。

3．定期对小区绿化进行消毒，并结合实际情况开展灭虫除害工作。

4．治安巡逻、大堂执勤及交通车辆进出、停放等服务，要严格履行交接手续，严禁闲杂人员进入小区。

5．小区主要出入口需要设有平面示意图，小区各单元楼标志要清晰。

6．对违反规定私搭乱建等行为要及时告知和劝阻，并及时报告政府有关部门。

7．积极开展安全教育活动，预防安全事故的发生；熟悉小区地形，严格执行执勤制度，定时巡视，发现问题及时处理。

三、服务质量提升

（一）定期检查小区环境，及早发现问题

1．物业服务人员每半年针对住宅业主开展一次安全普法活动，对违建问题进行安全劝告，对于不听劝告者则进行上报处理。

2．物业服务人员每日需对小区室内外环境进行检查，及时发现问题，及时对损坏的设施进行报修处理。

3．每日早晚对小区公共环境进行清洁维护，保证业主拥有良好的生活环境。

（续）

（二）配备高素质的物业专业人才

1．物业服务人员需掌握住宅区设施的基础维修方法，掌握计算机系统操作，擅长处理复杂人际交往关系，并且具备物业管理服务的相关技能技巧。

2．物业公司管理人员需按照国家有关规定取得相应的资格证书，凭证上岗。

3．定期对物业管理人员进行评估考核，根据考核结果，淘汰得分和排名靠后的人员，以提高管理人员的整体工作素养。

（三）建立健全物业服务监督制度

1．与业主委员会签订规范的监督服务合同，明确双方职责，双方均有义务对物业管理中出现的问题进行处理和监督。

2．编制完善的物业管理服务制度，住宅区域的公共设施可按区分配管理人员，出现问题时直接定责到人。

3．公司总经理定期对住宅区物业服务进行检查，对物业管理人员的专业能力及业主居住环境体验进行临时抽查与调查。

四、总结

物业人员在实施本方案时，应本着“业主至上，服务至上”的原则，对待业主的需求要尽快尽早、按时保质地处理，努力打造舒适宜居的生活环境，与业主建立良好的物业管理服务关系，从而减小物业管理的难度。

6.2.2　写字楼物业服务质量管理方案

在经济高速发展的背景下，业主对物业服务的质量也提出了更高的要求。在写字楼物业服务中，物业公司应根据写字楼与业主特点，提供专业化、规范化、个性化的物业服务。下面是B写字楼物业服务质量管理方案，仅供参考。

B写字楼物业服务质量管理方案

一、目的

制定本方案的目的是，加强对本写字楼的物业服务质量管理，使物业服务质量与高品质的写字楼硬件设施相匹配；既强调规范化服务，又重视人性化服务，使业主能够各取所需，从而提升业主的体验感。

（续）

二、服务原则

1. 业主至上原则。业主有需求就有服务。

2. 统一管理原则。写字楼公共区域及公共设施设备由物业公司统一管理。

3. 经济合理原则。合理制定物业管理费及各项收费标准，既要考虑主管部门的行业管理要求，又要兼顾物业运行成本支出，以保证物业管理服务行为活动有效健康进行。

4. 专业化服务原则。物业公司有一整套专业化、规范化、系统化的管理规章制度和服务质量标准。

5. 超前服务原则。公司的管理意识与服务内容不能墨守成规。

三、服务内容

（一）基础服务

1. 总服务台

B写字楼中的商务公司业主量较大，物业总服务台可在第一时间满足来访业主的咨询、引导、查找等需求，帮助业主缩短寻访时间。同时，还可根据业主需要提供包装袋、针线、急救包、小型运货平板车、送水等服务。

2. 服务礼仪

商务公司的业主素养相对较高，物业服务人员应提供多方面、高质量的服务礼仪，如帮业主迎宾送客、代叫出租车、搬运箱包等。

3. 互动服务

物业服务人员应经常组织和业主/租户之间的互动活动，以增加感情，如举办联谊会、茶话会、球赛等；在节假日给业主/租户赠送小礼物，以加强感情交流。

4. 安全服务

建立严格的出入管理制度、加班登记制度、钥匙管理制度、业主档案管理制度等，增加巡逻频次，实施24小时监控，加强安全管理力度。

5. 消防服务

与写字楼内的业主签订消防责任书，明确消防安全责任人，积极宣传消防基本知识，帮助业主掌握防火、救火、逃生的基本技能，实施24小时消防监控，定期进行消防设施的检查和保养，以及B写字楼消防联合演练（要求所有业主/租户参加），人防与机防有效结合，确保B写字楼的安全使用。

（续）

6．清洁服务

对质地讲究的高级装饰材料进行专业化养护，对楼体外檐进行定期清洗，保证公共通道、电梯、卫生间、茶水间、吸烟室、空中花园、公共设施设备的清洁，不留卫生死角，使业主 / 租户及访客随时感受到清洁、光亮、通透和空气清新的环境。

7．绿化服务

B 写字楼较为封闭，环境相对较为沉闷。合理有序地摆放合适的绿植品种，能够增加 B 写字楼的生机，美化办公环境，使人们的心情愉悦。特别是在节日期间，别致的盆景装饰，更能突出喜庆的气氛。

8．节能控制

物业保安部和工程部应互相协作，根据 B 写字楼开放及关闭时间规定，在满足业主 / 租户加班需求的基础上，严格控制照明系统、温度控制系统及运输系统的分区使用，将设备运行成本降至最低。

（二）专项服务

1．餐饮服务

针对不同的商务工作需求，提供以下餐饮服务。

（1）员工餐厅：多数公司办公面积有限，不具备餐饮条件，午休时间较短。

（2）中西餐厅：商务客人来访，公司为尽地主之谊，解决来访客人用餐问题。

（3）饮品服务：许多商务洽谈不适合在办公环境中进行，可在咖啡厅等宽松、和谐的环境中进行。

2．会议服务

开设多功能会议厅，为各公司举办商业展示会、新品发布会、业务培训，召开行业信息交流会议、记者招待会、年终表彰会议等提供场所。

3．多功能娱乐服务

建立多功能娱乐厅、健身房、台球厅、乒乓球室、跳操房、飞镖室等，满足不同人群的需要。

（三）特约服务

在不违反法律、法规、规章制度的前提条件下，当业主提出专项特约服务要求时，物业管理机构应在力所能及的范围内给予满足。在提供专项特约服务前，应向业主明示专项特约服务内容和服务标准，并且与业主商定特约服务收费标准。

（续）

四、服务质量标准

本公司在为 B 写字楼提供服务时，应达到以下四点要求。

1．安全：保证业主的人身安全、财产安全、饮食安全、设施使用安全、工作环境安全。

2．快速：快速响应业主需求，提高处理速度。

3．人性化的服务：向业主提供人性化的服务。

4．方便：通过物业服务，最大限度地向业主提供便利。

6．2．3　工业园区物业服务质量管理方案

工业园区物业服务管理是指对工业园区内的厂房、仓库等房屋建筑及其附属的设施、设备的管理，以及各种综合性服务的管理。物业公司应为园区营造干净舒适的生产和办公环境。下面是 C 工业园区物业服务质量管理方案，仅供参考。

C 工业园区物业服务质量管理方案

一、C 工业园区简介

C 工业园区为 ×× 市重点项目，是集工业、办公、宿舍一体的园区，整体形象定位为开放、高效、规范。

二、物业管理模式

根据 C 工业园区的定位，确定 C 工业园区的物业管理模式为在做好基础物业服务的基础上，将精神文明建设与形象建设相结合的经营型物业管理模式。

三、物业管理处人员配备

1．管理处主任 1 名，负责物业管理工作。

2．文员 1 名，负责前台服务、行政、物业事务等工作，协助管理接待等工作，以及负责档案管理、会务管理等工作。

3．质量管理员 1 名，负责各部门、各岗位的工作质量的检查和监督。

4．维修人员 3 名，负责工业园物业和配套设备设施及场地的日常维修、保养、巡视、维修、检查、监督等工作。

5．保安队中队长 1 名，负责保安队的全部工作及对部门人员的检查和监督工作。

保安 13 名，分三班 24 小时值班，负责当班期间的安保工作。

（续）

6. 环境管理部长 1 名，负责清洁、绿化工作及对部门人员的检查和监督工作。

绿化技师 2 名，负责绿化养护工作。

环卫工人 8 名，负责工业园区公共区域卫生清洁工作。

四、服务质量管理内容

1. 安全保卫管理

安全保卫管理主要包括工业园区总体安全环境的管理，对入驻企业的管理，车辆交通及道路管理。

2. 设备设施维护管理

设备设施维护管理主要包括房屋管理与维修养护，共用设备管理（给水排水设备管理、供电设备管理、弱电设备管理、消防管理），专业设备的管理（空调设备、电梯设备管理），共用设施的管理。

3. 环境绿化及保洁管理

环境绿化及保洁管理主要包括办公楼、宿舍、食堂、厂区及工业园区公共部分（厂区库区内自管），以及公共设施的日常保洁工作；工业园区公共绿地的维护和保养工作。

4. 园区食堂管理

园区食堂管理主要包括厨房管理及员工就餐管理。

五、服务质量管理目标

1. 树立工业园区整体形象

通过对工业园区环境形象管理、公共设备设施管理、治安交通控制、服务人员专业化管理等，塑造园区开放、高效、规范的形象。

2. 维护园区良好环境

C 工业园区的卫生涉及道路、厂房、宿舍、办公区等公共区域及外墙。物业人员只有通过专业的服务和管理，才能从根本上展现项目的良好面貌，同时园区内绿化的养护要达到茂盛、常绿、无死苗、无杂物，辅助性地展现项目的良好形象。

3. 确保因物业管理原因造成的治安消防事件发生率为零

通过人防、技防、物防的有效结合，防止治安消防事件的发生，确保该园区内因物业管理原因造成的治安消防事件发生率为零。

（续）

4. 做好设备设施及物业本身的管理，使工业园物业保值、增值

C工业园区设备设施齐全，在物业管理中应对其进行专业管理，使其使用寿命延长，从而达到保值、增值的目的。

5. 保证车辆有序停放

对车辆使用人进行引导与现场管理，规范其停车行为，防止车辆乱停放现象，达到整齐、规范停车和秩序井然的目的。

6. 2. 4 商业物业服务质量管理方案

商业地产具有空间大、设备多、人流量大等特点，与单一的住宅社区相比，商业地产物业管理的服务对象涉及业主和顾客两方面。物业公司应对商业区进行综合性、全面性、多层次的管理。下面是D商场物业服务质量管理方案，仅供参考。

D商场物业服务质量管理方案

一、目的

1. 落实公司的质量方针、程序和标准。
2. 保障商业物业服务质量体系有效运行。
3. 改进质量控制方法，促进物业管理质量提升。
4. 为质量体系的持续改善提供依据。
5. 按质量体系要求及相应方法培训人员。

二、服务质量管理要点

1. 满足终端消费者需求，扶持商户经营。
2. 关注商户需求点，持续提高商户满意度。
3. 建立完善的质量管理体系，打造高效的商业物业服务团队。

三、服务质量管理内容及要求

（一）安防管理

1. 保安工作

（1）商场内人流量较大，人员庞杂，保安人员应保证巡逻频率及对突发事件的快速反应能力。

（2）保证商场通道无障碍物，在商场日常运营中清理占道经营行为。

（续）

（3）营业结束后统一清场，实行周密的进出货管理控制。

2．消防工作

（1）坚持“防消结合，重在预防”的原则，做好日常管理防范措施。

（2）定期检查消防设备，保证可以正常使用。

（3）商场内禁止使用大功率电器，严禁动用明火。

（4）建立商场火灾应急预案，一年内组织不少于两次的消防演习。

（二）保洁消杀绿化工作

1．营业时间内实行公共场所（通道、楼梯、前厅、卫生间、天棚、墙面……）不间断循环保洁，以及时清理垃圾杂物。

2．定期检查卫生死角，确保整洁的经营环境。

3．定期开展商场公共环境的消杀工作，确保安全健康的经营环境。

（三）物业公共部分设备设施维护

1．物业公共部分维修和养护。商场物业公共部分（楼道、通道、前厅、外墙、天棚、楼顶平台、下水道、化粪池）的日常维修和养护要全面、及时、到位，确保其发挥正常功能，不留安全隐患。

2．公共设施设备维修和养护。保证商场设施设备（中央空调系统、电梯、配电、消防系统、公共照明系统等）正常运行，做好日常维修和保养工作。

3．商户日常维修服务。商户个人维修服务收费要合理，维修服务效率要高。

四、服务质量标准

物业服务质量标准如下。

1．服务及时率达到 100%。

2．业主服务满意度达到 85% 以上。

3．环境及保洁达到商场卫生管理标准——优秀等级。

4．设施设备完好率达到 98% 以上，设备有效利用率达到 95% 以上。

5．重大消防、治安、安全生产事故率为零。

五、总结

在本方案实施后，物业人员应总结实施过程中出现的问题，制定相应的纠正与预防措施，防止物业服务质量问题的再次发生。

质量检查工作方案示例，扫描下方二维码即可查看。

6．3　质量管理工作作业规程

6．3．1　设备维修与保养作业规程

设备维修人员在进行设备维修与保养时，应按照设备维修与保养规程进行工作，以防范意外情况的发生。下面是设备维修与保养作业规程示例，仅供参考。

设备维修与保养作业规程

第 1 章　总则

第 1 条　为了规范设备维修人员对设备的维修与保养工作，确保设备长期平稳运行，并且延长设备的使用寿命，特制定本规程。

第 2 条　本规程适用于对所有设备的维修与保养。

第 2 章　设备维修与保养的准备工作

第 3 条　物业部主管编制维修与保养方案，将设备的维修与保养工作落实到具体人员，并且制定考核方案。

第 4 条　设备维修人员应提前准备好设备的各种维修与保养记录表单，并且准备好设备维护工具及用品。

第 5 条　设备维修人员在正式上岗之前应经过专门培训，掌握设备的结构、性能、操作、保养规定等。

第 6 条　设备维修人员在进行工作前，应同技术人员一起，根据设备技术维修与保养标准，对设备的精度、性能、安全等方面进行全面的检查与核对，确保无误后方可继续使用。

第 3 章　设备维修与保养实施

第 7 条　设备维修与保养工作必须按照设备技术维修与保养标准进行。

第 8 条　每天下班前，设备维修人员应详细填写设备维修与保养记录表，并且说明设备的运行状况。

第 9 条　物业部主管应认真检查设备维修与保养记录表，根据记录（在必要时）更改设备的维修与保养规范，使设备的维修与保养方式更加合理。

第 10 条　设备维修人员应在设备运行过程中来回巡检，发现设备异常立即进行停机处理，并且及时通知物业服务中心。

第 11 条　物业部主管不定期对设备维修人员工作进行抽查，对表现突出的人员予以表彰。

第 12 条　维修与保养设备时要先切断设备电源，并且在电源处的醒目位置张贴“正在维修”字样，防止不知情的员工开动设备。

第 13 条　设备维修人员应按照设备维修要求，严格按照规定穿戴安全防护用品，避免发生安全事故。

第 14 条　维修与保养设备时需拆除设备部件的，应将拆下的设备部件放于合适的位置并固定好，防止砸伤人员及丢失。

第 15 条　在维修与保养作业过程中，当设备维修人员中途必须离开且无人看守时，一定要设立警示标志，防止他人误操作发生事故。

（续）

第 16 条　维修工作完成后，维修人员要认真检查，确认无误后试运行，试运行无误后填写设备维修记录表（详见下表）。

设备维修记录表

设备名称：　　　　　　　　　　　编号：　　　　　　　　　　　　日期：

<table>
<tr><td>维修部位：</td><td rowspan="3">维修内容：</td></tr>
<tr><td>维修用料：</td></tr>
<tr><td>维修工日：</td></tr>
<tr><td>维修单位及人员签名：</td><td>验核意见：
验核人：
日　期：</td></tr>
</table>

第 4 章　特殊设备维修与保养

第 17 条　设备维修人员应定期对特殊设备进行维护与保养，确保其正常运行。

第 18 条　设备维修人员在日常保养过程中必须严格遵守设备养护规范，不得随意拆卸精密部件。

第 19 条　特殊设备保养中所使用的润滑剂、擦拭材料及清洗剂等必须按照设备使用说明书中的规定使用，不得随意更换。

第 20 条　特殊设备不工作时应对整机或者关键部位安装防护罩，如长时间不使用，也必须定期擦拭，进行保养，防止设备零件腐蚀、受损。

第 21 条　对于特殊设备的附件及零件等应设专门区域存放，并且由设备维修人员定期对其进行保养。

第 5 章　附则

第 22 条　本规程由物业部负责编制、解释与修订。

第 23 条　本规程自 ×××× 年 ×× 月 ×× 日起生效。

6.3.2 设备维修与保养作业监督和检查

物业管理人员应对设备维修人员的工作进行监督与检查，以规范设备维修人员操作行为，避免出现意外情况。设备维修与保养的监督和检查内容如下。

1. 维修与保养拆解监督和检查

物业管理人员对设备拆解情况进行监督与检查，确保设备维修人员按照既定要求拆解设备。

（1）设备维修人员拆解工序是否正确、使用工具是否正确、使用仪器是否正确、使用材料是否正确。

（2）对于第一次拆解的设备，是否为各零件做好标记。

（3）拆解的设备及零件是否按照现场定置管理图摆放，与系统连接的开口部分是否封好。

（4）每次的维修与保养工作结束之后，是否将现场清理干净。

2．维修与保养过程监督和检查

物业管理人员对设备维修与保养过程进行监督和检查，确保设备维修人员按照既定要求进行工作。

（1）经过维修与保养的设备是否消除故障及缺陷，是否符合工艺要求和质量标准，通过验收之后是否合格。

（2）经过维修与保养的设备零件是否安装正确、设备内是否遗留杂物。

（3）维修与保养记录是否完整、数据是否真实、测量分析是否准确、责任人是否标注。

3．维修与保养质量监督和检查

物业管理人员对设备维修与保养的验收工作进行监督和检查，具体内容如下。

（1）是否按照维修与保养文件的规定，对影响维修与保养质量的关键节点进行检查。

（2）对于验收过程中发现的不合格事项，是否严格按照设备管理体系程序文件要求处理。

（3）监督设备维修人员是否按照维修工艺要求、质量标准进行自检。

（4）监督验收工作是否按照规定的质量验收标准进行，是否完成报告、图纸、技术记录的审阅工作。

6．3．3 清洁与消杀作业规程

物业的清洁与消杀工作应按照一定规程进行，以实现提高工作效率，达到既定标准，净化区域内环境的目的。下面是清洁与消杀作业规程示例，仅供参考。

清洁与消杀作业规程
第1章 总则
第1条 目的 为了规范卫生清洁与消杀工作，净化区域内环境，特制定本规程。 第2条 适用范围 本规程适用于物业服务人员清洁与消杀的管理事宜。
第2章 清洁作业规程
第3条 地面清洁 对公共通道及公共区域的地面应每日清洁两次，同时要及时清扫灰尘、落叶及其他杂物等。 第4条 墙栏、墙柱清洁 1．每日用抹布清抹水平面部分及各种线条部分两次，并随时保洁。 2．每月清抹墙面一次。

（续）

第 5 条　天花板、风口、灯饰清洁

1．每月用清洁剂清抹两次，并及时清除蜘蛛网及灰尘等。

2．每季用中性清洁剂彻底清洁一次。

第 6 条　花池清洁

1．每天拾除枯叶、烟头、纸屑等杂物三次以上。

2．每周用水冲洗基砖一次。

第 7 条　大理石制品的清洁

1．随时清除一切杂物、灰尘和污渍。

2．清洁时不宜使用高浓度化学性清洁剂，避免损坏地面、墙面及设备。

3．清洁标准要求达到壁面干净、光亮照人。

第 8 条　电梯的清洁

1．清洁直梯轿厢内外厅不锈钢表面时，应防止厅门开关造成意外，使用不锈钢清洁剂时应适量。

2．清洁扶梯两侧不锈钢表面时应防止上下移动造成意外，使用不锈钢清洁剂时应适量。

3．清洁标准要求达到无污渍、灰尘，保持洁亮。

第 9 条　玻璃门窗的清洁

1．用铲刀铲除玻璃上的污渍时，应注意力度，防止损坏玻璃。

2．将毛巾放入兑清洁剂的清水中，保留毛巾中的少许水分，对玻璃幕墙进行清洁，擦拭时用力要均匀。

3．清洁完毕后，用玻璃刮水器清刮玻璃上的水珠。

4．清洁要做到无污渍、水渍，保持光洁。

第 3 章　消杀作业规程

第 10 条　蚊蝇及蟑螂的消杀

1．根据季节适时进行消杀工作。

2．要选用合适的消杀药物。

3．喷洒药物时注意不要将药物喷到物品、门扶手或者门面上。

4．不要在人员进出高峰期喷药。

第 11 条　老鼠的消杀

1．鼠药的投放必须在保障安全的前提下进行，并且标注明显的标识。

2．鼠药尽量放在隐蔽且不宜触碰到的地方。

3．用剩的鼠药或者用完的鼠药包装袋切不可随地乱丢，应妥善处理。

第 12 条　传染性病菌的消杀

1．消毒方法采用优氯净、过氧乙酸、二氧化氯等药物加水稀释喷洒。

2．喷洒周期为每三天进行一次。

3．在垃圾桶、垃圾池、垃圾转运站等容易滋生细菌的区域着重喷洒。

第 13 条　注意事项

1．应将药物喷洒到如墙角、垃圾房角落等处。

2．含氯药物具有褪色作用，避免喷洒到桌椅、家具表面上。

3．消杀工作结束后，所有器具、药具、药物等由物业服务中心统一清洗管理。

第 4 章　附则

第 14 条　制定部门

本规程由物业部负责编制、解释与修订。

第 15 条　生效日期

本规程自 ×××× 年 ×× 月 ×× 日起生效。

保洁工作达标标准，扫描下方二维码即可查看。

6.3.4 清洁与消杀作业监督和检查

物业部主管应对清洁与消杀工作进行严格的监督和检查，以规范物业服务人员清洁与消杀的行为，确保清洁与消杀工作能够达到既定的标准，为业主提供更好的居住体验。下面是清洁与消杀作业监督和检查办法示例，仅供参考。

清洁与消杀作业监督和检查办法

第1章 总则

第1条 目的

为了规范卫生清洁与消杀工作，督促工作人员按照标准执行工作，特制定本办法。

第2条 适用范围

本办法适用于物业服务人员清洁与消杀的监督和检查事宜。

第3条 职责划分

物业部主管组织相关人员专门成立监督与检查小组（以下称综合小组），该小组负责对清洁与消杀工作过程进行监督与检查。

第2章 清洁与消杀监督和检查方法

第4条 员工自我监督与检查

每个工作人员均应根据操作规范和要求，对自己所负责的区域不断地进行自我监督与检查，发现问题，及时解决。

第5条 综合小组监督与检查

1. 每天不固定时间进行监督与检查。
2. 对不同部位与不同区域巡回监督与检查，检查区域不得少于四处。

第6条 物业部主管随机监督与检查

1. 每周不得少于两次。
2. 每次监督与检查区域不得少于四处。

第3章 清洁与消杀监督和检查要点

第7条 监督和检查应认真负责

无论是员工自检还是综合小组抽查，都应秉着认真负责的态度，不可敷衍应付了事，更不能带有主观感情色彩进行监督与检查工作。

第8条 监督和检查标准要明确

1. 监督和检查电梯间、活动室、设备间等公共区域的环境清洁是否达到标准。
2. 监督和检查墙体外围、绿化带、角落等地的消杀工作是否达标。

第9条 监督和检查应做到与其他工作相结合

1. 监督和检查与培训相结合。发现问题后，应对产生问题人员进行培训，以防止同类问题再次反复出现。
2. 监督和检查与奖惩相结合。综合小组进行抽检时，可采取加减分的方式，对员工进行奖惩，月底根据员工的分数，确定员工的绩效。

（续）

3．监督和检查与考核相结合。监督和检查不仅包括监督、检查卫生消杀标准，还包括测定考核等内容。 4．监督和检查与改进提高相结合。监督和检查不仅要发现问题，还要对问题进行分析，并且根据分析结果提出改进措施，予以解决。 **第 4 章　清洁与消杀监督和检查结果应用** 第 10 条　通知整改 根据清洁消杀程序中的责任分工，综合小组根据规定事项进行监督和检查，并且将结果记录在监督和检查记录表中，及时通知责任人进行整改。 第 11 条　考核处理 物业部主管可将监督和检查记录表作为员工升职加薪的依据，对表现优秀的员工予以奖励，对表现较差的员工予以处罚。 第 12 条　改进提升 对监督和检查记录表进行归纳整理，并且进行公示，以便员工据此提升服务能力，精进服务体系，避免出现同样的情况。 **第 5 章　附则** 第 13 条　编制部门 本办法由物业部负责编制、解释与修订。 第 14 条　生效日期 本办法自 ×××× 年 ×× 月 ×× 日起生效。

6．4　满意度调查

6．4．1　满意度调查问卷

为了提高物业服务质量，物业公司可利用满意度调查问卷，定期调查业主对物业管理工作的看法和意见，有针对性地持续改进服务质量。满意度调查问卷示例如表 6-3 所示。

表 6-3　满意度调查问卷

<table>
<tr><td colspan="6">尊敬的业主：
×× 物业为您服务已经四年多了，在这些日子里，我们一直致力于为您提供高档优质服务。随着服务的不断细化和升级，我们也积累了丰富的管理实践经验，逐渐形成了适合本小区的服务标准，本次调查我们将针对这些标准征询您的意见。
希望您在百忙之中完成调查，于 ×× 年 ×× 月 ×× 日前提交问卷。谢谢！</td></tr>
<tr><td>姓名</td><td></td><td>住址</td><td>楼　　单元　　号</td><td>电话</td><td></td></tr>
<tr><td colspan="6">请在您认为正确的选项上打“√”</td></tr>
<tr><td rowspan="3">综合管理服务类</td><td colspan="3">×× 物业要求所有管理服务人员统一着装、佩戴标志、行为规范、服务热情，您对此是否满意</td><td colspan="2">A．满意　　B．不满意</td></tr>
<tr><td colspan="3">您知道我们设有 24 小时服务投诉电话吗</td><td colspan="2">A．知道　　B．不知道
C．知道电话，但不知道是 24 小时服务</td></tr>
<tr><td colspan="3">在日常的维修后，×× 物业要求填写一份维修单，您是否填过</td><td colspan="2">A．填过　　B．没填过
C．没有请物业进行过维修</td></tr>
</table>

（续表）

综合管理服务类	××物业为每位业主建立了一套较为完整的档案，包括装修、住户资料等，您认为这有必要吗	A. 有必要　B. 没有必要 C. 无所谓
	我们将对业主在本次调查中提出的意见、问题进行入户走访，您是否愿意接受我们的走访	A. 愿意　B. 不愿意 C. 最好用其他方式________
楼道保洁服务类	您对××物业的室内保洁工作是否满意	A. 满意　B. 较满意 C. 较不满意　D. 不满意
	物业保洁服务目前执行国家一级标准，您认为按照此标准进行的保洁服务清洁程度如何	A. 非常好　B. 较好 C. 一般　D. 不好
秩序维护服务类	××物业目前严格控制外来人员、小商小贩、闲杂人员入内，您认为这样做是否影响了您的正常生活	A. 影响，应该随意放行 B. 不影响，这样更安全 C. 有点麻烦，但能接受
	为了保证小区内机动车辆停放安全，目前不允许外来无证车辆长期停放，您认为这样做合理吗	A. 合理　B. 不合理 C. 其他
	××物业每月都派专人对消防栓进行一次检查，您认为这有必要吗	A. 有必要　B. 没有必要
	××物业每周都要对小区内的安全防范警示标志进行巡视，您认为这有必要吗	A. 有必要　B. 没有必要
清洁与绿化服务类	每天对小区的室外道路清扫一次、巡视两次，您认为清洁程度如何	A. 很干净　B. 干净 C. 不干净　D. 很不干净
	××物业每年对水箱进行两次清洗消毒，您认为合适吗	A. 合适　B. 不合适 C. 符合国家相关标准要求就行
	您对××小区的整体绿化是否满意	A. 满意　B. 较满意 C. 较不满意　D. 不满意
	您认为小区内的乔木、灌木修剪是否及时	A. 及时　B. 不及时　C. 其他
	您认为小区的绿化、卫生保持得如何	A. 很好　B. 一般　C. 不好
工程维修服务类	小区内的设备都建有设备台账，以对设备的维修保养更新进行记录，您认为有必要吗	A. 有必要　B. 没有必要 C. 无所谓
	每位物业服务人员都有义务对小区周边环境如便道、门窗等进行巡视察看，您认为巡视是否到位	A. 到位　B. 不到位 C. 无所谓
	在供热期间，供热站内物业安排专人24小时值班，每两个小时对设备运行情况检查记录一次，您对这样的安排是否满意	A. 满意　B. 不满意 C. 符合国家规定就行
	××物业每半年要对小区的房屋结构检查一次并记录，您认为合理吗	A. 合理　B. 不合理 C. 其他
	您对××小区水电维修工作是否感到满意	A. 满意　B. 较满意 C. 较不满意　D. 不满意
其他	与本市的其他住宅小区物业公司相比，您认为我们的整体服务水平属于哪个层次	A. 高档　B. 中档 C. 低档
	您对目前小区活动室提供的娱乐项目是否满意	A. 很不满意　B. 较不满意 C. 一般　D. 较满意

6. 4. 2　满意度调查工作实施流程

为了规范物业服务人员的调查工作行为，提高工作效率，提升满意度调查工作效果，物业部主管应制定满意度调查工作实施流程，供物业服务人员参考。

1．满意度调查工作实施流程

满意度调查工作实施流程如图 6-1 所示。

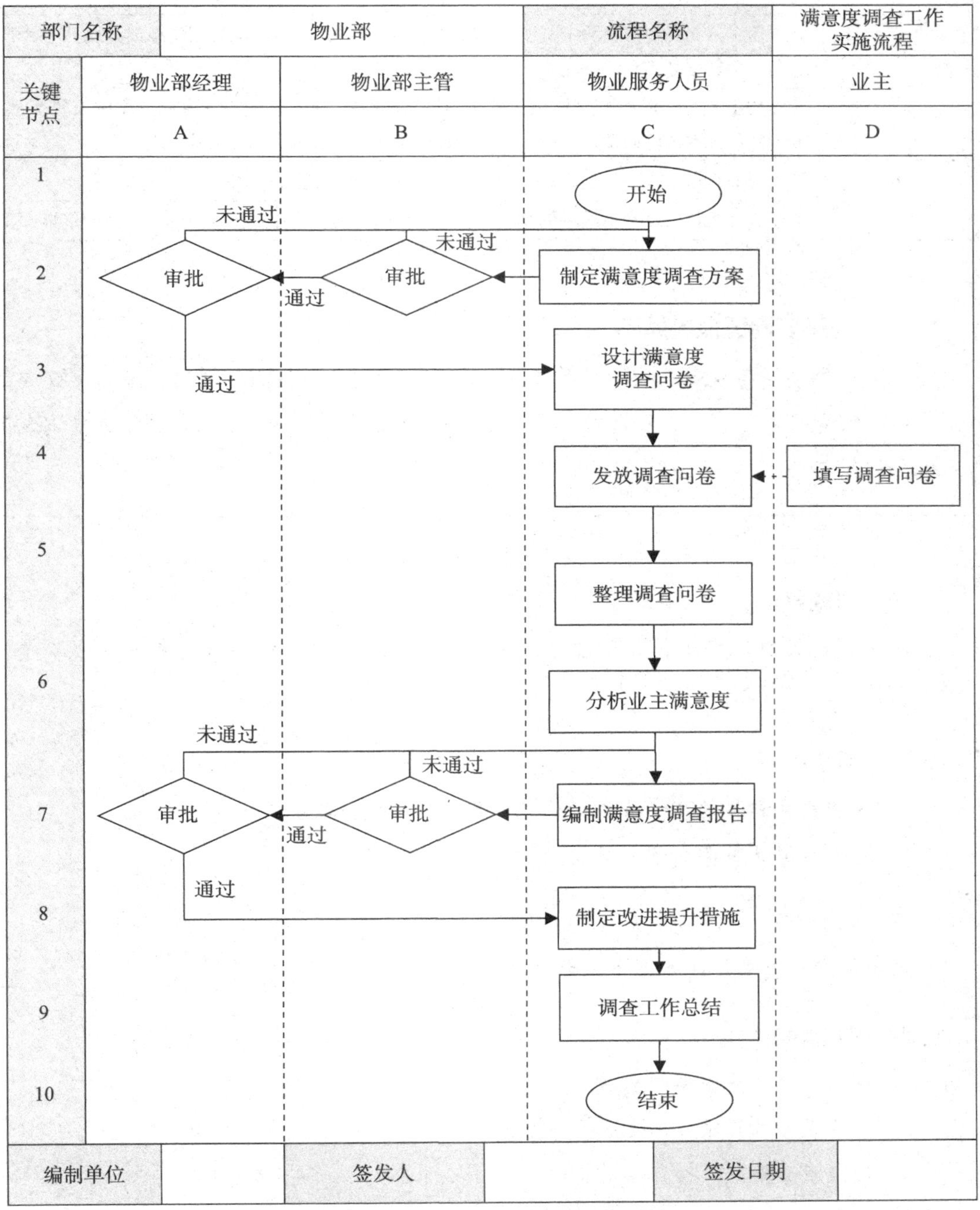

图 6-1　满意度调查工作实施流程

2．执行关键节点

满意度调查工作实施流程关键节点细化执行内容如表 6-4 所示。

表 6-4　满意度调查工作实施流程关键节点细化执行内容

关键节点	细化执行内容
C2	物业服务人员根据业主满意度目标及公司发展规划制定满意度调查方案，并交物业部主管及物业部经理审核
C3	物业服务人员根据实际调查内容与调查对象设计满意度调查问卷，调查问卷内容要全面、客观，要能够切实反映业主意见
C4	物业服务人员根据调查方案实施调查，在调查过程中要注意对待业主的态度应亲和有力，调查问卷发放的时间最好在周六日，避免影响业主休息或者无功而返
C6	物业服务人员对收集的信息进行归纳整理，据此分析业主满意度
C7	物业服务人员根据分析结果编制满意度调查报告，并交物业部主管及物业部经理审批

6．4．3　满意度调查报告编制

为了进一步加强与业主之间的联系和沟通，改善与提升自身服务能力，从而使物业服务工作更能够迎合实际需要，物业服务人员应编制满意度调查报告。下面是满意度调查报告示例，仅供参考。

满意度调查报告

一、调查背景

本次调查按照既定工作计划进行业主满意度调查，以了解公司近半年来的工作情况。

二、调查目的

1．获取业主积极的建议与合理投诉，满足业主的合理需求。

2．进一步提升服务质量，提高业主满意度。

三、调查方式

本次调查主要采用问卷调查方式。

四、调查内容

1．物业管理服务整体印象。

2．物业服务人员服务情况。

3．维修服务情况。

（续）

4. 公共设施设备利用率。

5. 清洁与绿化服务情况。

6. 公共秩序维护情况。

7. 其他相关内容。

五、调查分析

（一）调查情况

物业服务人员累计发放调查问卷550份，实际回收500份。

（二）调查标准

调查标准分为四个等级，分别为十分满意、基本满意、不满意和非常不满意。

（三）调查结果

1. 20××年度业主满意度为78%，比20××年有所下降（20××年业主满意度为85%），各单项的业主满意度均比20××年下降。

2. 满意度数据较低的两个主要原因是，有11.5%的业主对维修服务不满意，有7.7%的业主对车辆停放和治安工作不满意。

3. 满意度数据最高的是安保工作，业主反映保安对待业主态度亲和，安保工作到位。

（四）调查结果分析

1. 目前物业管理服务水平达到业主的期望值，但整体满意度下降，需要提升整体满意度。

2. 业主认为与物业沟通协商最好的途径是面谈和电话沟通。

3. 在公司举办的各种活动中，文艺活动最受业主的欢迎，其次是体育活动。

六、问题及建议

本次调查显示，公司提供的各种服务中，小区保洁、秩序问题、服务人员办事效率与态度等还有待进一步提高。

（一）小区保洁

1. 电梯里卫生较差。

2. 楼道卫生需要加强。

3. 地下室卫生需要加强。

4. 物业保洁效率有待提高。

（续）

（二）秩序问题

1. 加强非机动车的管理。

2. 小区保安要加强对车辆的进出管理。

（三）服务人员办事效率与态度

1. 物业服务人员的办事效率有待进一步提升，如提升设备维修及时率、房屋修理及时率等。

2. 物业服务人员的办事态度需要进一步改进。

七、调查总结

本次调查表明，业主对物业管理服务总体印象满意率处于下降状态，物业公司应继续坚持与业主之间的沟通交流，及时倾听业主的意见与建议，重点对工作人员的服务意识和操作技能进行培训，以提高他们的实际操作水平，最终达到进一步提升业主满意度与忠诚度的目的。

物业服务中心

20××年××月××日

6.4.4 满意度提升方案

物业服务人员应根据业主满意度调查报告，制定满意度提升方案，以提高物业服务质量、业主对物业的满意度与忠诚度。下面是满意度提升方案示例，仅供参考。

满意度提升方案

一、目的

为了规范物业服务人员的行为，提升物业服务人员的能力，提高物业服务质量和业主满意度，特制定本方案。

二、存在问题

1. 满意度虽在一定水平内，但较去年而言，处于下降趋势。

2. 业主对小区的保洁、管理秩序、物业维修工作质量等有意见。

三、提升满意度工作程序

1. 物业部主管组织相关人员成立专项小组。

2. 制定满意度提升方案。

（续）

3. 召开全体员工会议。

4. 实施满意度提升方案。

5. 对表现优异的员工进行奖励。

6. 根据方案实施情况，总结存在的问题，明确处理方式。

四、提升满意度措施

（一）提升物业服务人员的工作态度

1. 开展业主服务态度满意度评价活动，专项小组每月月底据此对物业服务人员进行考核，并且予以相应的奖惩。

2. 专项小组不定期对物业服务人员的工作进行监督与检查，对于工作积极、态度端正的物业服务人员通报嘉奖，对于工作懈怠、态度傲慢的物业服务人员通报批评，若屡教不改，则根据实际情况予以处罚。

3. 专项小组要做好物业服务人员服务意识培训工作，并且进行考核，对考核未通过的员工采取降薪、调岗或辞退等措施。

（二）提高物业服务人员的维修工作质量

1. 物业服务人员维修前应详细、如实地填写业主的需求，不得主观臆断。

2. 专项小组对完成维修的设备或者房屋等进行验收，并且将验收结果作为物业服务人员的考核指标。

3. 物业服务人员应按照实际情况向业主提供合理、可行的日常维修保养建议，不得夸大或忽视故障问题。

4. 对于玩忽职守、懈怠工作、不按照公司规定工作的物业服务人员予以处罚。

5. 专项小组要加强对物业服务人员的培训，提高物业服务人员维修专业技能。

6. 专项小组要不定期对维修工作进行监督与检查，对发现的问题及时指出并指导纠正。

（三）建立健全预防与善后相结合的服务模式

1. 事先进行业主需求调查，了解业主重点关注的项目，做好预防工作，如定期对房屋及公共设备进行维护保养、定期对业主进行回访等。

2. 对物业服务人员进行培训，要求物业服务人员随时做好应对各类事件发生的准备，对于频发性问题，应当制定标准化的应对策略。

3. 物业服务人员要在接到业主意见或者投诉后的 24 小时内给出解决意见并做出行动。

（续）

4．专项小组要建立健全服务模式，将物业“事后服务”与“事前服务”相结合，尽可能在日常生活中就给业主留下较好的印象。

五、效果反馈

1．业主的满意度是物业管理服务效果最为重要的评价指标。因此，公司应在每月月底进行一次业主满意度调查，收集业主意见，对满意度提升方案做出改进。

2．调查结果可作为本方案完成程度的重要评价指标，也可作为本方案参与人员的考核与奖惩依据。

第 7 章 物业环境管理

7.1 清洁管理

7.1.1 制定清洁管理方案

为了确保清洁工作顺利进行，提高工作效率，物业部主管应根据业主的实际要求及期望，制定清洁管理方案，以不断提高整个团队的服务技能水平和管理水平。下面是清洁管理方案示例，仅供参考。

清洁管理方案

一、目的

为了有效进行清洁工作的管理与控制，向业主与住户提供更为清洁卫生、清新优雅的居住环境，特制定本方案。

二、管理范围

本方案适用于本公司管理区域内清洁作业的控制和管理工作。

三、清洁工作要求

（一）总体要求

1．各场所需保持整洁，不得堆放垃圾。

2．各场所内的走廊及楼梯，至少每日清扫一次，并且采用适当方法减少灰尘飞扬。

（续）

3．严禁随地吐痰。

4．各场所的窗户及照明器具的透光部分必须保持清洁。

5．垃圾、废弃物、污物的清除应符合卫生标准，并且放置于指定位置。

（二）保洁人员要求

1．保洁人员按照保洁时间表做好日常保洁工作。

2．保洁人员需要请假时应提前申请并在获得批准后方可离开，否则要承担相应责任。

3．保洁人员工作期间应穿工作服，戴工作牌，保证仪表整洁、精神饱满。

4．保洁人员不得将公司物品挪作他用，不得刻意损坏公司物品，否则按照相关规定承担相应责任。

5．保洁人员不得做任何有损公司形象的事情，不得以任何名义私自接受业主财物。

四、保洁工具及用品领用管理

（一）日常清洁用具使用规定

1．专门设置单独区域，用于存放常用清洁用具。

2．按照领用手续及保洁员实际需求分配清洁物品。

3．保洁工具损坏且不能使用时方可领取新工具。

4．按照保洁工具使用要求使用工具。

5．工具使用完毕后，应清理干净并及时放回工具间。

6．申请的工具应存放在工具间，由保洁员自行保管。

（二）消耗品的领用

消耗品主要是指各种清洁剂、空气清新剂、香皂、卫生纸等消耗性用品。领用消耗品应按照以下要求执行。

1．物业部主管负责办理领用手续，按照实际情况分发消耗品。

2．保洁员领用消耗品后不得挪作他用，一经发现，按照规定承担相应责任。

3．所领取的消耗品若一次未使用完，可暂时存放在工具间，不得浪费。

（三）保洁设备的领用

对保洁设备进行管理时，物业部主管应遵循“谁使用、谁保管、谁负责”的原则。领用保洁设备时，领用人员应执行以下要求。

1．领用人员必须填写保洁设备领用登记表。

（续）

2. 领用设备时，领用人员要自行检查设备完好程度，因检查不仔细而影响工作的，领用人员自行承担责任。

3. 因操作不当或者使用不规范导致设备出现故障的，由领用人员自行赔付。

4. 归还设备时，领用人员必须保证设备完好无损、内外干净，如有损坏应及时报修，并且在领用簿上注明损坏情况。

五、保洁工作监督检查

（一）保洁工作检查方法

对保洁工作的检查主要按照下述三种方法进行。

1. 保洁人员自查。每位保洁人员按照操作规范与要求，对自己负责的区域、项目不断进行自查，如发现问题要及时解决。

2. 保洁主管巡查。保洁主管每天都要对自己所管区域内的部位、项目进行巡回检查，巡查频率不得低于四次。

3. 物业部主管抽查。物业部主管负责对保洁工作进行抽查，每周不得少于三次。另外，物业部主管还应组织相关人员定期联合检查。

（二）保洁工作检查要求

执行检查工作时，检查人员要认真仔细，达到以下四点要求。

1. 检查与教育、培训相结合。在检查出问题后，检查人员不仅要及时指出并纠正，还要分析原因，耐心地对员工进行教育、培训，避免出现同类问题。

2. 检查与奖励、惩罚相结合。管理人员巡查或部门主管抽查时，可采取加减分的办法，月底根据员工的分数确定奖惩。

3. 检查与测定、考核相结合。检查不仅包括卫生环境检查，还包括测评、考核等内容。

4. 检查与改进、提高相结合。检查人员应定期分析检查过程中产生的问题，找出原因，并予以解决。

7.1.2 清洁药品使用和保管流程

保洁人员要对清洁药品的使用与保管有清晰的概念。为规范保洁人员药品使用和保管行为，物业管理人员应制定清洁药品使用和保管流程并要求保洁人员严格执行。

1．清洁药品使用和保管流程

清洁药品使用和保管流程如图 7-1 所示。

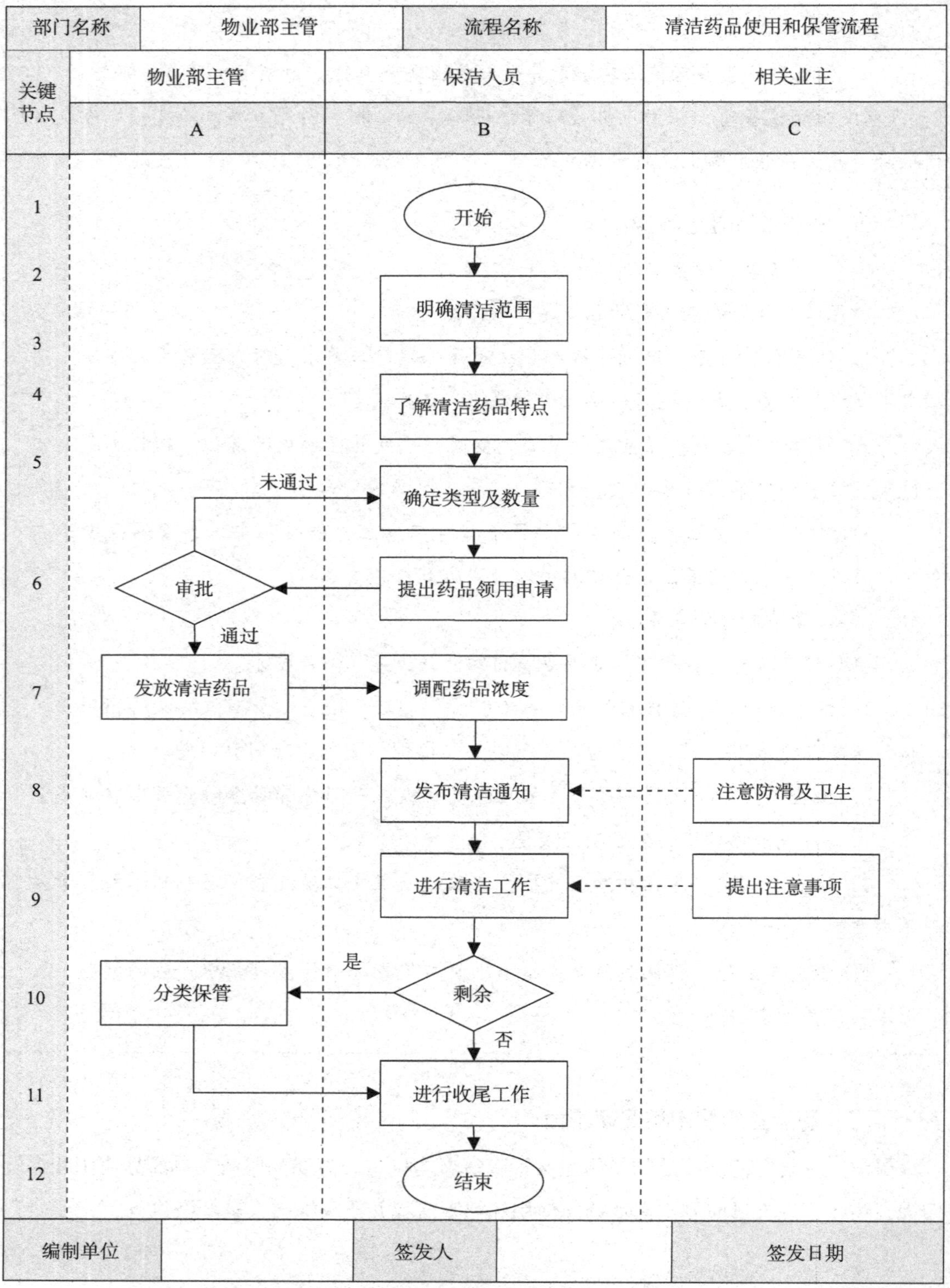

图 7-1 清洁药品使用和保管流程

2．执行关键节点

清洁药品使用和保管流程关键节点细化执行内容如表 7-1 所示。

表 7-1　清洁药品使用和保管流程关键节点细化执行内容

关键节点	细化执行
B2	保洁人员依据工作计划确定需要清洁的区域
B5	保洁人员根据实际情况及清洁区域特点确定清洁药品的类型和数量
	保洁人员应掌握清洁药品的主要类型及特点
B6	保洁人员根据清洁范围及清洁计划提出清洁药品领用申请，并且交物业部主管审批
A6	物业部主管收到保洁人员提出的申请，根据实际情况进行审批，确定是否通过
	物业部主管通过审批之后，将清洁药品按照类型和数量发给保洁人员
B7	保洁人员根据说明书或作业规程，合理调配清洁药品的浓度，必要时可戴橡胶手套等防护用具
	物业部主管需要提前告知保洁人员使用药品的注意事项
B8	保洁人员在清洁工作开展之前发布清洁通知，以让业主知悉
C9	业主对环境清洁提出自己的意见
B10	保洁人员将剩余的清洁药品按照既定标准妥善安放并做好保管工作

7．1．3　清洁设备使用流程

使用清洁设备时，保洁人员要遵循一定的流程，避免因使用不当而导致严重后果。

1．清洁设备使用流程

清洁设备使用流程如图 7-2 所示。

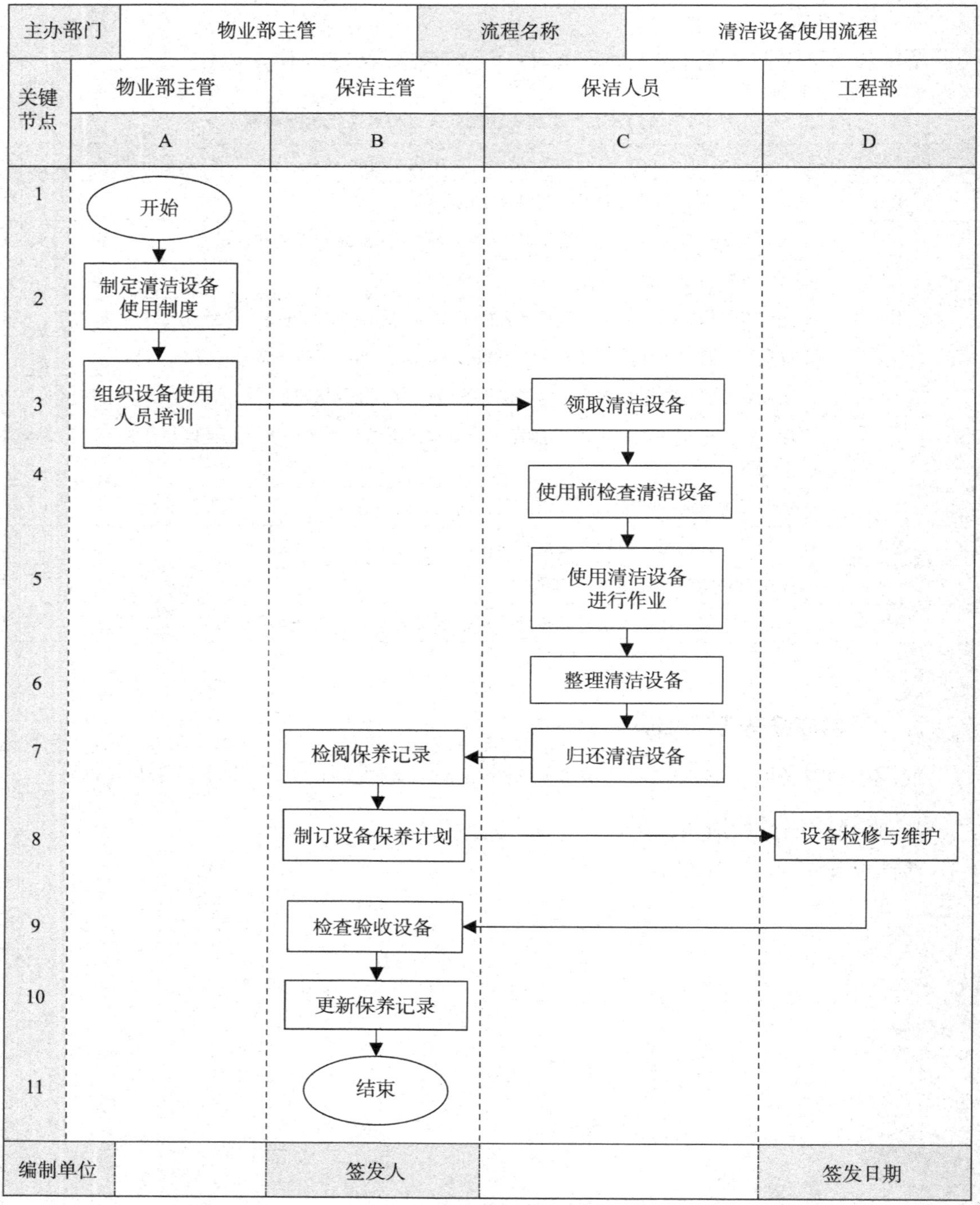

图 7-2　清洁设备使用流程

2．执行关键节点

清洁设备使用流程关键节点细化执行内容如表 7-2 所示。

表 7-2 清洁设备使用流程关键节点细化执行内容

关键节点	细化执行内容
A2	物业部主管根据实际情况制定物业公司的清洁设备使用制度并组织实施
A3	物业部主管组织物业公司内的保洁人员就清洁设备的使用与保养进行培训
C3	清洁设备由物业部主管统一管理，在工作开展之前，保洁人员应到设备保管处领取清洁设备
C4	领取清洁设备的保洁人员要自行检查设备的完好程度
C5	保洁人员依据作业规程使用清洁设备，并运用清洁设备完成所负责区域的清洁工作
	使用清洁设备时，注意保持设备整洁，及时处理跑、冒、滴、漏情况
C7	归还清洁设备时，需保证设备完好无损，内外干净。如有损坏，应及时报修，并且在领用表上注明损坏情况
B8	保洁主管根据清洁设备的使用状况及之前的保养记录，制订下一阶段的设备保养计划
D8	工程部通过擦拭、清扫、润滑、调整等方法对清洁设备进行护理，以使清洁设备的性能处于最佳状态
	工程部应严格依照操作程序进行清洁设备的保养工作

7.1.4 卫生清洁检查标准

物业部主管在检查卫生时，应遵循一定的卫生清洁检查标准，这样既可以提高工作效率，也可以提升保洁人员的清洁水平及业主满意度，具体检查标准如表 7-3 所示。

表 7-3 卫生清洁检查标准

检查区域	检查内容	检查标准	注意事项
楼道	◆ 楼梯、扶手、墙面、门 ◆ 信报箱、配电箱、消防栓、消防管道 ◆ 楼道门窗、楼道灯开关及灯具	◆ 每天打扫、擦拭两次 ◆ 无烟头、果皮、纸屑、广告纸、蜘蛛网、灰尘、污渍等	检查配电箱这类带电物品时，不得打开配电箱门，以防触电，造成意外
地下室、车库、天台	地下车库、地下室除设备间以外的所有公共场地、天台	◆ 地下室地面无油渍、果皮、纸屑 ◆ 标识牌、公共设施无明显灰尘 ◆ 天台、转换层无积水、杂物 ◆ 管线无污渍	◆ 检查天台后，要将天台门锁好，防止意外事故发生 ◆ 检查车库时，要注意进出车辆，避免危及人身安全
大堂	◆ 大堂的地面、墙面、台阶、天棚 ◆ 宣传牌、电梯、垃圾桶、消防设施、灯具 ◆ 装饰柱、宣传栏	◆ 地面无烟头、纸屑、果皮等杂物 ◆ 大理石地面、墙身及有光泽的公共设施表面光亮、无污渍 ◆ 玻璃门无水渍、手印 ◆ 天棚、风口无污渍、灰尘	◆ 检查电器开关时，手部不要沾水，以防触电 ◆ 检查玻璃门时，尽量不要用手触摸，避免留下手印

（续表）

检查区域	检查内容	检查标准	注意事项
公用卫生间	区域内所有公用卫生间	◆ 天花板、墙壁、墙角、灯具无灰尘和蜘蛛网 ◆ 便器洁净无黄渍，室内无异味、臭味 ◆ 地面无烟头、污渍、积水、纸屑、果皮	◆ 检验时禁止使用碱性清洁剂，以免损伤瓷面 ◆ 需要动手检验时，应戴上橡胶手套，避免损伤皮肤
室外区域	◆ 雕塑物、宣传栏、喷水池 ◆ 公共场地及马路 ◆ 垃圾池、室外地面	◆ 喷水池清澈见底、水面无杂物、池底无沉淀物、池边无污渍 ◆ 公共场地无灰尘、垃圾、积水、污渍 ◆ 垃圾池周围干净整洁	◆ 检查工作要彻底、不留死角 ◆ 检查时不要攀爬装饰物，以防摔伤

7.2 消杀管理

7.2.1 制定消杀管理方案

物业部主管应制定消杀管理方案，为保洁人员提供工作参考依据，以提高工作效率。下面是消杀管理方案示例，仅供参考。

消杀管理方案

一、目的

为了消灭各种病媒生物传播途径，切实保护业主的身体健康和生命财产安全，根据公司要求，特制定本方案。

二、消杀区域

1. 各楼梯口的梯口、梯间及楼宇周围。
2. 物业所属的部门办公室及配套的休闲场所。
3. 公共卫生间、垃圾箱、垃圾周转站等室外公共区域。

三、消杀药物

消杀药物一般以××为主。

四、消杀方式

1. 蚊虫的孳生地在潮湿、阴暗处，苍蝇的孳生地在湿热和有垃圾、腐败物的地方。

（续）

2．灭蚊蝇可采用药物消杀，按照药物说明书的比例进行调配消杀。

3．对雨水井、污水井、化粪池等处的蚊蝇进行消杀时，要将井盖移开一条缝隙，将喷头插入后进行喷射，不可将井盖一次性翻开，以防蚊虫大量飞出。消杀后将井盖复原。

4．公共灭蚊蝇时间以 00:00 ~ 02:00 为佳。灭蚊蝇工作最好在白天进行，灭蚊蝇药液一般喷洒在阴凉潮湿角落、花丛、天台阴暗处及地下室阴暗处。

5．灭鼠时间定于 22:00 后为佳。一般将灭鼠药物投放在各阴暗角落及洞口附近，放药后第二日早上 7:00 前应收检死鼠，并且用垃圾袋装好送到垃圾清运站，同时将残留的药物清扫干净。

6．消杀蟑螂一般在夏季进行。采取每月一次在蟑螂频繁活动地点撒药的办法，撒药后于当日下班前进行巡视，收集蟑螂死尸用火烧毁。

五、消杀工作的管理与检查

1．消杀工作进行之前，必须将应注意的事项详细告知保洁人员。

2．保洁主管在消杀工作进行时，应现场跟踪检查，确保消杀程序与药物操作正确。

3．保洁主管应将每次检查消杀工作的进展情况与结果记录在消杀服务记录表中。

4．保洁主管每月应连同相关人员一起按照既定检验方法与标准进行检查，填写消杀效果记录表，并且将相关资料整理归档。

六、消杀工作注意事项

1．每次消杀工作进行之前，要在消杀区域明显处放置公示牌。

2．对消杀药物过敏或者身体状况不适者严禁从事消杀工作，避免出现意外。

3．消杀工作进行时，保洁人员要戴好口罩、手套，做好防护措施，从上风区域开始，按照“先高后低”的原则进行喷洒，注意不要喷洒到行人。

4．消杀工作完成后，保洁人员要用肥皂水清洗、擦拭皮肤裸露处。

5．室外区域消杀时，应避开正午时间，选在天气凉爽、阴凉干燥的时间进行，防止中暑或者中毒。

6．消杀浓度不宜过高，所选择的消杀药物要隔一段时间更换一次，避免病虫出现抗药性。

7．室内区域消杀时，要注意药物喷洒地点，不要喷洒在楼梯间扶手或者门把手之类的地方。

8．在公共区域喷洒药物时，要注意避开人流高峰期。

7.2.2 卫生消杀流程

保洁人员在进行卫生消杀时，应遵循一定的工作流程，避免出现意外情况。

1. 卫生消杀流程

卫生消杀流程如图 7-3 所示。

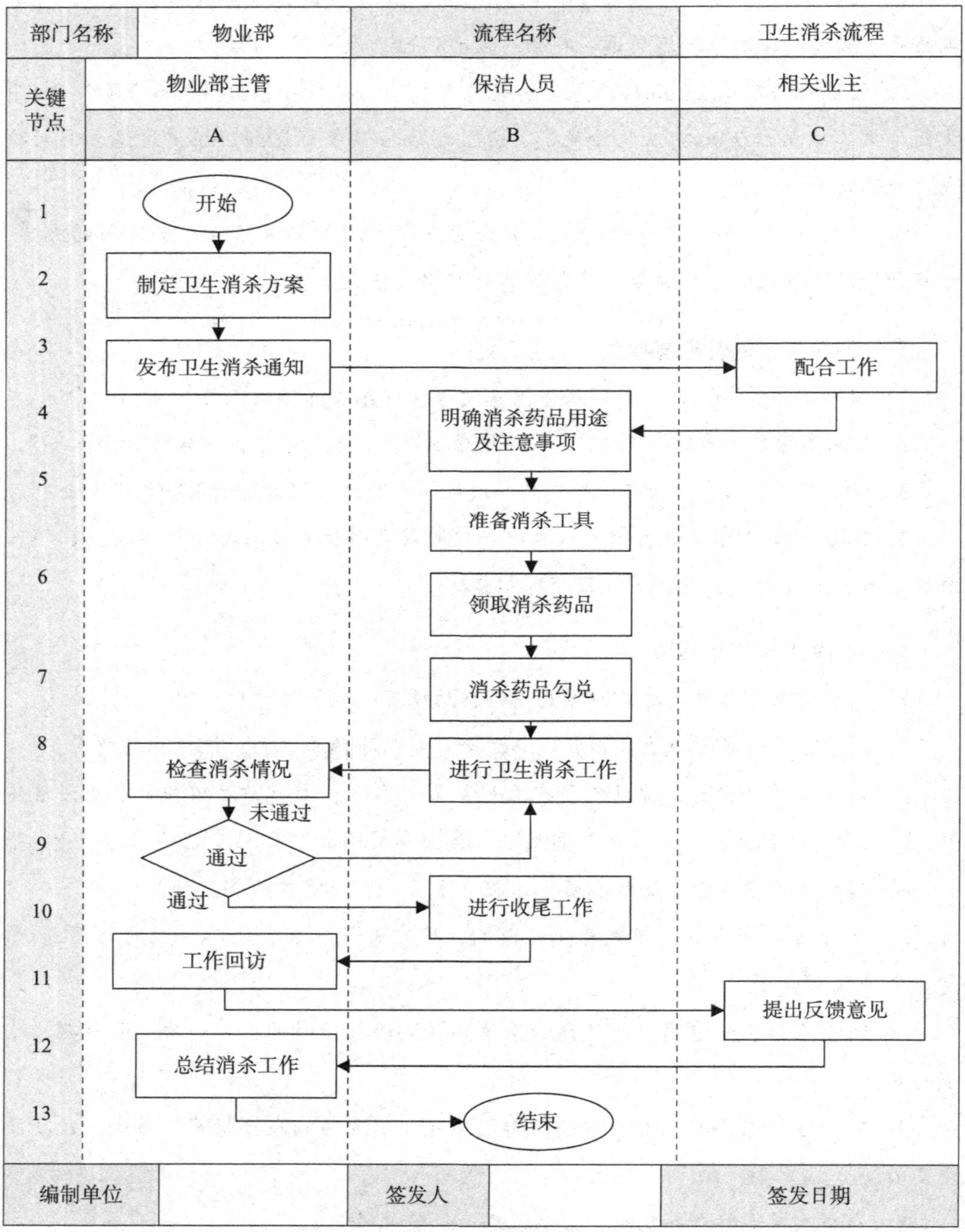

图 7-3 卫生消杀流程

2. 执行关键节点

卫生消杀流程关键节点细化执行内容如表 7-4 所示。

表 7-4　卫生消杀流程关键节点细化执行内容

关键节点	细化执行内容
A2	物业部主管根据消杀对象、季节特点、危害程度等制定卫生消杀方案
	需要及时发布卫生消杀通知，并且需要说明消杀对象、所用药品可能产生的影响和存在的危害等
B4	保洁人员在工作开始之前，需明确消杀药品用途及注意事项
	保洁人员应掌握消杀药品的主要类型及特点
B8	保洁人员依据卫生消杀操作规程，采用有针对性的药品与器具进行卫生消杀
	在消杀的过程中要做好防护措施，确保操作正确，投放与喷洒消杀药品的场所须设置醒目的警示标识
A8	物业部主管检查卫生消杀情况，若检查结果不合格，保洁人员需要再次实施卫生消杀，直至合格为止
	物业部主管在检查时，一定要认真负责，并将意见反馈给保洁人员
A11	物业部主管根据实际情况对卫生消杀工作进行回访，收集业主反馈意见
	物业部主管将收集的反馈意见整理归纳，并且根据意见进行整改

7.2.3 卫生消杀检查标准

管理人员在检查卫生消杀成果时，应遵循一定的检查标准，这样既方便管理人员工作，又方便保洁人员按照标准进行整改，具体检查标准如表 7-5 所示。

表 7-5　卫生消杀检查标准

检查项目	检查区域	检查标准	考核分值
灭蚊	◆ 大堂、公共走廊、设备房、工程部机房、物业公司办公室等公共区域 ◆ 外围：地面、雨水井、污水井	消杀后每隔三天检查一次，室内区域≤____只，室外区域≤____只	不合格一次扣消杀人员 2 分（满分 10 分）
灭蝇		消杀后每隔三天检查一次，室内环境不能出现，室外环境≤____只	不合格一次扣消杀人员 2 分（满分 10 分）
灭蟑螂		消杀后每隔三天检查一次，室内区域不能出现，室外环境每 100m² ≤____只	不合格一次扣消杀人员 2 分（满分 10 分）
灭鼠	楼道、住户门外、消防步梯、绿化带、地下室、垃圾房等公共区域	消杀后每三天检查一次，鼠类得到有效监控，室外____m² 内鼠迹不超过≤____%，室内不得出现鼠迹	不合格一次扣消杀人员 2 分（满分 10 分）
灭蚁	◆ 大堂的地面、台阶、天棚等角落 ◆ 宣传牌、电梯、垃圾桶、消防设施、灯具等角落 ◆ 绿化带、垃圾桶、消防步梯等角落	消杀后每半月检查一次，室内不得出现，室外蚂蚁窝≤____处	不合格一次扣消杀人员 2 分（满分 10 分）

7.3 绿化管理

7.3.1 制定绿化管理方案

绿化工作是改善生态环境、美化生活的一项重要工作，关系到业主的生活质量与居住幸福感，直接反映了物业公司的管理水平。因此，物业公司应高度重视这一工作，根据实际情况制定绿化管理方案。下面是绿化管理方案示例，仅供参考。

绿化管理方案

一、目的

为了对物业管理区域绿化作业的实施进行控制，提高绿化工作的质量和效率，提升管理区域内业主的满意度，特制定本方案。

二、职责划分

1. 公司总经理负责审批绿化方案。

2. 物业部主管负责制定绿化管理制度，拟定绿化方案。

3. 绿化主管负责对绿化工程的施工质量进行监督，并且组织相关人员做好日常绿化工作。

4. 绿化工人按照方案执行工作，实施绿化工作。

三、日常绿化工作管理

（一）日常绿化工作要点

1. 严格按照国家规定，确保住宅区绿化率达到35%以上，绿化覆盖率达40%以上，绿化完好率达99%以上，物业部主管依据此指标考核绿化工作。

2. 绿化工人应按照技术要求做好绿化树木种植工作。

3. 绿化工人应根据季节、天气和花卉品种确定浇水量，选用不同浇水工具。花木、草坪每周要浇透一次，草坪土壤湿度不低于5厘米。

4. 绿化工人应及时除草，保持草坪、花园整洁。在除草的同时，进行松土、施肥等工作。施肥应贯彻“勤施肥、薄施肥”的原则，避免肥料浓度过高对花草造成伤害。

5. 绿化工人应经常检查花草病虫害，发现后及时整治，避免蔓延扩大。采用药物治疗花草病虫害时，应选用对花草及人或动物无害的药物。

（续）

（二）日常绿化工作标准

1．草坪中无杂物、垃圾、纸屑等，草地整洁度达到____%以上。

2．草坪没有明显的人为践踏痕迹，被破坏的草地应及时修补，草地完整率达____%以上。

3．草坪修剪整齐，无其他杂草，草地纯度达____%以上。

4．草坪、花木无明显病虫害，且生长健壮、枝叶茂盛、鲜花飘香。

5．灌木类绿植的叶色正常，无枯死枝杈，并且修剪整齐，不影响观赏。

6．观赏类花木花果鲜艳，要及时清除有碍观赏的残花、败果。

（三）日常绿化工作监督

1．绿化工人每天自检，若发现了问题要及时改正。

2．绿化主管每周进行巡检，认真检查绿化环境，记录所发现的问题并告知绿化工人进行整改。

3．环境部经理每月进行巡检，也可联合相关人员一起检查，提出改进意见与建议，经公司审批后，组织相关人员执行。

四、绿化工人管理

1．所有绿化工人应经过业务技术培训，并且通过相应考核后方可工作。

2．绿化工人应熟练掌握园艺技术，热爱绿化工作，文明服务，礼貌待人。

3．在工作期间，绿化工人应穿好工作服，戴好工作牌，不得以任何名义收取业主财物。

4．绿化工人应爱护各种机械器具，使用时按照规程操作，使用后妥善保管，不得外借，如有损坏，要及时上报。

五、绿化工程管理

（一）制定绿化实施方案

1．绿化工收集所负责区域绿化问题，并且向绿化主管反映。

2．绿化主管根据绿化工反馈的信息及实际情况，提出绿化实施初步方案。

3．物业部经理根据绿化实施初步方案，征集相关人员意见，并且确定最终方案交总经理审批。

（二）检验绿化质量

1．绿化主管应及时跟踪绿化方案的执行情况，并且检验施工质量，将不符合要

（续）

求的情况反映给绿化工，要求其及时整改。

2. 绿化主管组织相关人员验收最终绿化工程，若验收时发现问题，绿化主管应及时反馈，并且要求在限期内整改。

3. 验收工作结束之后，参与验收人员要在绿化工程验收移交记录表上签字，即为验收合格。

4. 绿化工程验收后，绿化主管应及时组织绿化工人进行养护。

绿化工作检查表示例，扫描下方二维码即可查看。

7.3.2 绿化实施流程

为了规范绿化操作流程，加强绿化管理，物业部主管应制定绿化实施流程，以防因操作程序不当造成损失。

1．绿化实施流程

绿化实施流程如图 7-4 所示。

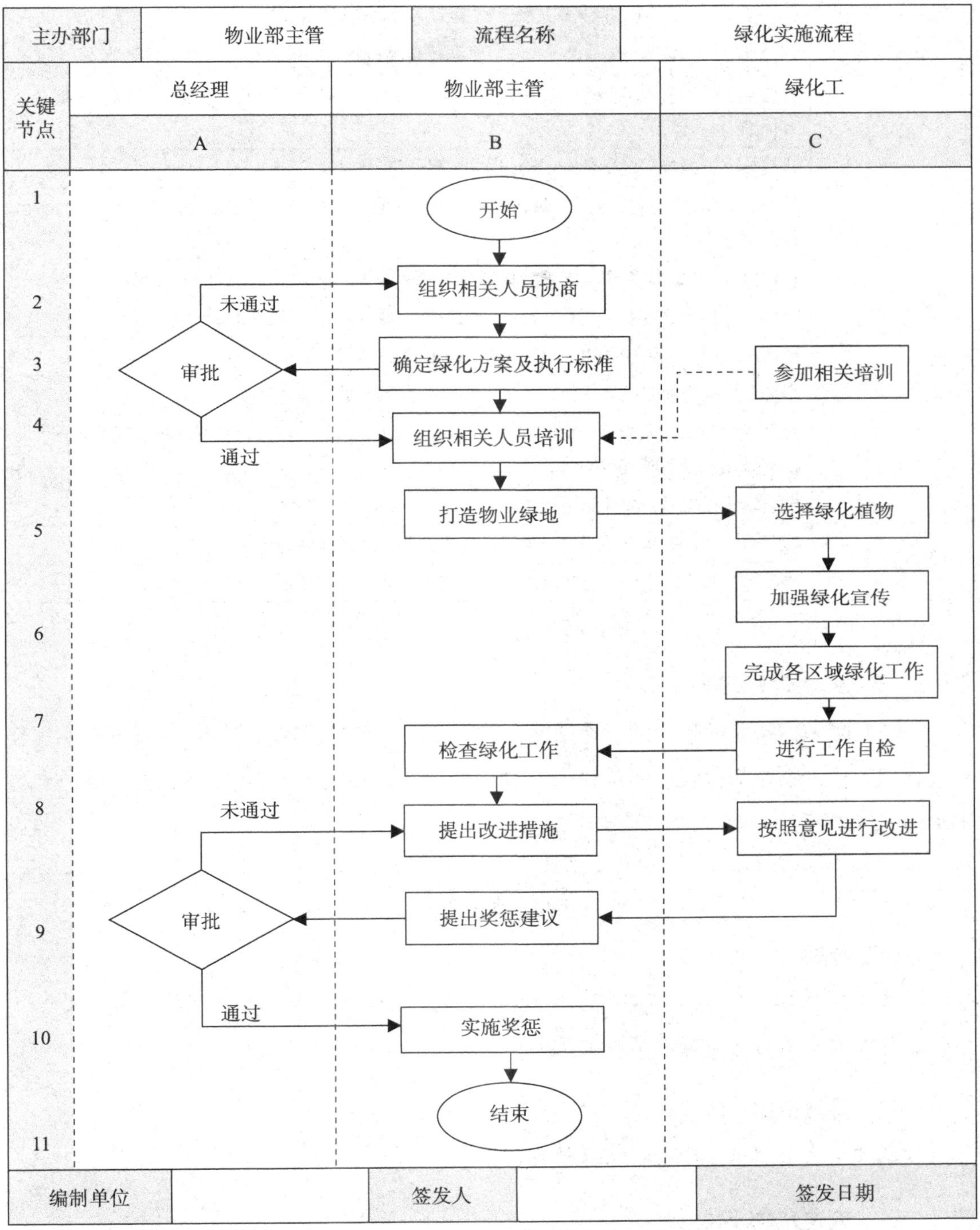

图 7-4　绿化实施流程

2．执行关键节点

绿化实施流程关键节点细化执行内容如表 7-6 所示。

表 7-6　绿化实施流程关键节点细化执行内容

关键节点	细化执行内容
B3	物业部主管借鉴先进经验，同时收集业主对绿化的建议，制定出适宜自己的绿化方案及执行标准
	执行标准的内容一定要清晰明确，可供绿化工直接参考
B5	物业部主管依据业主意见，划分区域，因地制宜，打造物业绿地，为业主提供一个清新、优美的环境
	打造物业绿地时，至少需考虑地面绿化、侧面绿化、顶层绿化等方面的内容
C5	绿化工依据绿化方案、管理标准、绿化规划、地区特色等选择绿化植物
	根据小区或者大厦的特点，确定绿化植物配置的方式
C6	绿化工依据作业标准及作业指导书，完成所负责区域的绿化工作
B7	阶段性绿化工作完成后，物业部主管应对已完成的绿化工作进行检查，将发现的问题及时告知绿化工，由其进行整改
	检查绿化工作时，要注意不可抗力因素导致的损坏的情况发生
B9	物业部主管根据检查结果对绿化工进行评分并据此提出奖惩建议
	物业部主管将拟定的奖惩建议提交总经理审批

7.3.3 绿化外包方案

为了及时掌握绿化外包方的工作情况，确保绿化工作能够顺利进行，规范和指引绿化外包管理工作，物业部主管应制定绿化外包方案，以供工作人员参考。下面是绿化外包方案示例，仅供参考。

绿化外包方案

一、目的

为了规范绿化外包管理工作，保证绿化物保养得当，美化居住环境，加大对绿化外包方的管理力度，特制定本方案。

二、管理范围

本方案适用于绿化外包的组织和实施管理工作。

三、确定外包计划

1. 物业部主管根据年度绿化计划及实际绿化需要，综合本公司的业务监控能力、经营成本等因素，确定绿化外包项目。

2. 确定绿化外包项目后，物业部主管应编制绿化外包计划书。绿化外包计划书应符合公司实际情况并且具有实际操作性。

（续）

3．绿化外包计划书的内容应包括外包需求分析、外包内容、具体实施程序等，一般由总经理审批。

四、确定外包公司

1．绿化外包计划书通过审批之后，物业部主管着手选择绿化外包公司。

2．物业部主管收集绿化外包公司的相关信息，包括基本情况、信誉情况、服务评价等。

3．物业部主管根据实际情况与绿化外包公司沟通，初步选定几家绿化外包公司作为备选方案。

4．物业部主管通过信息收集、业务沟通，对选定的几家绿化外包公司进行评估，评估的内容主要包括外包公司的业务能力、公司资质、价格水平、服务水平等。

五、签订外包合同

1．总经理对物业部主管提交的绿化外包公司的信息进行审批，确定绿化外包公司名单。

2．物业部主管与选定的绿化外包公司就合作细节进行商议，双方达成初步合作意向。

3．物业部主管根据商谈结果，拟订初步合作合同交总经理审批。

4．双方达成合作意向后，物业部主管与绿化外包公司签订绿化外包合同。

六、履行外包合同

1．绿化外包公司按照合同约定做好绿化工作，绿化外包公司员工应遵循相关规定。

2．物业部主管需要对绿化外包公司的工作进行监督与检查，并定期对其交付的工作成果进行验收。

3．物业部主管要将检查与验收结果反馈给绿化外包公司，并要求其及时进行整改。

4．物业部主管需要对绿化外包公司的工作进行考核，根据考核结果制订下一阶段的工作计划。

5．物业部主管及时将所有书面资料，包括绿化外包计划书、绿化外包合同等整理归档，统一交档案管理部保管。

七、绿化外包要求

1．绿化花草、盆景、盆栽等应摆放合理、美观，同时养护、更换要及时。

（续）

2. 草坪应整齐、无杂物、无杂草，室内外盆栽、乔灌木修剪及时，无枯黄枝叶，造型整齐美观。 3. 浇水后应及时清扫，保证地面及周围环境清洁，无腐蚀和霉坏现象。 4. 应对绿化物及时施肥，保证施放的肥料及时掩盖，无裸露现象。 5. 应及时对绿化植物进行杀虫，保证规范使用绿化药品。

7.3.4 绿化检查标准

为了给绿化工与检查人员提供参考依据，提高工作效率，节省工作时间，避免不必要的工作失误，物业部主管应设置绿化工作检查标准，具体如表7-7所示。

表7-7 绿化工作检查标准

检查项目	检查标准	考核办法	考核人员
草坪	◆ 草地长势良好，修剪整齐，无土地裸露部分，无虫害、鼠害等 ◆ 无杂草、果皮、纸屑等 ◆ 草坪无践踏痕迹，无破坏现象	草坪土地裸露面积达到____平方米，每处扣1分（满分为10分）	区域责任人、绿化主管、绿化工
		每平方米草坪中杂草超过____棵，每处扣1分（满分为10分）	
		从草坪中发现杂物、污物等，每处扣0.1分（满分为10分）	
		从草坪中发现破坏、践踏痕迹没有修补，每处扣1分（满分为10分）	
绿篱	◆ 定时修剪整齐、美观，无枯枝、死株，不缺株少苗 ◆ 绿篱无破损、践踏现象，无斑秃 ◆ 发生病虫危害，最严重的危害率≤____%，单株受害程度≤____%	绿篱未修剪（或者修剪不美观）扣1分（满分为10分）	区域责任人、绿化主管、绿化工
		绿篱如发现一处病虫害、践踏现象扣1分（满分为10分）	
		发现绿篱破坏、践踏没有修补时，每处扣1分（满分为10分）	
		修剪下的枯枝未清理，每发现一次扣2分（满分为10分）	
灌木	◆ 灌木丛中无死株，不缺株少苗，无枯枝落叶 ◆ 每周浇水____次，施肥____次，也可根据实际情况增加次数 ◆ 依据实际情况对绿篱进行松土、修剪，并且立刻清理修剪下的枝叶	发现灌木未修剪或者修剪不美观，扣1分（满分为10分）	区域责任人、绿化主管、绿化工
		修剪掉的枝叶、发现的杂物未及时清理，扣2分（满分为10分）	
		枯死或者裸露面积达到____平方米，扣1分（满分为10分）	
		发现灌木破坏、践踏没有修补时，每处扣1分（满分为10分）	

（续表）

<table>
<tr><th>检查项目</th><th>检查标准</th><th>考核办法</th><th>考核人员</th></tr>
<tr><td rowspan="4">乔木</td><td rowspan="4">◆ 在树下____米范围内，无杂草，无枯枝，树盘无下陷
◆ 行道树数量及分布要匀称，应根据不同道路确定下缘线高度和树冠体量，不影响过往行人及车辆
◆ 树高应控制在____～____米，不能影响高压线、路灯、监控摄像头等</td><td>树下____米范围内发现杂草，每处扣 0.5 分，树盘下陷一处扣 1 分（满分为 10 分）</td><td rowspan="4">区域责任人、绿化主管、绿化工</td></tr>
<tr><td>每有一处树冠影响行人或者车辆，扣 1 分（满分为 10 分）</td></tr>
<tr><td>每有一处树冠影响高压线、路灯、摄像头，扣 2 分（满分为 10 分）</td></tr>
<tr><td>每有一处病虫害、下垂枝及枯枝落叶未及时修剪的，扣 1 分（满分为 10 分）</td></tr>
</table>

7.4　绿色物业管理

7.4.1　节能减排管理方案

为了推动绿色物业的发展，确保节能减排目标的实现，提高能源利用效率，降低污染排放量，加强节能服务，建立健全有效的节能减排管理制度和激励机制，物业公司需要建立节能减排管理方案。下面是节能减排管理方案示例，仅供参考。

节能减排管理方案

一、任务描述

实施节能减排，要从多个方面入手，制定相应的行为规范和标准，并且对业主的行为进行考核打分，只有这样才能更好地进行节能减排管理。

二、节能减排措施

（一）增强节能降耗意识，养成自觉节能习惯

物业节能减排的关键是调动大家的积极性。在物业管理工作中，员工要高度重视节能工作，树立“节能降耗，从我做起”的理念，从日常工作中节省能源，减少浪费，从一点一滴做起。

（二）加强物业管理中设备的科技含量

除加强日常管理外，最重要的是从改造高耗能旧设备入手，选用节能设备，降低能耗、节约费用。如果物业属于工程设备老化、需要更新改造的，可及时列入改造计划，向业主推荐使用或更换新产品和节能设备、材料等，这样就可以从根本上

（续）

解决问题，降低能耗。

（三）培养员工节能降耗的自觉意识

1. 要求员工每日做好能耗记录，保证数据准确。

2. 要求员工做好能耗的统计分析工作，发现能耗异常及时报告。

3. 要求员工坚守岗位，认真做好各项巡视工作，从方方面面入手，积极开展节能降耗活动。

4. 监督、制止、改善浪费能源的现象，要求员工严格按节能降耗具体措施操作，不得私自开动设备，控制耗电总量，减少高峰时段用电量。

（四）落实并完善节能减排的各项制度

1. 落实并完善节能减排的各项工作流程和制度，加强日常管理，防止不必要的浪费，并且要对工作人员进行节约意识教育。

2. 加强设施设备的维修和保养，延长使用寿命，做好设施设备运行能耗统计分析工作。

3. 做好节能减排的各项考核工作

要对各部分的节能减排进行考核，为控制和降低能耗，物业公司应采取积极有效的措施，使节能成为一定的趋势。

三、节能减排评选

为了促进区域内各业主节能减排的积极性和能动性，进一步推动节能减排各项措施的落实，公司需要制定相应措施来激励区域内的业主。

（一）激励办法

鼓励业主参加公司举办的节能减排活动，通过评估业主的各项表现，给予业主相应的得分，分数较高的则可获得相应的奖励。

1. 评估标准

（1）每日巡检，总分50分。主要工作：物业工作人员每日巡查各个业主的综合表现，出现一处浪费或者排污现象，扣1分，情节严重的扣5分。

（2）每周抽检，总分30分。主要工作：物业管理人员每周对部分业主进行抽检，发现有不良现象的，视情况进行扣分。

（3）月度综合考评，总分20分。主要工作：每个月月末对区域内的各业主的表现进行综合评定，根据表现进行评估打分。

（续）

2. 得分

每月对区域内业主的分数进行加总，得出总分。

（二）激励措施

1. 对于总分为 100 分的业主，物业要将业主姓名、相关照片刊登在物业公共宣传栏内进行表扬，并授予业主“优秀业主”称号，以资鼓励。

2. 对于总分为 85（含）~ 100 分的业主，物业要授予业主“优秀业主”称号，以资鼓励。

3. 对于总分为 70（含）~ 85 分的业主，物业要对业主进行口头表扬。

四、注意事项

对于在评估中弄虚作假或者贿赂工作人员的，一经发现，立即进行通报批评。

7. 4. 2　垃圾分类宣传推广方案

为了改善管辖区域内的环境，减少垃圾处理成本，提高垃圾的资源利用价值和经济价值，物业公司要制定垃圾分类宣传推广方案，以加大对垃圾分类的宣传推广，调动业主垃圾分类的自觉性和积极性，建造绿色、生态的环境。下面是垃圾分类宣传推广方案示例，仅供参考。

垃圾分类宣传推广方案

一、任务描述

垃圾分类处理不能仅依靠物业公司，还需要区域内所有业主的配合，物业公司要积极地向业主宣传垃圾分类知识，引导业主熟知垃圾分类知识。

二、宣传推广主题

垃圾分类，你我共行，共建美好家园。

三、宣传推广单位

××物业服务管理有限公司。

四、宣传推广对象

区域内所有业主。

（续）

五、宣传推广时间

××××年××月××日至××××年××月××日。

六、宣传推广方式

1. 宣传栏张贴垃圾分类宣传标语及如何进行垃圾分类。

2. 制作垃圾分类的知识卡片分发给区域内的业主。

3. 定期举办垃圾分类小游戏。

4. 制作旋律欢快的歌曲或者儿歌进行循环播放。

七、宣传推广实施

为更好地达到垃圾分类的效果，调动业主垃圾分类的积极性和自觉性，公司可通过游戏活动进行垃圾分类的宣传推广。游戏能调动参与人员的胜负欲，对垃圾分类的印象会更加深刻。

（一）准备阶段

1. 场地准备

××广场。

2. 人员安排

（1）游戏策划人员：李红。

（2）游戏主持人：王柳。

（3）活动安保人员：苏宁。

（4）活动医护人员：刘江。

（5）宣传推广人员：张澈。

（6）礼品采购人员：董五。

3. 参与人员

邀请具有代表性的、参与度高的业主参与游戏。

4. 游戏策划

举办老少皆宜的游戏活动，如有奖竞猜（围绕垃圾分类知识提出问题）。

（二）实施阶段

1. 活动举行时间

××××年××月××日上午9时。

（续）

2. 活动进行

主持人推动活动的进行。

3. 颁发礼品

游戏结束后，公司向排名靠前的人员颁发精美奖品，向其他参与人员颁发参与奖。

4. 打扫清理

活动结束后，邀请大家共同参与垃圾分类，将活动中产生的垃圾做好分类，运用自己从游戏中学到的知识来实践。

（三）复盘阶段

1. 活动结束后，对区域内的垃圾分类实施效果进行观察，分析活动效果是否达到预期，以及哪些方面需要改进。

2. 判断宣传推广的效果，如果没有达到预期，可再次通过其他手段进行宣传推广，积极推动垃圾分类工作的实施。

八、宣传推广注意事项

1. 物业管理人员要选择宽敞且安全的活动场地，以确保参与活动的业主的安全及活动的顺利展开。

2. 活动过程中要确保参与人员与观看人员的安全，防止发生踩踏、拥挤事件，并注意防晒、防雨。

7.4.3　绿色物业管理提升方案

为了进一步提升绿色物业的管理水平，促进区域环境的和谐发展，使物业管理逐步向低碳、环保、健康的模式转型，提高资源利用效率，建造适宜的区域环境，物业公司需制定绿色物业管理提升方案。下面是绿色物业管理提升方案示例，仅供参考。

绿色物业管理提升方案

一、任务描述

要提升绿色物业管理水平，需要从环境卫生、区域绿化、节能节水、垃圾分类等方面入手，以规范业主行为，维持良好的区域环境。

二、提升时间

××××年××月××日至××××年××月××日。

（续）

三、提升工作分工

1. 环境卫生方面：张数。

2. 区域绿化方面：李丽。

3. 节能节水方面：顾可。

4. 垃圾分类方面：武数。

四、提升措施

（一）环境卫生方面

1. 加强对保洁人员的业务培训。检查区域环境卫生时要重点检查死角，并及时清理死角，对不负责任的保洁员予以处罚。

2. 安排专人对车库进行保洁，定期对地下车库进行全面清扫，实施车辆和保洁的规范管理。

3. 对于公共区域，要每天清理楼道地面，并安排专人对公共环境卫生进行维持和保护。

（二）区域绿化方面

1. 随时关注物业区域内绿地的使用情况，绿地不得被业主随意占用、破坏、践踏，要保护好区域内绿地资源。

2. 定期对本区域内的花卉、绿植、树木进行修剪、浇水和补栽、补种，确保无病虫害，无折损现象，无杂草。

（三）节能节水方面

1. 物业区域内的景观用水可利用非传统水源代替洁净水，并且可通过限定开放时间达到节水的目的。

2. 在日常的管道设施等维护过程中应对输水管道、阀门及各类附件进行监测和定期检查，及时发现问题并进行维修、保养，尽量减少跑、冒、滴、漏等现象的发生。

3. 引导业主对日常生活用水进行多重利用，提高利用率；提醒业主随时关好水龙头，避免水资源的浪费。

（四）垃圾分类方面

1. 物业应对从事垃圾分类的督导人员进行专业培训，使其了解垃圾分类的专业知识，培训完成后，要对其进行考核，以检验培训效果。

2. 物业可通过引入科技手段或采用高效管理方法，对垃圾分类进行精细化管理。

（续）

3．物业可通过生物处理方式处理厨房垃圾和绿化垃圾。在处理的过程中，严格控制生物处理过程中产生的臭气，并妥善处置污水和残渣。

4．在生活垃圾分类收集点、公共宣传栏等显著位置公示生活垃圾投放时间、地点及相关要求。

五、其他事项

1．装修方面。业主在装修施工过程中不得将污水与雨水、空调冷凝水的排水管道混接。

2．建筑方面。物业管理区域内建筑施工与装修产生的垃圾应集中堆放，并采取经常洒水、篷布覆盖等措施防止尘土飞扬。

3．场所方面。对物业管理区域内餐饮场所进行管理，餐厅排放的油烟废气要通过吸油过滤后方可排放，禁止直接排放到空气中。

7.4.4 绿色建筑标准

绿色建筑是指在建筑的生命周期内，最大限度地节约资源，保护环境及减少污染，为人们提供健康、适用和绿色的使用空间。因此，物业公司应按照绿色建筑标准进行作业，部分绿色建筑标准如表 7-8 所示。

表 7-8 绿色建筑标准

绿色建筑项目	绿色建筑内容	评分标准
节地与室外环境	◆ 合理利用土地 ◆ 场地内合理设置绿化用地 ◆ 合理开发利用地下空间 ◆ 建筑及照明设计避免产生光污染 ◆ 场地内的环境有利于行走和自然通风 ◆ 采取措施降低热岛强度	◆ 居住建筑，根据人均居住用地指标，____层以下，人均居住用地在____～____平方米，评分为 15 分。____层以下，人均居住用地在____～____平方米，评分为 19 分 ◆ 公共建筑，根据容积率评分，依据不同范围分别为 5 分、10 分、15 分、19 分 ◆ 住宅绿地率，新区建设达到____%，旧区改建达到____%，评分为 19 分 ◆ 公共建筑绿地率，按照不同比例分别评分，最高分为 19 分 ◆ 地下空间开发利用评分以地下建筑面积与地上建筑面积的比率为标准，划分档次分别评分，最高分为 19 分 ◆ 室内外玻璃幕墙可见光反射≤____，即评 19 分 ◆ 夏季或者冬季风速室外风速＜____，即评 19 分 ◆ 超过 70% 的道路路面、建筑屋面的太阳辐射反射系数≥____，即评 19 分

（续表）

绿色建筑项目	绿色建筑内容	评分标准
节能与能源利用	◆ 优化建筑维护结构的热工性能 ◆ 采取有效措施降低供暖空调系统的能耗 ◆ 采用节能型电气设备及节能控制措施 ◆ 采取措施降低建筑能耗 ◆ 结合当地气候及自然资源合理利用可再生能源	◆ 围护结构热工性能优于国家现行标准的____，评5分，优于国家现行标准的____，评10分，优于国家现行标准的____，评15分（最高分为15分） ◆ 空调系统的单位能耗低于国家现行标准____，评5分（最高分为5分） ◆ 主要功能房间的照明功率密度值达到国家现行标准规定的目标值，评5分（最高分为5分） ◆ 建筑能耗低于国家现行标准____，评5分，低于国家现行标准____，评10分（最高分为10分） ◆ 由可再生能源提供生活热水评5分，由可再生能源提供电能评5分（最高分为10分）
节水与水资源利用	◆ 使用较高用水效率等级的卫生器具 ◆ 绿化灌溉及空调冷却水系统采用节水设备或技术 ◆ 使用非传统水源，利用综合设施营造室外景观水体	◆ 全部卫生器具的用水效率等级达到____级，评5分，达到____级，评10分（最高分为10分） ◆ 采用节水灌溉系统，评5分，在此基础上，设置土壤湿度感应器、雨天自动关闭装置等节水控制措施，评10分（最高分为10分） ◆ 使用非传统水源灌溉绿植、清洗车库和道路的，评5分，使用非传统水源冲厕所的，评10分，使用非传统水源及综合设施营造室外景观水体的，评15分（最高分为15分）
环境质量	◆ 充分保护或修复场地生态环境、合理布局建筑及景观 ◆ 规划场地地表和屋面雨水径流 ◆ 充分利用场地空间设置绿化用地 ◆ 室外吸烟区位置布局合理 ◆ 利用场地空间设置绿色雨水基础设施	◆ 原有场地内自然水域、湿地、植被等保留完好，评5分，根据实际情况采取生态恢复措施，评10分（最高分为10分） ◆ 场地年径流总量控制率达到____，评5分，控制率达到____，评10分（最高分为10分） ◆ 绿化率超出物业规划指标____，评5分，超出物业规划指标____，评10分 ◆ 室外吸烟区布置在建筑出风口的下风口，评5分，在此基础上与绿植相结合，并配备垃圾桶与健康标识的，评10分，另配备座椅和休息区的，评15分（最高分为15分） ◆ 下凹式绿地、雨水花园等有调蓄雨水功能的绿地面积占总面积的____，评5分。衔接和引导____的屋面雨水进入地面生态设施，评10分（最高分为10分）

第 8 章 物业风险与安全管理

8．1 物业风险点管理

8．1．1 业主关系管理风险点

为了加强对业主关系的管理，提高业主满意度，物业公司需要对业主关系管理中可能存在的风险进行全面了解。物业公司需要关注的业主关系管理风险点如表 8-1 所示。

表 8-1 业主关系管理风险点及说明

风险点	说明
回访管理风险	◆ 物业对业主回访工作不重视，也没有对业主回访人员进行业务培训，从而难以掌握更多、更深入的业主信息 ◆ 回访业主时，没有考虑业主的感受，使业主感觉没有得到尊重 ◆ 虽然收集了业主反馈的问题，但是忘记回复业主问题解决进程及结果，使业主对回访工作产生抵触情绪，导致业主回访工作难以开展
投诉管理风险	◆ 业主多次对同一问题进行投诉，问题解决后，没有进行二次回访，导致业主满意度降低 ◆ 在处理业主投诉的过程中，部分物业服务人员在礼仪、礼貌用语、问题处理能力等方面缺乏专业性，得不到业主的认可 ◆ 对业主投诉处理不及时，导致业主的抱怨增加
安全管理风险	◆ 房屋存在漏水、漏电等安全隐患，物业人员没有及时进行排查 ◆ 公共健身设施损坏率高、维修难，社区游泳池存在安全隐患，业主的健身愿望得不到满足 ◆ 安保人员上班消极怠工、无基础安全防卫技能 ◆ 消防器材更新不及时，设备老旧、破损，消防通道被占用，为业主带来严重的安全隐患 ◆ 未能对高空抛物行为建立有效的监管机制，给业主带来安全隐患
日常管理风险	◆ 公共区域的清洁不到位，消杀不及时、不彻底，会降低业主的居住意愿 ◆ 宠物随地排便且打扫不及时，绿化区域无人清理维护

8.1.2 财务管理风险点

物业公司若对财务风险控制不当，则会降低经营效率，给自身带来经营损失。因此，物业公司要识别财务管理风险，采取措施积极应对，具体风险点如表 8-2 所示。

表 8-2 财务管理风险点及说明

风险点	说明
投资管理风险	◆ 物业公司投资的项目周期长，回报率低，短时间内资金不能回笼 ◆ 投资的项目受不同因素的影响，如国内外政治、经济、法律、文化教育、科学技术等的影响
负债管理风险	◆ 运转风险。物业公司为负债所要支付的利息越多，公司创造的现金收入就会越多地被消耗掉，现金流量就会大量减少，从而影响公司的运营 ◆ 无力偿付风险。物业公司的经营效益不好时，固定且大额的利息负担将使公司快速陷入亏损状态，轻则权益资本大幅下滑，重则形成负收益
资金管理风险	◆ 物业公司的资金使用未经审批或超越权限审批，可能因重大差错、舞弊、欺诈而导致损失 ◆ 物业公司的银行账户的开立、审批、使用、核对和清理不符合国家有关法律、法规要求，可能导致公司受到处罚而造成资金损失
资产管理风险	◆ 未经授权审批或超越权限审批，可能因重大差错、舞弊、欺骗而导致资产损失 ◆ 固定资产购买、建造决策失误，可能造成公司资产损失或资源浪费 ◆ 固定资产使用、维护和管理不善，可能造成公司资产使用效率低下或资产损失 ◆ 存货保管不善，可能导致存货损坏、变质、浪费、被盗和流失等
成本管理风险	◆ 成本预算不合理，审核不严或不规范，影响成本控制效果 ◆ 人为舞弊行为造成成本统计资料不真实，导致成本核算信息错误

8.1.3 自媒体舆论管理风险点

物业公司自媒体舆论管理风险点及说明如表 8-3 所示。

表 8-3 物业公司自媒体舆论管理风险点及说明

风险点	说明
突发事件舆论风险	小区突发火灾或者是较大的安全事故，被多家自媒体报道，引起巨大的话题量，使网友关注公司的管理和服务，影响公司的口碑和满意度，降低小区的入住率和已有业主的信任度
收费舆论风险	物业服务费定价、物业收费透明度、物业收费的合理性一直是民众关注的焦点，不合理及不透明的物业服务费会激发业主在自媒体的讨论程度，从而增加公司的舆论风险
物业服务舆论风险	物业服务不到位，如绿化保洁、员工服务、安保消防、基础维修、交通车辆管理等方面存在重大问题，容易引起较高的投诉率和讨论度，吸引自媒体的关注及报道，对公司产生负面影响

8．2　物业管理风险控制

8．2．1　业主关系风险控制管理办法

为了避免业主关系影响物业公司的发展和正常运营，公司需要对业主关系风险进行控制。下面是业主关系风险控制管理办法示例，仅供参考。

业主关系风险控制管理办法
第 1 章　总则 第 1 条　目的 为了树立良好的公司形象，得到业主的认可和支持，提高经营运作模式，促进物业公司的良性循环发展，特制定本办法。 第 2 条　适用范围 本办法适用于业主关系风险控制工作的管理。 **第 2 章　回访风险控制** 第 3 条　制订回访计划 业主回访人员根据业主资料制订业主回访计划，包括业主回访的时间、回访目的、回访内容等，并结合业主特点选择合适的回访方式。 第 4 条　准备业主回访资料 业主回访人员根据业主回访计划准备业主回访的相关资料，包括业主基本情况、业主回访工作的相关记录和业主特殊需求等。 第 5 条　实施回访管理 1．回访时间：物业服务结束____天内。 2．回访内容：了解业主对本次服务的满意程度，以及业主的需求与建议。 3．回访对象：结束物业服务的业主。 4．回访结果：将回访结果填入业主回访记录表中，并予以存档。 **第 3 章　投诉风险控制** 第 6 条　受理业主投诉 物业公司要认真对待业主投诉，并及时、真实地记录业主投诉内容，同时登记在业主投诉登记表中。 第 7 条　确定投诉责任 物业公司整理业主投诉登记表，分析业主投诉的内容，判断投诉的性质及责任。 第 8 条　处理业主投诉 1．物业公司根据业主投诉处理表，编列投诉编号并登记在业主投诉处理表中，然后将投诉转交给相关部门进行处理。 2．相关部门确定投诉处理责任人，进行投诉调查，据实填写业主投诉处理表。 3．与业主联系，就投诉处理方案与业主沟通。 第 9 条　业主投诉跟踪 1．物业公司应认真做好业主投诉记录，并对投诉处理的整个过程进行跟踪分析。 2．业主投诉解决后，物业公司应对业主投诉的处理结果等进行跟踪。 **第 4 章　安全风险控制** 第 10 条　定期巡逻检查 1．定期检查无人居住的房屋，查看是否有漏水、漏电等安全隐患，及时进行排查。 2．做好人员来访工作，防止外来人员随意进出小区。

（续）

第11条　做好安全防范 1．定期对公共健身设施进行维修，避免安全隐患。 2．定期对消防器材进行维修和保养，清理消防通道，及时更换消防器材。 3．做好高空抛物及高空坠物等行为的监督。 **第5章　日常风险控制** 第12条　做好环境清洁 做好公共区域的清洁卫生，提高业主的居住意愿。 第13条　做好教育工作 告知养宠物的业主及时清理宠物的排泄物，并派工作人员进行监督，如有违反的情况，及时进行批评教育。 **第6章　附则** 第14条　编制单位 本办法由物业管理部负责编制、解释与修订。 第15条　生效日期 本办法自××××年××月××日起生效。

8．2．2　危机公关处置应对流程

为了避免危机影响整个物业公司的形象和口碑，在发生危机时，公关部门要遵循一定的流程，做好应对。

1．危机公关处置应对流程

危机公关处置应对流程如图8-1所示。

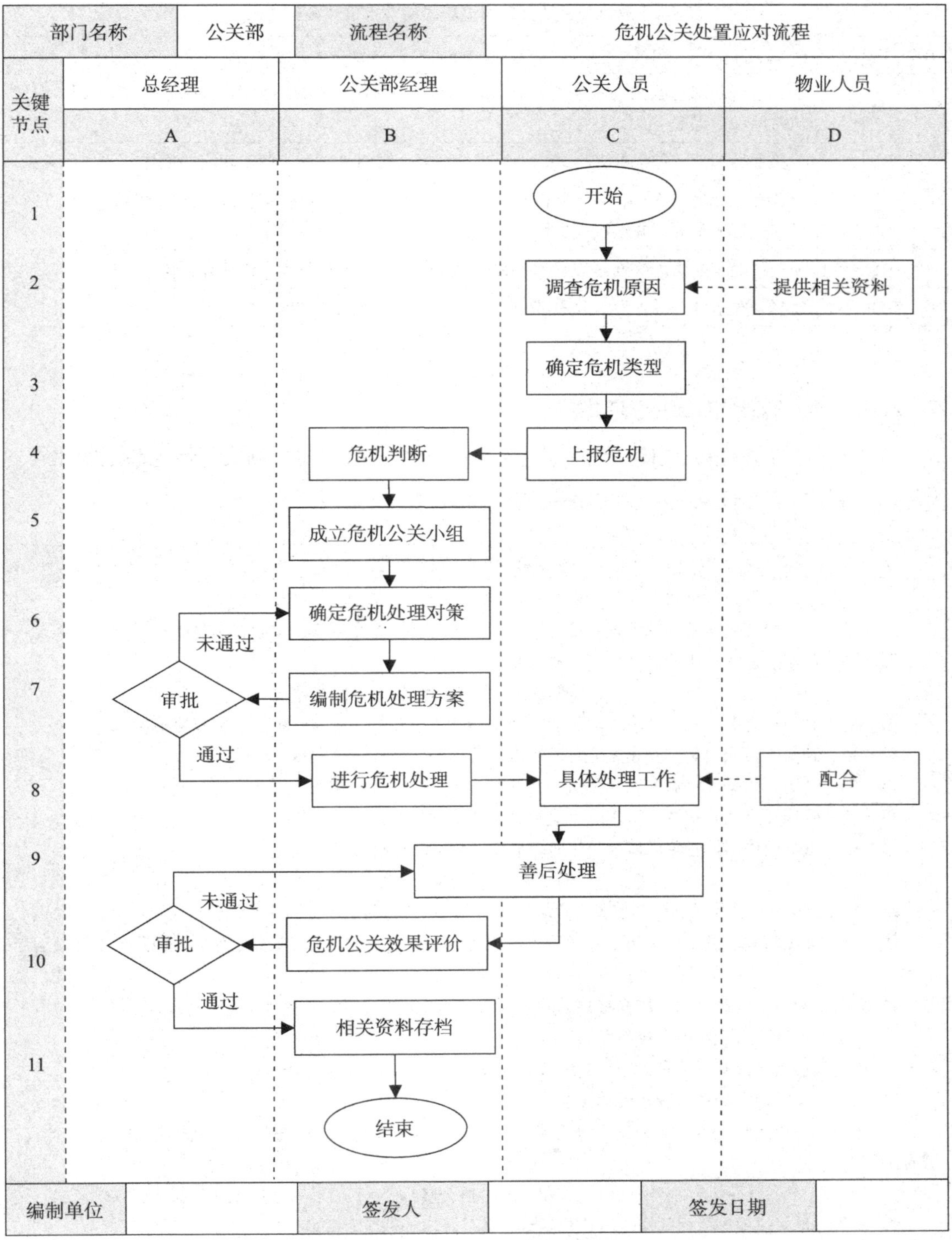

图 8-1　危机公关处置应对流程

2．执行关键节点

危机公关处置应对流程关键节点细化执行内容如表 8-4 所示。

表 8-4　危机公关处置应对流程关键节点细化执行内容

关键节点	细化执行内容
B4	公关部经理对已收集的公关资料进行分析和危机判断，具体需要判断危机爆发的原因、爆发的时间和后果等
B5	公关部经理成立危机处理小组，小组成员根据公司内外部环境制定相应的危机公关处理对策
B7	公关部经理根据资料、以往危机应对经验和方案，确定危机处理对策、处理程序、处理方式、具体负责人员等，并编制危机公关处理方案，提交总经理审批
B8	公关部经理需将危机处理方案分解到各个阶段，公关人员负责具体处理工作
B10	危机公关事件处理完后，公关部经理需要对危机处理效果进行评价

8.2.3　物业管理内部控制制度

为了规范内部管理，明确各岗位的职责权限，物业公司需根据实际情况制定物业管理内部控制制度。下面是物业管理内部控制制度示例，仅供参考。

物业管理内部控制制度

第 1 章　总则

第 1 条　为了规范公司的内部管理，使各项工作有制可循、有据可依，特制定本制度。

第 2 条　本制度适用于物业公司内部工作的管理。

第 2 章　员工招聘管理

第 3 条　公司招聘时，主要考察应聘者的专业素质、思想品德、身体健康情况和敬业精神。

第 4 条　新员工进入公司，必须先经过两周以上的岗前培训，试用期最多为____个月。

第 5 条　公司可根据工作需要调动员工，被调动的员工应服从安排。

第 6 条　各项目之间互相调动员工时，应报公司总经理批准。

第 7 条　各部门调动其管辖区域内员工时，应报项目区域经理核准。

第 3 章　员工培训管理

第 8 条　员工均需接受公司的职前及在职培训，培训考核不合格，不予转正及晋升，直至补考合格为止。

第 9 条　参加培训的员工，在培训完毕后必须在公司服务____年，未满服务年限而辞职的员工需缴纳培训费用。

第 10 条　新员工入职培训安排在报到后的前两天或延续至半个月，具体视工种岗位而定。

第 11 条　新员工入职培训内容如下。

1．物业管理人员的基本要求，上岗前的仪容仪表、平时的礼貌礼节要求。

2．安全工作常识、物业管理基础知识的学习。

第 12 条　新员工培训方式有讲解、观看录像、参观及讨论等，可结合进行，并配合简单的考核，以巩固有关知识。

第 4 章　办公管理

第 13 条　员工应遵守公司规章制度，自觉维护办公环境的清洁、安静。

第 14 条　办公室应保持整洁，不在室内放置杂物，工作台上摆放的办公用品应整齐有序。

第 15 条　工作时间不得离岗、串岗，不得聚众聊天等。

第 16 条　上班时间，严禁办理私人事情，因公外出应向本部门负责人请假。

第 17 条　接待来访客人时，应起身相迎，做到态度和蔼、彬彬有礼，来客告辞，起身相送，答复来客询问时，不得泄露公司管理制度及有关公司机密事项。

（续）

第 18 条　下班或因事离开办公室，应做到人走灯熄，并且要关好门窗、电源等。 第 19 条　注重仪表仪容，按规定着装，接待来访客人应热情主动。 **第 5 章　档案管理** 第 20 条　档案管理人员要做好收件登记、编号、运转、催办工作，按规定程序操作，若符合立卷标准要求，则及时分类、立卷、归档。 第 21 条　档案管理人员每年对档案材料的数量、保管等情况进行检查，发现问题及时采取补救措施，确保档案的安全。 第 22 条　档案管理人员每年按规定对已到保管期限、确定销毁的档案材料列册登记，经领导审批后做销毁处理。 第 23 条　公司严格履行借阅登记和审批手续，一般仅限在档案室查阅，确因工作需要带出复印或摘抄文件，须经领导批准。 第 24 条　借阅人员不得转借、拆卸、调换、污损所借的档案。 第 25 条　对于归还的档案，档案管理人员须在检查无误的情况下将其归入档卷。 **第 6 章　附则** 第 26 条　本制度由物业管理部负责编制、解释与修订。 第 27 条　本制度自 ×××× 年 ×× 月 ×× 日起生效。

8.3　日常安全管理

8.3.1　日常巡逻管理制度

为了避免物业管辖范围内出现安全隐患，保证区域内人员和物品的安全，物业公司需要安排相应的人员进行日常巡逻管理。下面是日常巡逻管理制度示例，仅供参考。

日常巡逻管理制度
第 1 章　总则 第 1 条　目的 为了给业主提供安全、和谐的居住环境，保护业主的人身和财产安全，杜绝危害事故的发生，提高业主的满意度和忠诚度，特制定本制度。 第 2 条　适用范围 本制度适用于物业管理中日常巡逻工作的管理。 **第 2 章　日常巡逻** 第 3 条　巡逻区域 1．巡逻主管根据所辖区域的划分及实际工作情况制定____套巡逻路线，且每季度修订一次。 2．巡逻路线不定期交替使用，且交替的时间、路线的分布均受控。 3．各巡逻人员必须按照既定巡逻路线进行巡查。 第 4 条　巡逻时间 各巡逻人员对分管地段实行 24 小时不间断巡视，周期为____小时，每周期至少登记____次。巡逻中如发现公共设施、设备损坏，要及时填写公共维修通知单，交维修人员。每个班次对管辖范围内的楼道安全情况进行至少____次覆盖检查。

（续）

第5条　巡逻要求

1．多看。有无可疑人员、公共设施是否完好、门窗是否关好等。

2．多听。不正常流水声、房屋内异声、小区内异声、超时装修声等。

3．多闻。异常气味、焦味、臭味、煤气味等。

4．四勤。眼勤、手勤、腿勤、脑勤。

第6条　巡逻内容

1．巡逻人员在巡视过程中，要加强对空置房的巡视，对非法占用空置房和楼道等公共面积的现象及时制止并上报巡逻主管。

2．巡逻人员在巡视过程中接到监控中心关于车辆、物资、人员引导的要求时，应及时到工作地点进行引导。

3．巡视过程中若发现闲杂人等，要立即上前进行盘查，但须注意方式，具体处理规范如下。

（1）如为访客，即与业主联系，核实身份，得到业主许可后进行引导。

（2）对闯进小区的身份不明者立即送保安值班室。

（3）如为家政人员、装修人员、施工人员、商铺从业人员，在检查其出入证并核实其身份后，对其进行指引并远程监控。

4．巡逻人员在对商铺进行巡视的过程中，如有下列现象，应立即上报巡逻主管。

（1）商铺消防措施缺损。

（2）违章摆卖。

（3）排放油烟、制造噪声等。

（4）商铺营业影响业主的正常居住和生活。

5．巡逻人员在巡逻过程中，如发现装修业主有如下情况，应立即责令停止。

（1）影响其他业主。

（2）阳台堆放装修物品和其他易燃易爆物品。

（3）装修现场使用明火。

（4）装修现场乱拉电线，使用大功率电器。

（5）装修过程中有明显破坏楼宇安全的行为。

第7条　巡逻监督

1．巡逻主管对每班次的巡逻情况进行至少____次抽查，检查巡逻人员是否违纪，并协助巡逻人员处理疑难问题。

2．巡逻主管对小区的安全工作进行不定期抽查，如发现问题，立即要求进行整改。

第3章　巡逻设备管理

第8条　对讲机使用

1．遵守“谁使用，谁保管；谁损坏，谁负责”的原则，每个岗位配发一部对讲机。

2．认真做好对讲机的交接工作，以防出现问题时互相推卸责任。交接时，接机人当场查清，发现损坏或通信失灵，立即报巡逻主管。

3．严格按规定频率使用，严禁乱按或乱调其他频率，以保持正常接收状态。

4．对讲机必须始终保持开机状态。

5．指挥中心值班人员负责充电工作，按工作时间每____小时更换一次电池，保证巡逻人员对讲机能正常轮换使用。

6．在更换对讲机的电池时，必须先关掉对讲机电源开关，以保护和延长对讲机的使用寿命。

第9条　手电筒使用

1．遵守“谁使用，谁保管；谁损坏、谁负责”的原则，管理责任到人，损坏者照价赔偿。

2．发放的手电筒只准用于工作。

（续）

第 4 章　附则

第 10 条　编制单位

本制度由物业管理部负责编制、解释与修订。

第 11 条　生效日期

本制度自 ×××× 年 ×× 月 ×× 日起生效。

8.3.2 物管区域安全管理办法

为了避免物管区域内出现安全事故，防止给区域内业主带来不必要的损失，物业公司需要加强对物管区域的安全管理。下面是物管区域安全管理办法示例，仅供参考。

物管区域安全管理办法

第 1 章　总则

第 1 条　目的

为了加强物管区域的管理，预防和减少安全事故的发生，保证区域内业主的人身安全和财产安全，根据物管区域的实际情况，特制定本办法。

第 2 条　适用范围

本办法适用于物管区域内人员、设备、车辆、消防及治安等安全管理工作。

第 2 章　人员安全管理

第 3 条　人员出入

1. 对于物管区域内的人员，需要刷卡进出入。对于外来人员要进行登记管理，登记的内容主要包括姓名、身份证号、去往的具体地点、所办事项、来访时间及离开时间等。

2. 为业主带来的外来人员做好来访登记。

第 4 条　人员活动

1. 做好高空坠物与高空抛物等突发事件的预防工作，防止发生意外情况。

2. 做好巡逻工作，防止不带绳的宠物冲撞其他业主。

第 3 章　车辆与设备安全管理

第 5 条　车辆安全管理

1. 加强区域内车辆的安全管理，在车辆停放区域安装无死角的监控，全方位监控车辆的安全。

2. 加强对区域内车辆的监管，防止发生车辆被盗、零件被偷的现象。

3. 做好区域内车辆的登记，凭借车牌号码出入；对外来车辆进行出入登记。

第 6 条　设备安全管理

1. 定期检查区域内的健身设备、公共设备等，查看其运行状况。

2. 定期对公共区域内的设施进行保养与维修，使其处于良好状态。配备专门的维修人员，对设备会使用、会保养、会检查、会排除故障。

3. 定期对主要的设备进行清洁、润滑和检修。

第 4 章　消防与治安安全管理

第 7 条　消防安全管理

1. 区域内不同位置都要配备消防设施。定期检查消防设施是否能正常使用，定期更换过期的消防设备，定期检查公共消防设施、器材及消防安全标志是否完好有效。

2. 制定消防安全制度，落实消防工作责任，开展消防安全宣传教育活动。

3. 定期进行防火检查，消除火灾隐患。

（续）

4. 保障疏散通道、安全出口、消防车通道畅通。

第8条　治安安全管理

1. 建立完善的巡逻制度，提高巡逻人员的素质，加强对巡逻人员的培训，实行24小时值班制度。

2. 与当地派出所紧密联系，共同做好区域内的治安管理。

第5章　安全事故处理程序

第9条　安全事故处理

1. 安全事故发生后，现场人员要立即向上级报告。

2. 事故发生后，要积极联系当地有关部门，采取有效措施控制事态发展，将事故损失降到最低，对伤亡人员立即组织救护，妥善处理善后事宜。

3. 对事故进行调查、分析、总结，并向上级报告事故发生的原因。

第6章　制定奖惩措施

第10条　奖励措施

1. 对于在防范安全事故方面有突出成绩的，协助其他事故部门进行紧急救助，有效降低损失的，给予相应的表扬和奖励。

2. 在安全管理工作中，给予在有效防范和杜绝本部门发生安全事故方面成绩突出的人员相应的表扬和奖励。

第11条　惩罚措施

1. 违反安全管理规定，发生重大安全事故或出现重大险情，未及时采取有效措施抢救或指挥不当的，给予相应的处罚。

2. 对于安全管理工作中的重大问题，未及时上报的，追究其责任。

第7章　附则

第12条　编制单位

本办法由物业管理部负责编制、解释与修订。

第13条　生效日期

本办法自××××年××月××日起生效。

8.3.3 高空坠物与高空抛物管理办法

为了防止高空坠物与高空抛物伤人，导致公司经营发生风险，引起法律纠纷，物业公司需对此制定相应的管理办法。下面是高空坠物与高空抛物管理办法示例，仅供参考。

高空坠物与高空抛物管理办法

第1章　总则

第1条　目的

为了保护业主或行人的安全，规范辖区内业主的行为，规避法律风险，提高物业公司的口碑和满意度，特制定本办法。

第2条　适用范围

本办法适用于高空坠物与高空抛物的管理。

第3条　名词解释

1. 高空坠物。高空坠物是指物品因不可抗力因素导致的高空坠落或者是业主阳台、窗台上的物品因非人为因素导致的高空坠落。

2. 高空抛物。高空抛物是指业主人为地将物品从高空或者高层抛下。

（续）

第 2 章 高空坠物管理

第 4 条 非人为因素造成的高空坠物的预防措施

1. 在日常巡检中，要随时对公共场地和公共设施设备、窗户及玻璃、户外广告牌和空调主机等户外附着物进行排查，发现存在安全隐患的，要立即整改并登记在册。

2. 恶劣天气期间，要告知业主关好门窗，搬掉放在阳台、窗边等容易坠落的物品，防止高空坠物。

3. 对于物业公司针对高空坠物所做的工作进行记录与登记，作为工作证据进行留存。

第 5 条 人为因素造成的高空坠物的应对措施

公司与居委会、派出所等部门相互配合，进行长期经常性宣传，发动业主互相监督。同时可根据需要安装监控设备，以便发生高空坠物时追查到责任人。

第 6 条 无事故损失高空坠物的处理

1. 出现无事故损失的高空坠物，应尽快找到相应业主，教育其不要在窗户或阳台处放置易坠落物品。

2. 对于未能找到相应业主的，要及时清除坠落物，并由工作人员对相关楼层住户进行询问与调查，同时宣传高空坠物的危害及可能面临的治安处罚。

第 7 条 发生损失的事故处理

1. 对于造成财产与人身安全损失的事故，物业公司要在第一时间报警并配合相关部门进行取证，查找相应业主。

2. 及时足额购买公共责任保险，以规避风险，减少经济损失。

第 8 条 对待事故投诉的处理

当出现业主对高空坠物的投诉时，物业公司要及时派人到现场处理，记录相关情况，并对事故进行调查走访和处理，安抚受害人情绪，予以回访，做好相应的记录备案。

第 3 章 高空抛物管理

第 9 条 高空抛物的预防

1. 采取相应的措施。设立“小心高空抛物”警示牌，安装摄像头，提高对高层住宅的监控力度。

2. 尽到宣传和提醒的义务。定期宣传，提高业主的自身素质。将高空抛物的危害或相关案例告知业主，引起业主的重视。

第 10 条 高空抛物的处理

1. 立即进行调查，迅速辨认抛物方向、楼层号码、位置，设法寻找肇事者。

2. 如有需要可向肇事者发出警告，并报警。如果未找出肇事者，要通知所有业主，并指出该行为的严重性。

3. 派人看管好抛下的物品，如所抛的物品砸坏公共设施、车辆等，应用线圈围起来，并拍照存档。

4. 将本次高空抛物行为记录在物业日常管理记录簿内。

5. 在日常的保安巡视中，应加强对有过高空抛物行为的人的监督。

第 4 章 附则

第 11 条 编制单位

本办法由物业管理部负责编制、解释与修订。

第 12 条 生效日期

本办法自 ×××× 年 ×× 月 ×× 日起生效。

8.3.4 设备故障应急方案

为了避免设备突发故障而延误使用，或者避免业主遭受伤害，物业公司应根据实际情况制定设备故障应急方案。下面是一则设备故障应急方案示例，仅供参考。

设备故障应急方案

一、任务描述

为了保障区域内业主的生产与生活，确保设备得到快速、有效的抢修，最大限度地减少各方面的损失，特制定本方案。

二、任务分配

1. 物业经理

物业经理负责设备故障现场指挥，负责组织抢修人员及时到位，保证应急工作的顺利开展。

2. 物业工程人员

（1）负责实施设备抢修工作，负责设备维修后的检查和运行工作，随时向物业经理汇报设备故障情况及抢修进展情况。

（2）调查故障发生的原因、影响及处理方法，在抢修过程中采取防护措施，确保抢修工作顺利进行。

3. 物业工作人员

（1）第一时间与医院取得联系，保证伤员得到有效救治。

（2）在故障抢修过程中，要确保人身安全和设备安全。

三、应急准备

要储备充足的物质资源，为设备故障做好应急准备工作，主要的物质资源包括维修工具、设备配件、运输工具、仪器仪表等。

四、应急处理

（一）故障原因分析

设备发生故障时，要第一时间查清是什么原因导致的设备故障，以便根据原因进行抢修处理。常见的故障原因有以下五种。

1. 设备在设计、制造、安装中本身存在缺陷。

2. 零部件选用不当或有缺陷。

3. 使用过程中的磨损、变形、疲劳、振动、腐蚀、变质、堵塞等。

4. 调整不当、操作失误、过载使用、长期失修或修理质量不高等。

5. 设备陈旧、环境因素及其他原因。

（二）故障抢修处理

1. 了解设备故障的原因之后，要立即组织物业工程人员进行抢修，其他人员负

（续）

责提供技术或者物资支持。

2. 物业经理应及时了解设备抢修情况，监督检查抢修过程中安全措施落实情况和各种违章作业情况，保证检修过程中的人身安全，指导抢修工作的顺利进行。

3. 抢修工作结束之后，物业工程人员要测试设备的维修情况，是否能够正常运行，并将测试结果汇报给物业经理。

4. 物业工程人员对抢修后的设备进行连续____小时试运行，观察运行情况，如无异常抢修结束。

（三）故障处理总结

总结此次设备故障发生的原因及应对措施，并对不同的设备进行排查，避免此次故障事件再次发生。

五、注意事项

1. 定期对相关设备进行维修和保养，避免因设备老化、磨损、腐蚀、缺乏润滑等影响设备的使用效果。

2. 定期采购相关设备的配件，避免因为设备故障得不到及时解决，影响业主的生活，造成相应的经济损失。

8.3.5 人员与车辆出入管理办法

为了避免外来人员随意出入小区，防止发生被盗、被抢等安全事故，物业公司需要加强对人员与车辆的管理。下面是人员与车辆出入管理办法示例，仅供参考。

人员与车辆出入管理办法

第 1 章　总则

第 1 条　目的

1. 为了加强人员出入管理，保护小区内业主的安全，创造良好的居住环境，防止盗窃事故发生。

2. 为了方便对小区内各类车辆出入实施管理，确保车辆安全。

第 2 条　适用范围

本办法适用于小区内人员与车辆出入管理工作。

第 2 章　人员出入管理

第 3 条　出入卡管理

1. 业主凭借出入卡出入小区。

2. 出入卡的发放人员包括小区业主、业主住宅承租人、物业管理人员及经业主委员会同意的其他人员。

3. 若出入卡遗失，业主应及时向物业公司挂失，物业公司立即注销该出入卡。如果挂失不及时，造成其他业主被盗的，必须承担相应的赔偿责任。

4. 业主凭借本人身份证明向物业公司提出办理出入卡需求。

（续）

第4条　业主出入管理

1．业主凭借出入卡可自由出入小区，本小区实行一人一卡，不得外借，所有业主必须妥善保管好出入卡。

2．业主携带他人进出小区时，要在门卫处签字，为其做担保。

3．业主搬家如有大件、重物时，必须有业主亲自陪同方可搬离小区，同时配合物业管理人员做好登记，以便日后核查。

4．严禁业主将易燃易爆物品带入小区内，也不得随身携带危险品。

第5条　外来人员出入管理

1．非小区住户不得随意进入小区，外来人员进入小区的，需要在门卫处登记，写明要去的单元楼及业主姓名。

2．维修人员和施工人员可以凭借物业公司发放的临时出入卡进入小区。

3．外来人员不得攀越围墙栏进出小区。

4．未经物业公司同意，严禁小摊小贩和产品推销、业务宣传、广告张贴等人员进入小区。

第3章　车辆出入管理

第6条　业主车辆出入

1．采用智能化停车场管理系统，利用大数据信息技术，录入车辆信息，实行自动识别，通过扫描车牌号，实现业主的自由出入。

2．车辆在进出口处要快速支付、快速通行，严格实行一车一杆规则，避免造成车辆堵塞。

第7条　外来车辆出入

1．消防车、救护车、工程维修车、垃圾车、搬家车及大型货车等车辆驶入小区时，车主需到门卫处进行登记，登记的内容主要包括车主姓名、车牌号、联系电话、所办事项、进入时间、离开时间等。

2．空载出租车和载有危险品的车辆禁止入内。

3．载重超过____吨以上的货车及工地施工车辆不得进入本小区。

4．运输货物的车辆在搬运完货物后，不得停留或停放在小区内，需立即驶出小区。

第8条　车辆出入注意事项

1．在车辆管理岗处，安保人员要熟悉小区业主的车辆信息，确保小区业主的车辆可以快速审核通过。

2．采用车辆自动识别系统，确保车辆可以快速审核并通过放行，避免造成交通拥堵。

3．严格对外来车辆进行核实和登记。

4．车辆带货驶离小区，必须有相应证明，属于大件、贵重、搬家物品，需要业主办理相关物资放行手续才能放行。

第4章　附则

第9条　编制单位

本办法由物业管理部负责编制、解释与修订。

第10条　生效日期

本办法自××××年××月××日起生效。

盘查可疑人员流程示例，扫描下方二维码即可查看。

8.4　消防安全管理

8.4.1　消防安全检查制度

为了避免消防设备老化、危险品燃爆，防止小区发生火灾，给小区业主带来生命或财产损害，物业公司需要定期对小区内的消防设施设备进行检查。下面是消防安全检查制度示例，仅供参考。

消防安全检查制度
第 1 章　总则 第 1 条　目的 为了保障小区内业主的人身及财产安全，避免发生火灾，减少物业公司的经济损失，特制定本制度。 第 2 条　适用范围 本制度适用于小区内消防安全检查工作的管理。 **第 2 章　消防安全检查** 第 3 条　检查方式 1. 定期检查。消防主管对日常巡视工作进行检查总结，并根据检查情况对消防检查的工作重点做出安排。 2. 突击检查。突击检查管理处的防火安全措施是否真正落实，消防设施是否完好。消防责任人每季度不定期组织一次，并做好相关记录。 第 4 条　检查内容 1. 消防通道是否通畅，疏散标志是否完好。 2. 消防器材、设备、易燃易爆物品及房屋用途改变的检查，也包括用电、用气安全和动火作业的检查。 3. 整个消防系统是否运行正常。 4. 整个小区是否存在火灾隐患。 5. 各种消防安全制度、措施和消防知识的宣传是否落实，有关资料记录是否完整、真实。 第 5 条　检查时间 1. 日常巡视。各个区域管理责任人对所负责区域内的消防器材、设备进行日常巡视、养护，并做好有关记录。 2. 年检。根据住宅小区防火的特点，配合有关安全活动，物业公司每年至少进行一次防火安全检查。物业公司组织人员对消防设施进行检查，对义务消防队专业课目进行抽检，并做好有关记录。 **第 3 章　消防安全问题处理** 第 6 条　记录检查问题 物业人员在消防安全检查过程中，发现存在消防安全隐患的，要记录在案，及时向上级领导汇报并制定相应的解决措施。 第 7 条　火灾隐患整顿 1. 消除能引起火灾发生的危险物品。 2. 做好物品进出检查，防止业主携带易燃易爆物品进入本小区。 **第 4 章　消防安全问题预防** 第 8 条　消防设备管理 1. 定期检查消防设备的使用情况，更换已经老化的消防设备。 2. 定期采购新的消防设备，在重要的地点、小区每个单元每层楼道的合理位置放置消防设备。 第 9 条　消防宣传教育 1. 定期邀请消防人员，为业主讲解如何使用消防设备快速处理火灾，对业主进行宣传教育。

（续）

2．引导业主正确使用电器设备，及时关闭煤气灶。不私拉电线，不私自改造大功率的设备，防止引发火灾。 3．要向家中有儿童的业主进行宣传教育，监督儿童不要随意玩火，更不要随意触碰电线、电器等危险物品。 **第5章 附则** 第10条 编制单位 本制度由物业管理部负责编制、解释与修订。 第11条 生效日期 本制度自××××年××月××日起生效。

消防巡查记录表示例，扫描下方二维码即可查看。

8.4.2 消防设施管理办法

为了保证管辖区域内所有的消防设施都能正常使用，物业公司需要经常对消防设施进行检查、维护和保养。下面是消防设施管理办法示例，仅供参考。

消防设施管理办法
第1章 总则 第1条 目的 为了加强小区内消防设施的检查、维护与保养，保证消防设施的完好和使用，预防和减少火灾危害，特制定本办法。 第2条 适用范围 本办法适用于消防设施的检查、维护与保养工作。 **第2章 消防设施检查** 第3条 检查要求 1．检查人员应定期对消防设施进行检查，并做好记录。 2．对于消防设施检查记录，要做到登记在册，并由专人保管。 3．将检查中发现的问题上报给上级主管部门。 第4条 灭火器的检查 1．检查各楼层是否都放置灭火器，且放在指定位置。 2．检查灭火器的周围有无障碍物影响其使用。 3．检查灭火器有无变形或损伤。 4．检查灭火器标识的位置是否正确。 5．检查水雾、泡沫、二氧化碳、干粉灭火器的灭火剂量是否充足。 第5条 室内（外）消防栓的检查 1．检查室内（外）消防栓的周围有无放置障碍物影响其使用。 2．检查控制盘的电源是否被切断。 3．检查消防栓箱门是否开启困难，操作有无障碍。

（续）

第 6 条　自动洒水设备的检查

1. 检查自动洒水设备的控制电源是否断线。

2. 检查控制阀是否被关闭。

3. 检查洒水头是否变形，操作有无障碍。

4. 检查送水口是否变形，操作有无障碍。

第 3 章　消防器材维护与保养

第 7 条　消防器材保养周期

1. 灭火器

（1）每隔____年至____年更换____次固定泡沫灭火装置的药剂。

（2）每年更换____次各部位的轻便手提式和推车式泡沫灭火器。

2. 消火栓系统

每____年检查____次区域内的消火栓，各部位水带箱中的水带和水枪每____年检查____次。

3. 自动洒水设备

每____年检查____次自动洒水设备。

第 8 条　消防设施维护与保养要求

1. 工程部主要对灭火器、消火栓、消防桶、消防斧等设施进行维护与保养管理。

2. 工程部负责人每周检查一次灭火器材的数量和放置情况。

3. 在寒冷、炎热、潮湿的季节，工程部要对消火栓、灭火器做好防冻、防晒、防潮措施。

4. 工程部每半年对所有的灭火器材进行一次检查，对缺少的灭火器材进行补充，对损坏严重的灭火器送灭火器维修厂家进行维修。

5. 因管理不善，造成灭火器材丢失、损坏的，负责管理灭火器的工程部人员应赔偿损失，该部门负连带责任。

第 9 条　消防器材故障处理

检查消防器材时，若发现消防器材出现故障，应在____天内及时修复。对于比较严重的故障，应及时向保安部经理及工程部汇报，同时采取切实有效的防范措施，以保证区域安全。

第 4 章　附则

第 10 条　编制单位

本办法由物业管理部负责编制、解释与修订。

第 11 条　生效日期

本办法自 ×××× 年 ×× 月 ×× 日起生效。

8.4.3　消防安全宣传方案

为了避免管辖区域内出现火灾等意外情况，提高业主的消防安全意识，物业公司需要加强对业主的消防安全宣传教育，防止火灾事故的发生，提高业主的自救能力。下面是消防安全宣传方案示例，仅供参考。

消防安全宣传方案

一、任务描述

为了增强业主的消防安全意识，普及消防安全知识，提高业主火灾自防自救能

（续）

力，降低火灾发生次数和火灾损失，结合本小区实际情况，特制定本方案。

二、任务分配

1. 宣传组长，由物业公司领导担任。

2. 宣传成员，由物业公司工作人员组成。

3. 消防讲解员，可向当地消防部门聘请专业的消防员。

4. 秩序维护人员，组织若干物业公司的工作人员维护现场秩序。

三、面向对象

本小区内的所有业主均可参加此次宣传活动。

四、宣传主题

远离火灾，保护自己及家人的安全。

五、宣传时间

××××年××月××日至××××年××月××日。

六、宣传方式

1. 配合消防部门开展消防宣传教育活动，在小区内的各个位置设置相关的消防知识宣传栏，加大宣传力度。

2. 配合消防部门加强消防法律、法规的宣传，做好消防安全重点单位的消防宣传。

3. 可制作大型消防公益广告，在小区内循环播放，使业主加深印象。

4. 组织小区内的业主进行消防演练，务必使其掌握逃生路线、自救知识及应对措施，从而提高业主的消防安全意识。

七、工作步骤

消防安全宣传活动分三个阶段实施。

（一）动员部署阶段

1. 物业公司要结合实际制定具体的实施方案和工作标准，及时召开会议，对消防安全宣传工作进行动员部署。

2. 提前准备好宣传的物料，做好准备工作。分配宣传任务，将宣传的具体工作分配到各个工作人员身上，权责到位。

（二）组织实施阶段

1. 按照工作方案要求认真组织开展消防安全宣传活动，通知业主准时参加，尽可能安排在休息日举办。

（续）

2. 在宣传的过程中要以业主容易接受的方式进行宣传教育。例如，通过做游戏、有奖竞猜及趣味科普等方式，激发业主参与活动的积极性。

3. 在宣传的过程中，要着重宣传业主生活中常发生的火灾情况，向业主介绍如何自救，以及如何紧急避险等。

（三）总结验收阶段

1. 宣传活动结束之后，物业公司工作人员要总结此次宣传活动的经验和不足之处，为下次宣传工作做好准备。

2. 评估此次宣传活动的效果是否达到预期的要求。物业公司工作人员在巡逻的过程中要查看业主是否按照宣传的内容正确使用家电、是否有私拉电线的行为，以及业主的消防安全意识是否有所提高。

八、工作要求

1. 提高认识，周密部署。要充分认识开展消防安全宣传活动的重要性，切实加强领导，周密安排部署，真正将消防安全宣传活动组织开展好。

2. 注重实际，保证效果。要广泛动员社会力量，因地制宜，统筹规划，通过形式多样的主题活动，不断扩大宣传覆盖面，使消防宣传工作贴近群众、贴近生活、贴近实际，取得实实在在的效果。

3. 加强协调，发挥职能。与相关单位密切配合，齐抓共管，通过全方位、多层次、多形式的集中宣传，全力营造消防安全的格局，形成强有力的宣传声势，引起全社会的普遍关注和广泛重视，全面提高群众的消防安全意识。

8.4.4 消防事故处理办法

为了避免事故发生后未得到及时有效的处理，造成比较大的经济损失，物业公司需要制定相应的办法来指导相关人员的行为。下面是消防事故处理办法示例，仅供参考。

消防事故处理办法

第 1 章　总则

第 1 条　为了避免人身伤亡，使经济损失降到最低，有效发挥消防工作的组织功能，防止延误抢救的时机，保护业主的生命财产安全，特制定本办法。

第 2 条　本办法适用于消防事故处理工作的管理。

第 2 章　报警管理

第 3 条　消防监控值班人员一旦发现消防设备报警或接到火警通知后，应立即通知保安人员赶赴现场确认，并通知消防专员。

（续）

第4条　火情确认后立即通报保安部经理或当班领班，由其迅速召集人员前往现场灭火、警戒、维持秩序和组织疏散。

第5条　立即将火情通报物业公司总经理或值班领导及工程部经理。

第6条　接到现场灭火指挥部下达的报警指令时，立即按要求报警，并派人前往路口接应消防车。

第7条　报警时应明确起火地点、起火部位、燃烧物品、燃烧范围、报警人姓名、报警人电话等内容。

第3章　成立临时指挥部

第8条　临时灭火指挥部的职责如下。

1．根据火势情况及时制定相应对策，向各部门下达救灾指令。

2．根据火势情况确定是否疏散人员。

3．根据火势情况，成立疏散组、抢救组、警戒组，组织救人，抢救和保管重要物资及档案，维持现场秩序。

4．根据火势情况决定是否部分或全部采用断电、断气、打开排烟装置等措施。

5．消防队到达后，及时向消防队领导汇报火灾情况和水源情况，引导消防队进入火灾现场，协助消防队灭火，并协助维持现场秩序，安顿疏散人员。

6．火灾扑灭后，组织各部门员工进行善后处理工作。

第4章　人员疏散和救护管理

第9条　火灾发生后，物业公司安排人员为业主指明疏散方向，并在疏散路线上设立岗位，引导、护送业主向安全区域疏散。切记不要乘坐电梯，如果烟雾较大，要告知大家用湿毛巾捂住口鼻，尽量压低身体重心，有序、快速地离开。

第10条　人员的疏散通道以就近的安全门、消防通道为主，也可根据实际情况，灵活机动地引导人员疏散。

第11条　认真检查起火区域及附近区域的各个单元，并关闭门窗和空调，发现有人员被困在起火区域，应先营救被困人员，确保每一位业主和访客均能安全撤离火场。

第12条　安置好疏散出来的人员，通过良好的服务稳定人们的情绪，并及时清点人员，检查是否有人没有撤出来。

第13条　对于受伤的业主及扑救中受伤的员工，由抢救组护送至安全区，对其伤口进行简单处理，然后送医院救治。

第5章　警戒管理

第14条　保安部接到火警通知后，应迅速成立警戒组，布置好外围警戒。

第15条　清除小区外围和内部的路障，疏散一切无关车辆和人员，疏通车道，为消防灭火创造有利条件。

第16条　控制起火大楼底层出入口，严禁无关人员进入大楼，指导火场人员离开，保护好从火场中救出的贵重物资。

第17条　保证消防电梯为消防人员专用，引导消防人员进入起火层，维持灭火行动的秩序。

第18条　加强对火灾区域的警戒，保护好火灾现场，配合公安消防部门对起火原因进行勘察。

第19条　保证非起火区域和全体业主的安全，防止不法分子趁火打劫。

第6章　善后工作管理

第20条　火灾扑灭后，工程部应迅速将小区内的报警和灭火系统恢复至正常状态。

第21条　物业公司工作人员清理灭火器材，及时更换、补充灭火器材。

第22条　物业公司工作人员统计人员伤亡情况和小区财产损失情况，并上报灭火指挥部及总经理。

第23条　物业公司组织员工慰问受灾业主，并根据实际情况给予帮助。

第24条　环境管理部组织员工清理火灾现场，并对损坏的花木进行抢救或补种。

第25条　灭火指挥部应召开会议，对火灾扑救行动进行回顾和总结。

第26条　物业经理发动员工收集可疑情况，配合调查组对火灾事故进行调查。

第7章　附则

第27条　本办法由物业管理部负责编制、解释与修订。

第28条　本办法自××××年××月××日起生效。

第 9 章 物业项目投标管理

9．1　物业项目评估

9．1．1　物业项目评估流程

为了评估物业项目的可行性，判断物业项目是否能获得较高的经济收益，物业公司可聘请外部评估机构对项目进行评估。

1．物业项目评估流程

物业项目评估流程如图 9-1 所示。

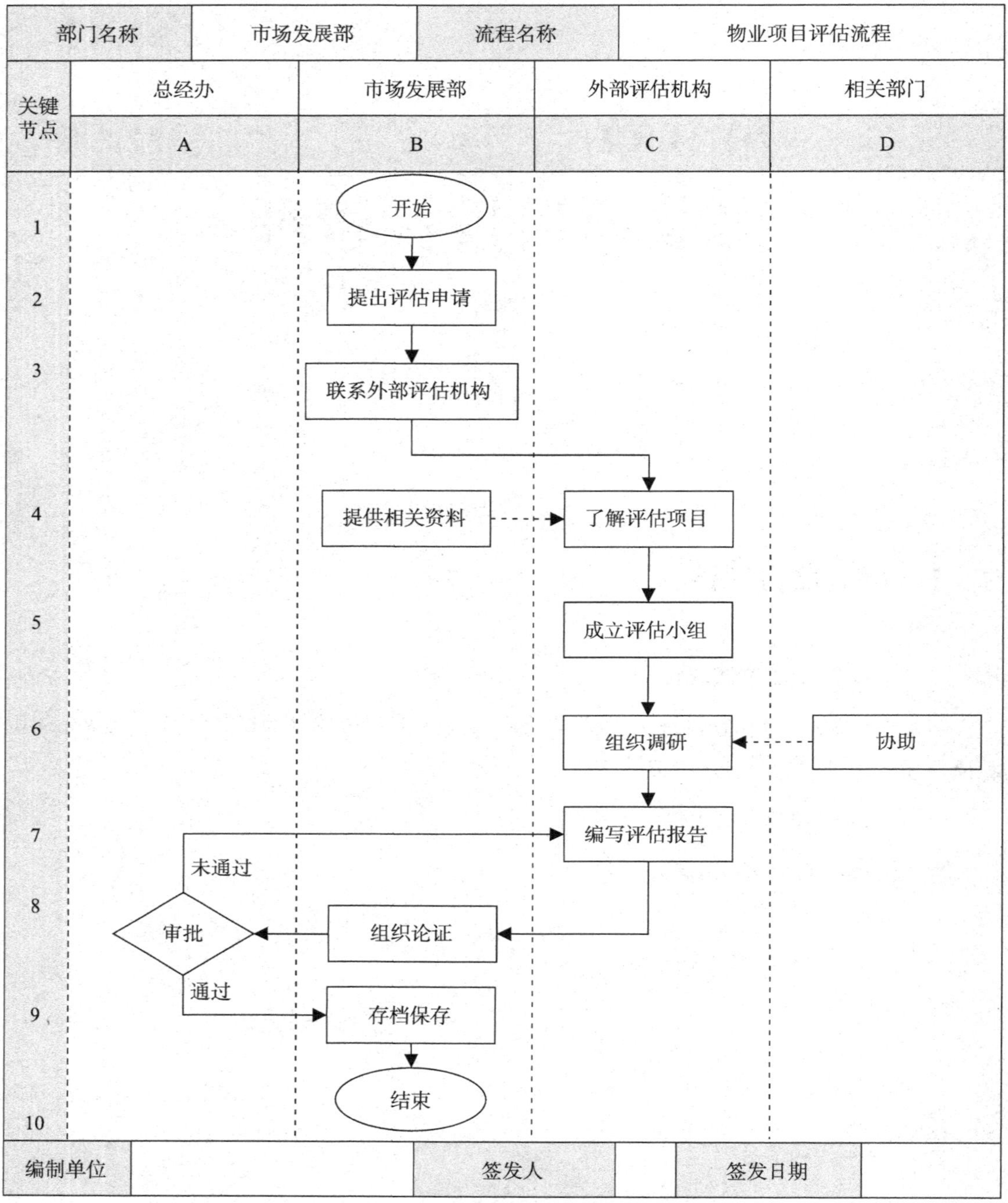

图 9-1 物业项目评估流程

2. 执行关键节点

物业项目评估流程关键节点细化执行内容如表 9-1 所示。

表 9-1　物业项目评估流程关键节点细化执行内容

关键节点	细化执行内容
B2	市场发展部发现合适的物业项目之后，可提出评估申请，评估物业项目开发的可行性
B3	受地域、政策、时间等多种因素的影响，物业公司短时间内获取的信息较少，因此市场发展部可聘请外部评估机构来评估物业项目的可行性
C6	为了使评估结果更准确，外部评估机构会开展市场调研活动，并进行实地考察，同时根据调研结果编写评估报告
B8	市场发展部组织人员对评估结果进行论证，以评估报告的正确性、可行性，论证之后，报总经理审批，审批通过之后，存档保存

9.1.2　物业项目评估标准

评估物业项目投标可行性时，可按照表 9-2 所示的评估标准进行分析和评估，从而准确判断该项目是否适合投标。

表 9-2　物业项目评估标准

评估项目	评估标准
项目匹配性	从公司的战略角度出发，评估该项目的投标是否在公司战略规划之内，是否处在公司前期目标中，公司的项目资金及融资能力能否支持该项目的投标，公司的人力、管理及资源配置能力等各方面能否支持投标项目成功后的后续发展等
项目实施可行性	评估项目在政治、法律、市场、技术、金融等方面是否存在风险，判断风险是否可以进行推算和预估
项目可盈利性	◆ 项目投资回报率：评估项目的投资回报率能达到多少 ◆ 盈利周期：评估项目的盈利周期是多少年 ◆ 盈利稳定性：评估项目是否稳定，是否能长时间盈利
项目核心竞争力	判断项目的核心竞争力有哪些，具有哪些优势，项目中标后可从哪些方面进行营销和宣传

9.1.3　物业项目评估报告

项目评估完成后，要形成一份完整的评估报告。通过物业项目评估报告，物业公司可以判断是否能对该项目进行投标。下面是物业项目评估报告示例，仅供参考。

物业项目评估报告

一、项目概况

该项目位于 ×× 地区，占地面积为 ×× 平方米，用地性质为住宅，地理位置优越，依山傍水，环境秀丽，适宜居住。

（续）

二、项目评估

（一）项目的匹配性

从公司的战略角度出发，该项目规划建设为住宅区域，符合公司的战略规划。在项目资金及融资能力方面，公司都能支持该项目的开发，并且公司的人力、物力及资源配置能力能持续地支持项目的后续发展。

（二）项目实施可行性

1．政治法律方面

国家及当地相关法律法规、方针政策为房地产行业提供了很多优惠政策。

2．市场方面

房地产市场平稳健康发展。

3．金融方面

公司的融资能力较强，与 ×× 银行合作密切，贷款审批流程较快，不会延误项目的进展。

（三）项目可盈利性

1．项目投资回报率

根据评估结果，该项目的投资回报率可达到 ××%。

2．盈利周期

根据项目的开发要求、开发时间、开发的难易程度、手续办理时间判断，该项目的盈利周期为 ××。

3．盈利稳定性

由于建造的是住宅小区，该地区对住宅的需求率高达 ××%，住宅依然是当地的刚需，盈利有较强的稳定性。

（四）项目核心竞争力

1．居住环境

该项目地理位置优越，依山傍水，环境优美，物业公司会提供优质的物业服务，实施精细化的管理，将该地区打造成中高档住宅小区，吸引人们前来购买。

2．地理位置

该项目位于 ×× 地区，毗邻 ×× 商业区，邻近 ×× 学校，周围还有 ×× 写字楼。

（续）

3．优质服务

本公司将为该项目打造一支优秀的物业团队，为业主提供优质的物业服务，解答业主的难题，保护业主的人身安全。

三、评估结果

根据项目的概况和评估结论，得出该项目具有极大的投标可行性，公司可收集相关资料进行投标准备。

四、注意事项

要做好应对项目风险的准备，一旦该项目区域发生风险事故，就会延误项目的进展，造成无法估计的损失。因此，要充分做好延期的准备及人员的工作安排，防止风险事故耽误项目的开展。

××（报告人 / 部门）

××××年××月××日

9．2　物业项目投标准备

9．2．1　项目投标资料准备

项目部进行投标前，要先将相关的投标资料准备齐全，然后再进行投标。项目投标资料主要包含五个部分，具体如图 9-2 所示。

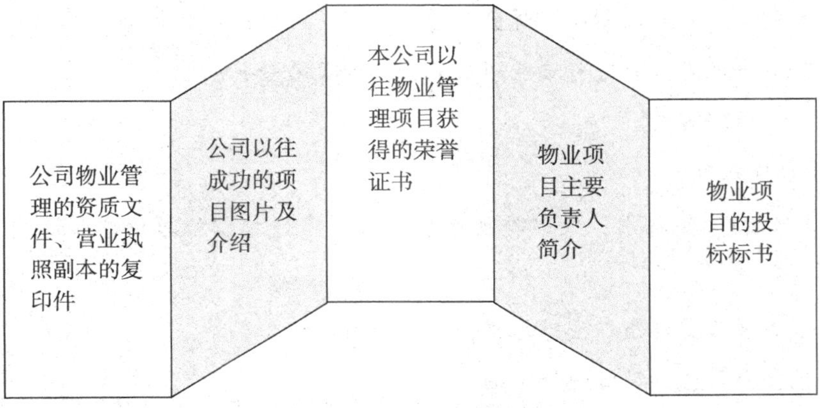

图 9-2　项目投标资料

9.2.2 物业项目服务方案

为了使物业项目尽快得到落实，达到中标的目的，公司相关部门要为该项目提供相应的服务和支持。下面是物业项目服务方案示例，仅供参考。

物业项目服务方案

一、项目任务描述

为了加快物业项目投标的进程，推动公司业务的发展，各部门需要在项目的投标过程中，提供必要的服务，保证项目顺利中标并完成合同的签订工作。

二、项目服务时间

从招标方发布招标公告起到项目结束为止。

三、项目服务人员

1. 市场发展部，负责项目的投标工作。

2. 财务部，负责项目的资金管理。

3. 工程部，协助市场发展部进行投标活动。

四、项目服务措施

（一）项目初期阶段

1. 市场发展部

（1）积极拓展项目开发渠道和开发策略并组织实施。

（2）关注物业项目动态及招标信息，及时组织、指导项目投标工作。

2. 财务部

（1）编制项目成本、利润、资金、费用等有关的财务指标计划。

（2）配合市场发展部进行物业项目的预测和风险分析。

（二）项目投标阶段

1. 市场发展部

（1）监督制作投标书，做好接待准备工作，以迎接招标单位专家对我公司进行实地考察。

（2）根据项目需要组织接待客户，开展物业投标工作。

（3）代表公司进行投标现场答辩。

2. 财务部

财务部负责物业项目服务费用的审核管理。

（续）

3. 工程部

根据公司需要，工程部配合市场发展部完成物业投标部分工程管理内容的编制。

（三）项目开发阶段

1. 市场发展部

（1）根据公司特点、实力和服务能力确定项目开发范围，制定项目开发措施。

（2）建立项目开发工作流程及操作规范，指导、培训本部门员工的项目开发工作。

（3）指导重要物业项目的开发。

2. 财务部

财务部负责项目所需资金的筹集、使用和分配管理。

3. 工程部

根据公司安排，工程部配合完成公司的物业项目工程管理部分内容的接管验收和资料核实工作。

五、注意事项

市场发展部确定目标项目后，需要对其进行详尽的调查，调查时要从多方面了解项目信息，了解招标方的实力和主要目的，了解竞争对手的强项和弱项，取长补短。

9.2.3 投标文件的编制

招标方发布招标公告，投标方领取相关的招标文件，并编制投标文件。编制投标文件时需要注意以下事项。

1. 招标资料的审查

（1）审查招标公告，即查看项目名称、编号、项目内容、资格要求、投递要求、投标文件递交时间和地点等。

（2）审查招标文件，具体内容如下。

①投标人要查看投标有效期、保证金、投标文件组成、投标报价要求、投标文件式样和份数、密封要求等与投标文件相关的信息。

②是否需要提供有关资质证明文件和业绩情况，对投标人的资格条件是否有规定。

③查看招标项目的技术要求、对投标人资格审查的标准、投标报价要求和评标标准等

所有实质性要求和条件，以及签订合同的主要条款。

④查看招标人是否组织项目的现场勘测。

⑤随时关注招标文件，查看招标文件是否有澄清或修改的内容。

2．投标文件的编写

（1）投标文件的结构与内容如下。

①物业公司的基本概况。

②费用投入和成本测算情况。

③物业服务费用的收取情况。

④物业服务方案。方案内容包括公司接管后准备采取的管理方式，针对管理的难点、重点所采取的针对性措施，为开展物业管理所配置的人力、物力资源等。

⑤经济效益分析和社会效益预测。

⑥需要招标单位协助解决的问题。

⑦本公司的优势。

⑧实施物业管理后的工作进度安排。

⑨投标报价表。

（2）投标文件的编制程序如下。

①市场发展部根据收集的信息和现场实地考察的结果，明确编制投标书的原则和要求，报总经理审核批准后下发。

②市场发展部依照相关要求逐条完成单项编制工作。

③市场发展部在单项工作编制完毕后开始组织汇编。

④汇编后打印、装订成册报总经理审批。

3．投标文件的审核

投标文件的审核与否关系到投标文件是否完整，是否会造成废标。审核人在审核投标文件时要注意以下五点内容。

（1）审阅投标文件时，要全篇阅读，之后再着重查看招标文件要求响应的内容。

（2）为了避免废标，可将招标文件的重点内容提取出来，做成表格。在检查投标项目的时候，按照表格内容逐一检查投标文件是否都响应了。

（3）可以让第三人进行检查审阅，查看重点内容是否与招标文件相符合。

（4）要检查投标文件废标、无效条款的要求，规避所有废标、无效的情况。

（5）重点关注报价，检查价格大小写是否正确。

4．投标文件的密封

（1）按照招标文件要求制作封面并打印、装订。打印的时候注意检查纸质文件和电子版本是否一致，同时要防止纸张顺序错乱、漏页、倒放等情况出现。

（2）注意不要漏盖章或漏签字或者有落款的地方没有将章盖在正确位置上。

（3）注意密封前要确认一遍再封装。密封好的文件，封口要加盖公章或招标文件要求的密封章。

5．投标文件投标

（1）在招标文件要求提交投标文件的截止时间前，将投标文件送至投标地点。

（2）在招标文件要求提交投标文件的截止时间前，补充、修改或者撤回已提交的投标文件，并书面通知招标人。补充、修改的内容为投标文件的组成部分。

物业项目投标管理方案示例，扫描下方二维码即可查看。

9．3　物业项目投标过程控制

9．3．1　现场投标流程

物业公司做好投标准备后，按期参加招标人举办的招标会，进行现场投标。现场投标需要遵循一定的流程，具体流程及执行关键节点如下。

1．现场投标流程

现场投标流程如图 9-3 所示。

部门名称	市场发展部	流程名称	现场投标流程

关键节点	总经理	市场发展部 经理	市场发展部 人员	招标方
	A	B	C	D

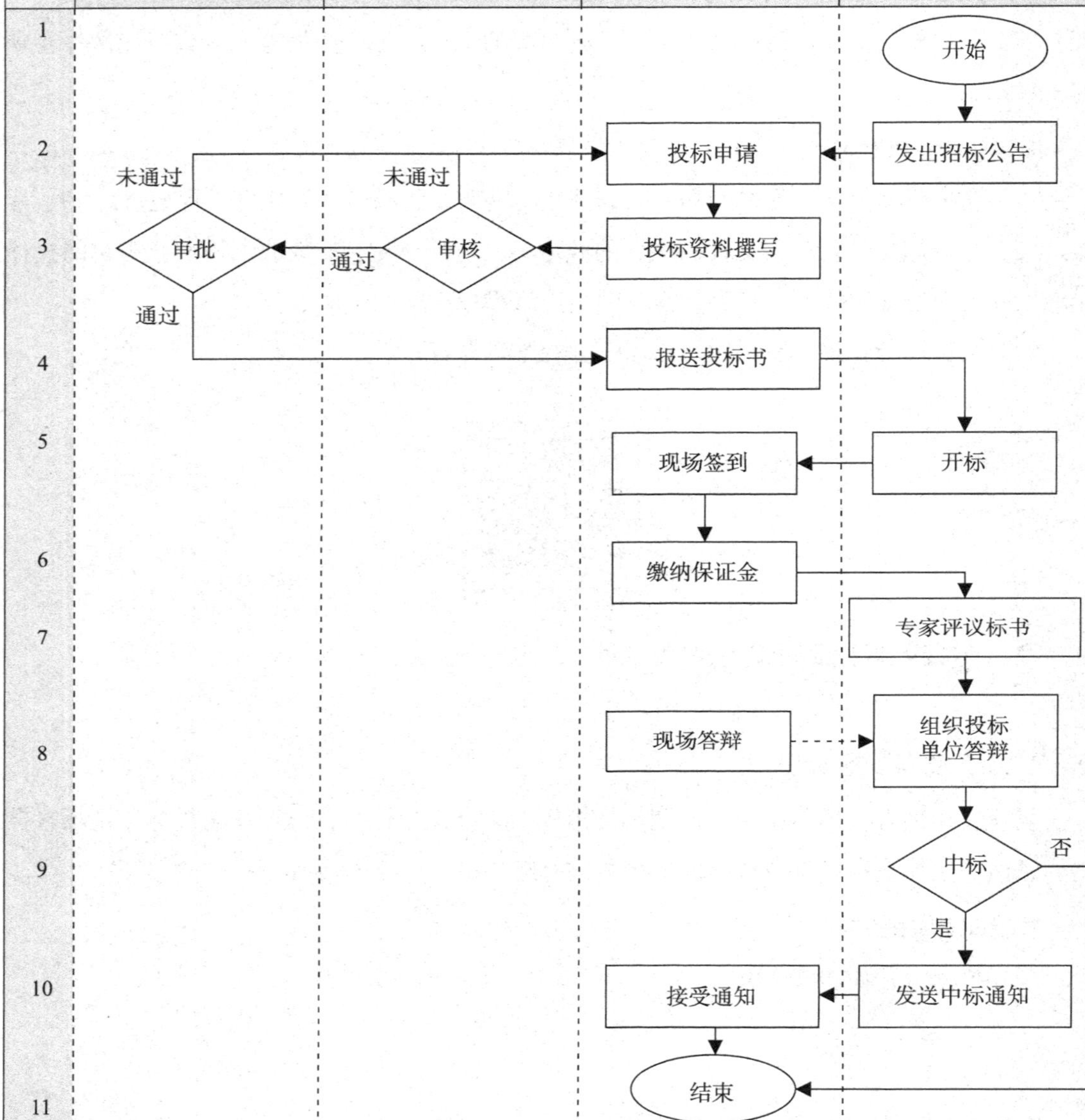

编制单位		签发人		签发日期	

图 9-3 现场投标流程

2．执行关键节点

现场投标流程关键节点细化执行内容如表 9-3 所示。

表 9-3　现场投标流程关键节点细化执行内容

关键节点	细化执行内容
C3	市场发展部人员接到招标方发出的招标公告后，填写投标申请
	市场发展部进行投标准备，包括投标书的撰写、资质文件的准备等，并将投标资料上报市场发展部经理及总经理审批
D5	招标方开标，专家评委会进行议标，市场发展部人员进行现场答辩并回答专家提出的问题
D9	项目如果中标，市场发展部接收招标方的中标通知
	项目如果没有中标，该项目结束

9. 3. 2　合同谈判基本内容

投标项目确定中标后，物业公司就要与招标方洽谈合同的具体内容，如表 9-4 所示。

表 9-4　合同谈判的基本内容

谈判事项	具体内容
确定项目信息	了解投标项目物业的基本情况，如物业的类型、座落位置、占地面积、建筑面积等
委托管理事项	◆ 确定房屋建筑公用部分的维修、养护和管理，包括楼盖、屋顶、外墙面、承重结构、楼梯间、走廊通道、门厅、地下室等 ◆ 确定共用设施、设备的维修、养护运行和管理，包括共用的上下水管道、落水管、烟囱、内外共用照明、有线电视线路、共用中央空调等 ◆ 确定市政公用设施和附属建筑物的维修、养护和管理，包括道路、室外上下水管道、化粪池、停车场等 ◆ 确定公共绿地、花木、喷水池等的养护与维修 ◆ 确定附属配套建筑和设施的维修、养护和管理，包括文化、体育、娱乐场所等 ◆ 确定公共环境卫生，包括场所、房屋共用部位的清洁卫生、垃圾箱及垃圾的分类、收集和清运、建筑外墙面清洁等 ◆ 确定交通与车辆秩序的管理
确定委托期限	委托管理期限为____年，自 ×××× 年 ×× 月 ×× 日至 ×××× 年 ×× 月 ×× 日
明确双方的权利与义务	◆ 明确甲方招标人的权利与义务，包括检查监督乙方工作实施及制度的执行情况，审定乙方提出的物业服务年度计划、财务预算及决算，协调、处理本合同生效前发生的物业管理遗留问题等 ◆ 明确乙方中标人的权利与义务，包括编制物业年度工作计划、资金使用计划及决算报告，对公用设施不得擅自占用和改变使用功能，如需改建、扩建或完善配套项目，须与甲方协商并经甲方同意后，报有关部门批准后方可实施
物业服务费	◆ 按照建筑面积每月每平方米____元向业主收取，业主逾期未缴纳物业服务费的，从逾期之日起每天按应交服务费的____缴纳滞纳金 ◆ 乙方每月____日收取上月物业管理费 ◆ 乙方对业主的维修、养护及其他特约服务，由当事人按实际发生的费用计算 ◆ 确定房屋的共用部位、共用设施和设备、公共场地的维修和养护费用

（续表）

谈判事项	具体内容
违约责任	◆ 甲方违反合同约定，未完成约定的管理目标，乙方有权要求甲方在一定期限内解决，逾期未解决的，乙方有权终止合同；给乙方造成经济损失的，甲方应给予乙方经济赔偿 ◆ 乙方违反合同约定，未完成约定的管理目标，甲方有权要求乙方限期整改，逾期未整改的，甲方有权终止合同；给甲方造成经济损失的，乙方应给予甲方经济赔偿 ◆ 乙方违反合同约定，擅自提高收费标准，甲方有权要求乙方清退；给甲方造成经济损失的，乙方应给予甲方经济赔偿 ◆ 甲乙任何一方无正当理由提前终止本合同的，应向对方支付合同金额____% 的违约金，给对方造成的经济损失超过违约金的，还应给予赔偿

9.3.3 合同谈判技巧与注意事项

在进行物业项目合同谈判时，要合理运用谈判技巧，这样不仅能保持良好的谈判氛围，还能达到预期的效果。

1．合同谈判技巧

合同谈判技巧如表 9-5 所示。

表 9-5 合同谈判技巧

谈判阶段	谈判技巧	技巧详情
谈判前	做好精心的准备工作	◆ 收集与物业项目相关的所有关键信息 ◆ 掌握谈判技巧，从成功谈判的案例中学习相应的技巧
	评估谈判对手	获取招标方信息，了解招标方的谈判方式、谈判技巧
	事先选择谈判策略	◆ 选择简单而灵活的谈判策略 ◆ 制定谈判时间表，并演练战术
谈判中	强化己方优势，弱化对方优势	◆ 谈判人员要坚定自己的立场，建立起己方优势，并使用恰当的战术 ◆ 不断寻找对方立场中的弱点，当对方丧失势头时，竭力扩大自己的优势
谈判后	适当让步	◆ 第一次只做最小的让步，可能不需要做进一步的让步 ◆ 在次要问题上做出让步，以缓和在主要问题上的不妥协
	选择谈判接受方法	◆ 做出双方都可以接受的让步 ◆ 让对方从两个都可以接受的条件中选择一个 ◆ 在最后阶段引入新想法或事实 ◆ 发生僵局时建议暂停谈判

2．合同谈判注意事项

在进行合同谈判时，要注意以下五点内容，避免产生合同纠纷。

（1）重视合同重大问题，在重大问题上不让步。

（2）选择谈判经验丰富的人员，并为其提供技术、法律和财务知识的支撑。

（3）不得泄露谈判策略，导致公司在谈判中处于不利地位。

（4）在谈判过程中，主谈人控制所有谈判人员，但不得和谈判方串谋，泄露谈判底线。

（5）谈判过程中的措辞运用得当或礼仪规范，不得破坏公司的形象。

第 10 章 物业供应商管理

10．1　供应商评估与确定

10．1．1　供应商评估标准

为了挑选到合格的供应商，物业公司需要对投标的供应商进行评估，评估其是否能满足公司的需求。供应商评估标准如表 10-1 所示。

表 10-1　供应商评估标准

评估项目	评估标准
质量	评估供应商提供的产品或服务质量是否符合合同规定的质量标准
	评估供应商提供的产品或服务是否能够满足物业公司的采购需求
价格	评估供应商的价格是否符合市场同类型产品或服务的平均价格标准
	评估供应商是否及时告知因市场变化而发生价格调整的产品或服务
交付	评估供应商是否在合同规定的时间内将产品或服务送到物业公司
	评估供应商是否按照合同规定的数目交付产品或服务
	评估供应商产品的破损率是否在合同规定范围之内
服务	评估采购前，供应商是否对产品或服务进行详细的说明，并提供周到的服务
	评估采购过程中，供应商能否对需求的变动快速反应，提供预案
	评估采购后，供应商是否能够及时解决出现的问题，服务态度是否良好
管理能力	评估供应商的管理能力和管理水平
	评估供应商的公司文化和团队是否符合物业公司的发展
财务状况	评估供应商的资金周转是否正常运行
	评估供应商的资信是否通过审查

10．1．2 供应商评估步骤

物业公司对供应商进行评估时需要遵循一定的步骤，具体如图 10-1 所示。

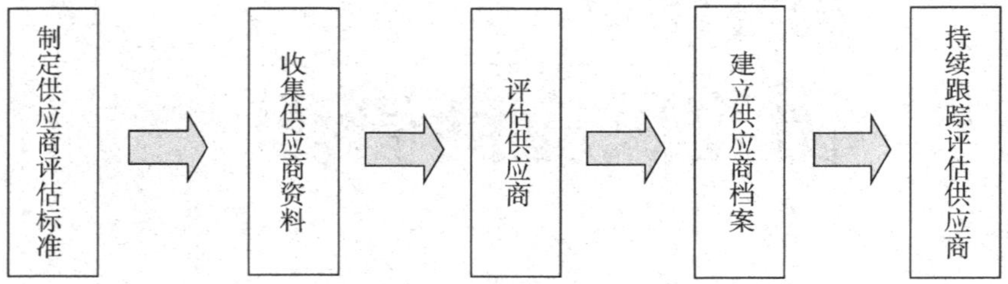

图 10-1 供应商评估步骤

1．制定供应商评估标准

在实施供应商评估前，要制定供应商评估标准。评估标准不仅要符合物业公司的战略规划及采购需求，还要科学、规范。

2．收集供应商资料

整理供应商的投标资料，了解供应商的基本信息情况，收集供应商的供货评价、口碑、规模大小等信息。

3．评估供应商

根据供应商提交的投标资料及公司调查到的资料，评估供应商提供的产品或服务质量、价格、资质等，判断供应商是否能满足物业公司的采购需求。

4．建立供应商档案

为供应商建立供应商档案，及时更新和维护供应商档案，并将相关资料存档保存。

5．持续跟踪评估供应商

评估完供应商后，要在后续的采购过程中持续地跟踪合格的供应商，推动供应商不断提高自身产品或服务的质量，不断优化供应商队伍。

10．1．3 供应商选择与确定

要选择符合物业公司采购需求与招标条件的供应商，以保证采购到优质的产品或服务，满足物业公司的需求。

1．供应商选择与确定流程

供应商选择与确定流程如图 10-2 所示。

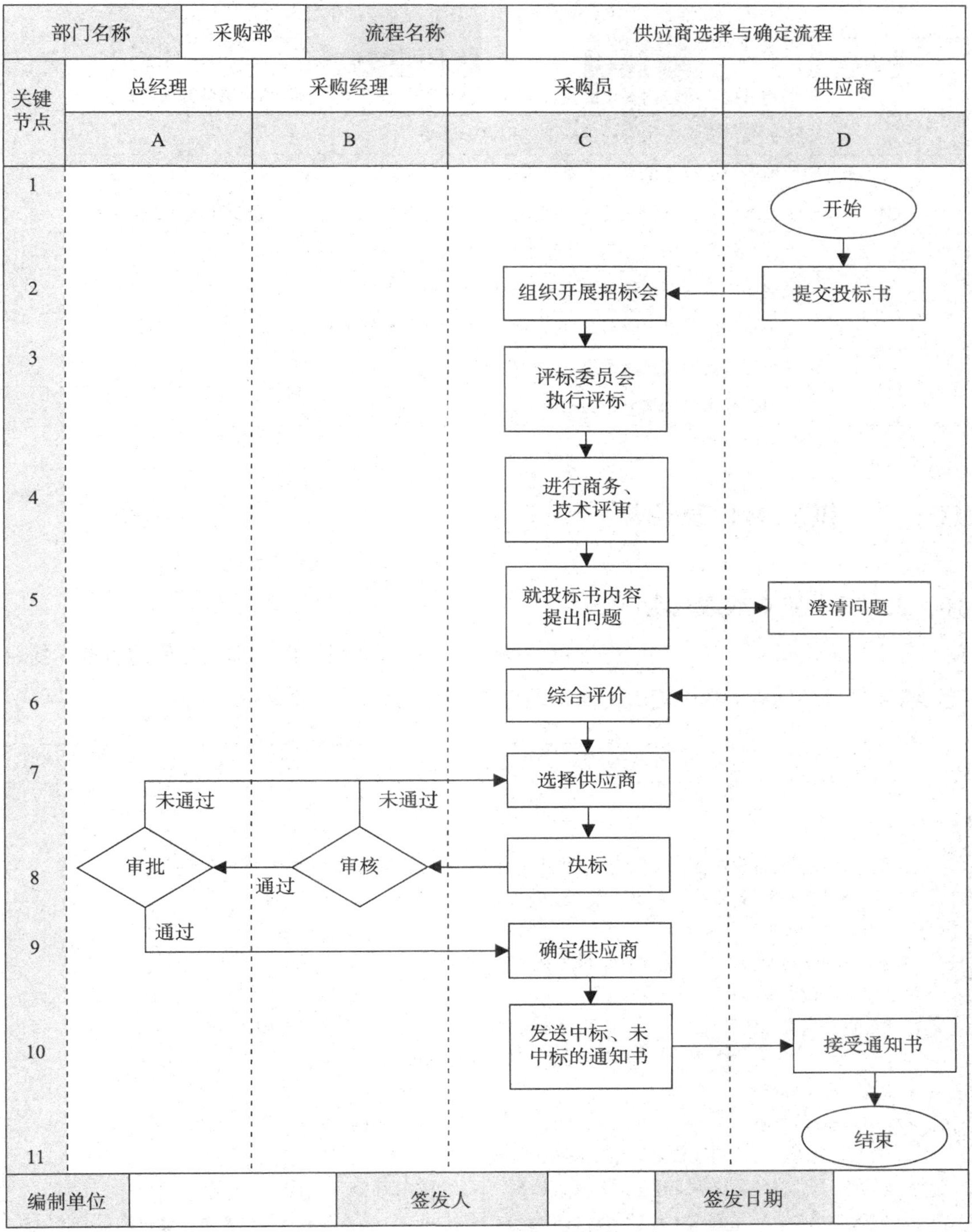

图 10-2　供应商选择与确定流程

2．执行关键节点

供应商选择与确定流程关键节点细化执行内容如表 10-2 所示。

表 10-2 供应商选择与确定流程关键节点细化执行内容

关键节点	细化执行内容
C2	采购员接收供应商提交的投标资料，根据招标公告的开标日期，组织开展招标会
	评标委员会根据供应商的标书进行评标活动
C4	评标委员会要从多个角度对供应商进行评审，如商务、技术等方面
	现场评估时，可向供应商咨询（标书中）存在疑惑的地方，供应商进行现场答疑
	评标委员会根据多方面评估结果，对供应商进行综合评价
C7	根据供应商的评估结果，确定中标的供应商
	评选出合格的供应商后，将评选结果上报给采购经理和总经理
C9	总经理审批通过之后，确定合格的供应商
	将中标或未中标结果告知相应供应商

10．2 供应商日常管理

10．2．1 供应商管理制度

为了加强对供应商的管理，保证供应商产品或服务质量，以及提供更好的服务，物业公司需要加强对供应商的管理。下面是供应商管理制度示例，仅供参考。

供应商管理制度

第 1 章 总则

第 1 条 目的

1. 为了选择合格的供应商，与供应商保持良好的供应关系，保证公司采购工作的顺利进行。

2. 为了对供应商进行考核和评价，激励供应商提高供应质量。

第 2 条 适用范围

本制度适用于物业公司对所有供应商的管理。

第 3 条 岗位职责

采购部负责供应商的管理工作，质量管理部和财务部等相关部门配合采购部的工作。

第 2 章 供应商选择管理

第 4 条 选择标准

采购部在选择供应商时，应综合考虑以下四个方面的内容，择优选取。

1. 供应商是否有合法的经营许可证，是否具备必要的资金能力。

2. 供应商是否按照国家标准建立质量保证体系，且通过质量管理认证。

3. 供应商是否具备足够的生产能力，生产管理水平是否先进，能否进行弹性供货，能否满足本公司的连续需求。

4. 供应商是否有完善的售后服务措施。

第 3 章 供应商考核管理

第 5 条 考核对象

凡列入我公司供应商名单的所有供应商均为本公司供应商考核的对象。

（续）

第 6 条　考核项目

采购部应定期或不定期对合格供应商就品质、交货日期、价格、服务等项目做出评价。

第 7 条　考核频率

1．采购员负责对关键、重要产品或服务的供应商每月考核一次，对普通的供应商每季度考核一次。

2．采购员负责对所有供应商每半年进行一次总评，列出各个供应商的评价等级。

第 8 条　考核结果处理

1．A 级（90 分以上）：酌情增加采购且优先采购，特殊情况下可办理免检，货款优先支付。

2．B 级（80 ~ 89 分）：要求其对不足的部分进行整改，并要求其以书面形式提交整改结果，对其采购策略维持不变。

3．C 级（70 ~ 79 分）：对其减少采购量，并要求其对不足部分进行整改、将整改结果以书面形式提交，采购部对其纠正措施和结果进行确认后决定是否继续正常采购。

4．D 级（69 分及以下）：应将该供应商从供应商名单中移除，终止和该供应商的合作。

第 4 章　供应商监督管理

第 9 条　交期监督

采购部应对合格供应商进行交货期监督，要求其准时交货，同时记录由供应商原因引起的分批发运造成的超额费用。

第 10 条　质量监督

1．采购部应对合格供应商进行质量监督，并对供货质量进行记录，当出现不合格产品时应对供应商提出警告，连续两批产品均不合格应暂停从该供应商处采购。

2．责令供应商查明产品不合格的原因并提高产品质量，如果有所改进，再另行决定是否继续采购。如果供应商不能在限期内提高产品质量，则由采购部经理报总经办批准之后，终止与其合作。

第 5 章　供应商关系管理

第 11 条　互访管理

采购员应对其负责的供应商进行维护，经常和供应商进行互访，以便增强交流合作，掌握最新市场信息和发展趋势。

第 12 条　互访频率

采购员必须保证与采购规模较大的 A 级供应商进行每月____次的互访，与 B 级供应商进行每月____次的互访，与 C 级供应商进行每两个月____次的互访，互访中应当沟通双方合作状况、出现问题的解决方案、各自公司信息的交流及下一步的合作计划。

第 13 条　互访形式及要求

1．电话互访，限于日常事务沟通。

2．上门拜访，限于专项任务及重点问题。

3．大型商务会晤，限于整体策略性、方向性、规模性的洽谈。

第 14 条　其他形式的供应商维护

公司对重要的、有发展潜力的、符合公司投资方针的供应商，可以考虑投资入股，建立与供应商的产权关系，增强与供应商合作的稳定性。

第 6 章　供应商档案管理

第 15 条　建立供应商档案

采购部负责建立供应商档案，相关部门予以配合。

第 16 条　供应商档案的内容

供应商档案的内容包括供应商调查表，供应商审批表，供应商质量档案，供应商提供的合格证明、价格表及相关资料等。

（续）

<table>
<tr><td>
第 17 条　供应商档案的管理
供应商档案由采购部指定人员负责管理，未经采购部经理允许，任何人不得随便查阅。
第 7 章　附则
第 18 条　编制单位
本制度由采购部负责编制、解释与修订。
第 19 条　生效日期
本制度自 ×××× 年 ×× 月 ×× 日起生效。
</td></tr>
</table>

10. 2. 2　供应商违约处理办法

供应商在履行采购合同的过程中，可能会发生各种违约情况，对此，物业公司应制定违约处理办法。下面是供应商违约处理办法，仅供参考。

<table>
<tr><th>供应商违约处理办法</th></tr>
<tr><td>
第 1 章　总则
第 1 条　目的
为了判定采购过程中出现的供应商违约情况，加强对采购的管理，提高处理违约情况的能力，避免物业公司的损失，根据公司实际情况，特制定本办法。
第 2 条　适用范围
本办法适用于采购合同履行期间，违约情况的判定与处理工作的管理。
第 3 条　管理职责
1. 采购员负责判断供应商是否存在违约行为，并将违约行为进行分类。
2. 采购部根据供应商的违约行为，制定违约行为处理办法。
第 2 章　未按时交货
第 4 条　未按时交货判定
物业公司在合同约定的收货期限内，没有收到供应商的产品或服务，即视为没有按时交货。
第 5 条　未按时交货处理
1. 从供应商最迟交货日的次日起，每逾期一日，按逾期交货价款总值的____% 计算违约金。供应商支付的逾期交货违约金应不超过采购合同总金额的____%。支付逾期交货违约金并不免除供应商延期交货的责任。
2. 若公司在规定的交货日期后十日内仍未能接收到产品或服务，则视为供应商不能交货，公司有权要求供应商赔付全部货款____% 的违约金。
3. 要求供应商支付的违约金及赔偿金，公司有权在应当付给供应商的货款中直接扣除。
第 3 章　交货数量错误
第 6 条　交货数量错误判定
供应商向物业公司交付的产品或服务数量与合同约定的不同，即视为交货数量错误。
第 7 条　少交处理
1. 供应商少交产品，采购方仍然收取所交的部分产品，因此增加费用和支出的，可要求供应商赔偿。
2. 供应商就少交部分的产品予以补足，但构成迟延交付的，就该部分迟延交付，采购方可以迟延交货为由向供应商索赔。
3. 供应商就少交部分的产品未再交付的，采购方就该部分产品可以拒绝交货为由解除合同，或要求继续履行合同并赔偿经济损失。
</td></tr>
</table>

（续）

4. 供应商部分交货，不损害采购方利益的，不属于违约，采购方既不能拒绝收取产品，也不能索赔。

第 8 条　多交处理

1. 收取多交部分。采购方收取多交的部分产品，可按合同价款支付多交部分产品的价款，但因此增加的相关费用和支出，可以要求供应商赔偿。

2. 拒收多交部分。采购方可以拒绝接收多交的部分，但应及时通知供应商。

第 4 章　交货质量问题

第 9 条　交货质量问题判定

供应商违反品质担保，供应商未按合同中的质量要求向采购方交货，或者所交产品质量有瑕疵。

第 10 条　质量问题处理

1. 如产品或服务必须由供应商进行处理的，可要求供应商处理并赔偿损失，或要求减少价款并赔偿损失。

2. 如产品或服务由供应商以外的人处理更为合理，则采购方可要求供应商承担处理费用并赔偿损失，或要求减少价款并赔偿损失。

3. 如产品或服务无法处理，则可以要求更换产品或服务并赔偿损失，或者要求减少价款并赔偿损失。

4. 若致使采购方的目的不能实现或严重受挫的，或者是采购方要求更换而拒不更换的，则追究供应商的违约责任。

第 5 章　违反保密义务

第 11 条　违反保密义务认定

供应商在合同约定的范围和时间内没有履行保密义务，由于故意或过失的原因导致相关秘密事项泄露的，不管其是否给公司造成了损失，均视为违反了保密义务。

第 12 条　违反保密义务处理

1. 因供应商泄露机密而给公司造成损失的，供应商应支付直接损失或可衡量间接损失相应____倍的赔偿金，并立即采取措施停止对公司的侵害。

2. 供应商须及时对泄密人员进行内部纪律处分，并将处分情况及时告知物业公司。

第 6 章　不可抗力事件

第 13 条　不可抗力事件认定

在本合同生效后，发生不可预见并且对其发生和后果不能防止或避免的事件，具体包括以下三类。

1. 自然灾害，包括地震、台风、水灾等。

2. 人为因素，包括火灾、战争、动乱等。

3. 其他不可预见且不可避免的事故。

第 14 条　不可抗力事件处理

1. 供应商发生不可抗力事件时应立即通知公司，并在____日内提供不可抗力事件的详情及有关证明文件。

2. 发生不可抗力事件时，合同双方应通过协商制定合理的解决方案，并尽一切努力减轻不可抗力事件产生的影响。

3. 不可抗力事件若持续____日以上，合同双方应协商本合同是否可以继续履行或终止。

第 7 章　附则

第 15 条　编制单位

本办法由采购部负责编制、解释与修订。

第 16 条　生效日期

本办法自 ×××× 年 ×× 月 ×× 日起生效。

10．3　供应商分级优化管理

10．3．1　供应商分级管理办法

为了加强对供应商的管理，物业公司需要先对供应商进行分级，然后针对不同级别的供应商制定不同的管理办法。下面是供应商分级管理办法示例，仅供参考。

供应商分级管理办法

第1章　总则

第1条　目的

1．为评定供应商的供货水平，筛选出优秀的供应商为物业公司提供产品或服务。

2．为鼓励供应商在质量、价格、交货期、服务等多方面进行改善，满足物业公司采购的质量标准，降低物业公司的采购成本。

第2条　适用范围

本办法适用于供应商的分级管理工作。

第2章　分级标准

第3条　质量考核评分（30分）

1. 评分标准

质量合格率＝合格件数/抽样件数 ×100%

质量合格率≥____%时本项得满分，每降低____%减____分，低于____%时，该项得分为0。

2. 该项得分

该项得____分。

第4条　价格考核评分（20分）

1. 评分标准

平均价格比率＝供应商的供货价格/市场平均价格 ×100%

平均价格比率≤____%时本项得满分，每高____%减____分，高于____%时，该项得分为0。

2. 该项得分

该项得____分。

第5条　交付考核评分（20分）

1. 评分标准

按时交货率＝期内实际交货量/期内应交货量 ×100%

按时交货率≥____%时本项得满分，每降低____%减____分，低于____%时，该项得分为0。

2. 该项得分

该项得____分。

第6条　服务考核评分（10分）

1. 评分标准

出现问题时配合解决的速度。

2. 该项得分

该项得____分。

第7条　管理能力考核评分（10分）

1. 评分标准

管理团队是否优秀，职责是否明确，组织结构是否合理。

2. 该项得分

该项得____分。

（续）

第 8 条　财务能力考核评分（10 分）

1. 评分标准

资金是否充足，交货方面是否存在困难。

2. 该项得分

该项得____分。

第 3 章　供应商的分级管理

第 9 条　供应商分级

1．A 级供应商

A 级供应商的分数在 90（含）~ 100 分。

2．B 级供应商

B 级供应商的分数在 80（含）~ 90 分。

3．C 级供应商

C 级供应商的分数在 70（含）~ 80 分。

4．D 级供应商

D 级供应商的分数在 70 分以下。

第 10 条　A 级供应商管理

1. 采购方面

将 A 级供应商评为优秀供应商，可加大采购量或给予一定的奖励，经采购部进一步考察，认定为特别优秀的供应商的产品或服务可享受免检待遇。

2. 关系维护方面

与 A 级供应商建立长期的战略合作伙伴关系，双方加强合作，互相支持，巩固供需关系，并定期进行拜访。

第 11 条　B 级供应商管理

1. 采购方面

将 B 级供应商评为合格供应商，可正常采购，要求其对不足进行改进。

2. 关系维护服务

与 B 级供应商建立正常的合作伙伴关系。

第 12 条　C 级供应商管理

将 C 级供应商评为一般供应商，要求其对不足部分进行整改，并将整改结果以书面形式提交。采购部对其提交的纠正措施和结果进行确认，并决定是否对其采购或减少采购量。

第 13 条　D 级供应商管理

将 D 级供应商评为淘汰供应商，需将其从合格供应商名单中移除，终止与其合作。

第 4 章　附则

第 14 条　编制单位

本办法由采购部负责编制、解释与修订。

第 15 条　生效日期

本办法自 ×××× 年 ×× 月 ×× 日起生效。

10. 3. 2　供应商优化管理办法

为了避免不合格供应商扰乱供应商队伍，保证产品或服务质量，物业公司需要进一步优化供应商队伍。下面是供应商优化管理办法示例，仅供参考。

供应商优化管理办法

第1章　总则

第1条　目的

为了进一步提高供应商队伍的质量，保证供货水平，保障物业公司的正常运转，特制定本办法。

第2条　适用范围

本办法适用于供应商优化管理工作。

第2章　供应商激励

第3条　编制激励方案

供应商激励方案中应包括激励对象、激励内容、激励时机等。

第4条　激励内容

激励内容主要包括精神激励和物质激励两个部分。

1．精神激励。采购部定期举办供应商大会，为优秀供应商颁发奖杯和证书。

2．物质激励。采购部通过采取以下措施对优秀供应商进行物质激励。

（1）提高采购份额。

（2）优先向优秀供应商支付货款或服务费，并与其签订长期采购合同。

第5条　激励时机

采购部完成对供应商的评价后，对供应商实施激励，以激发供应商提高服务水平和服务质量的积极性与主动性，节约采购成本，确保公司采购工作的顺利实施。

第3章　供应商指导

第6条　供应商支持

采购部组织制订供应商扶持计划，对供应商的生产过程、生产工艺、经营管理、产品研发等工作给予扶持。同时，公司对有发展潜力、符合公司投资方针的供应商，可进行投资入股，与其建立产权关系。

第7条　供应商培训

采购部采取参观学习、委派培训人员、聘请第三方培训机构等方式对供应商进行培训。

第4章　供应商评价

第8条　评价内容

采购部主要评价供应商的履约情况、价格、交货、质量、服务等内容。

第9条　评价实施

1．在评价周期内，采购部要对供应商进行公平、公开、公正的评价。

2．在评价过程中，各相关部门按照供应商评价的内容，对供应商进行评分，并将评分结果交给采购部。

3．采购部将各项评价得分进行加总，根据总分确定供应商级别。

第10条　评价结果处理

1．采购部以书面形式将评价结果告知供应商。

2．采购部应及时对评价分数较低的供应商进行必要的辅导，帮助其改进，以满足公司的各项供应要求。

3．评分为不及格的供应商如果想重新向本公司供货，应按照新供应商选择的流程重新参加本公司招标。

第11条　评价结果存档

采购部将每次对供应商的评价及时归入供应商的管理档案，作为调整供应商级别的依据。

第5章　附则

第12条　编制单位

本办法由采购部负责编制、解释与修订。

第13条　生效日期

本办法自××××年××月××日起生效。

10.3.3　供应商更新管理流程

为了剔除不合格的供应商，重新挑选合格的供应商，优化物业公司的供应商队伍，保证供应产品或服务的质量，物业公司需要定期对供应商进行更新管理。

1．供应商更新管理流程

供应商更新管理流程如图 10-3 所示。

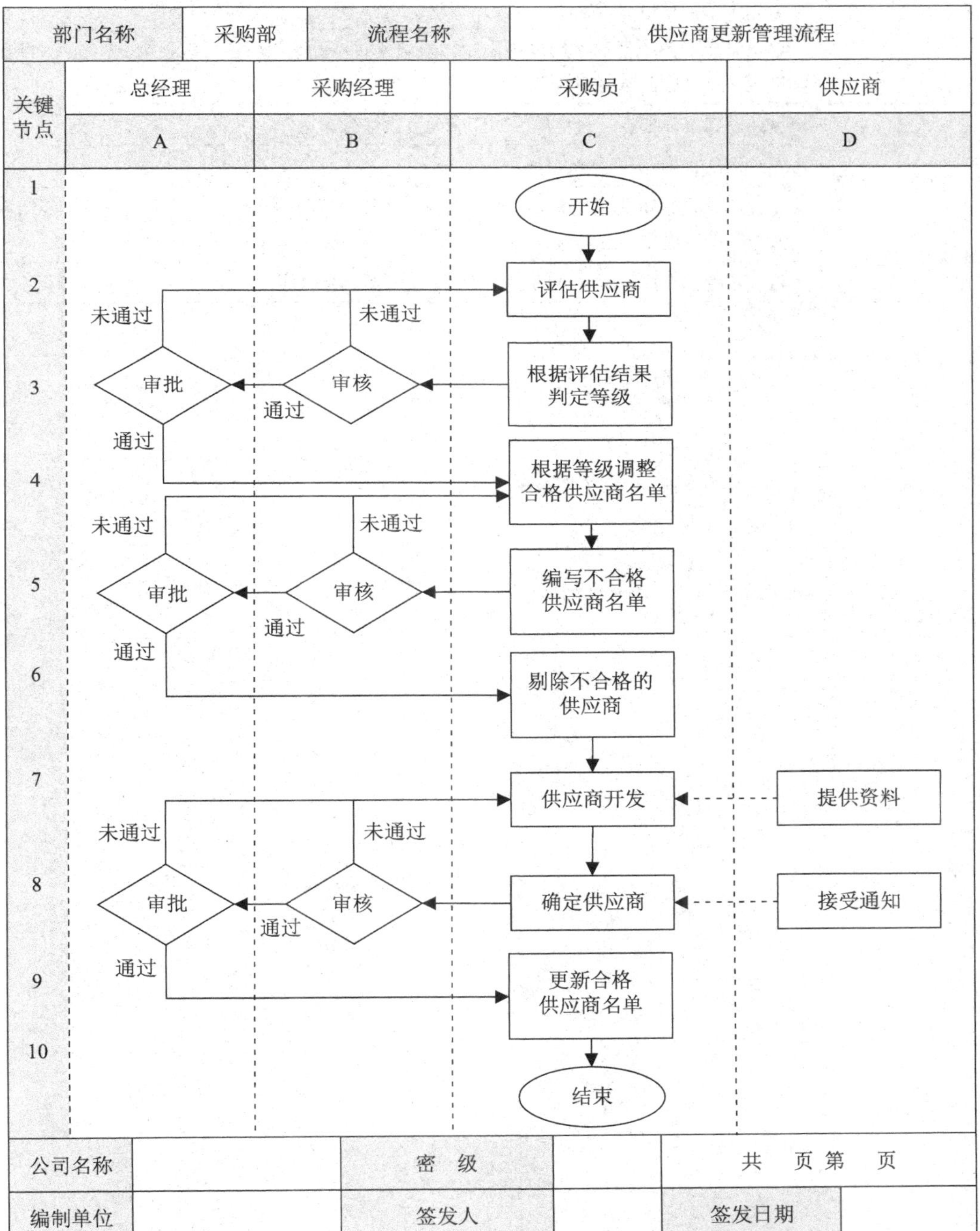

图 10-3　供应商更新管理流程

2．执行关键节点

供应商更新管理流程关键节点细化执行内容如表10-3所示。

表10-3 供应商更新管理流程关键节点细化执行内容

关键节点	细化执行内容
C2	采购部定期对供应商进行评估打分，根据评估结果划定供应商的等级
	重点关注不合格的供应商
C4	评估结果及等级经过审批通过之后，采购员对供应商队伍进行重新调整，将不合格的供应商从供应商队伍中剔除
C7、C8	重新发布招标公告，符合条件的供应商可投递投标文件
	通过评估，确定合格的供应商
	将评标结果通知中标与未中标的供应商，通知中标的供应商在____日内确认中标结果，并于____日内签订合同
C9	将确定的供应商列入合格供应商名单中，更新合格供应商名单

第 11 章 智慧物业管理

11．1　智慧物业管理系统

11．1．1　智慧物业消防系统

在物业管理工作中，引进智慧物业消防系统，可以实现从数据采集、传输、分析到消防设备监控、智能预警的功能，全面提升小区消防安全水平，提高消防管理效率。

智慧物业消防系统通过运用物联网、大数据、移动互联网等技术，对小区的消防设施、消防管理人员等进行实时定位及监测，实现消防信息化、数据化和智能化管理，建立全方位的火灾防控体系，协助物业公司更有效地提高社区安全性。

引进智慧物业消防系统可实现表 11-1 所示的功能。

表 11-1　智慧物业消防系统功能

功能	具体说明
消防通道监测功能	◆ 实时监控：通过视频采集装置，实时监控消防通道情况，发现异常，及时处理 ◆ 报警受理：异常报警信息会同时推送至云平台，监控中心提供 24 小时报警受理服务，第一时间通过电话、短信或 App 通知相关责任人员响应和处理
消防水源监测功能	◆ 水压、水位感知：采集传输消防水系统中消火栓、喷淋末端等关键部位水压模拟量，及时发现水压异常和设备故障。通过水位计对消防水池、高位水箱水位远程实时监控 ◆ 水压、水位异常报警：当水压、水位过低或过高时，该装置会自动推送实时水压、水位异常报警，以便业主单位和相关部门及时做出响应 ◆ 报警受理：监控中心提供 24 小时报警受理服务，第一时间通知水务人员和联网单位人员及时排查消防水源隐患

（续表）

功能	具体说明
消防设施监控功能	◆ 设施在位、离位感知：通过离位标签与离位基站之间的通信，及时发现消火栓、灭火器、水枪、水带等消防设施的在位状态信息 ◆ 防火门状态异常报警：当常开式防火门闭合或常闭式防火门打开时，防火门报警器会发出报警信号，使相关人员及时查看防火门的异常状态 ◆ 报警受理：监控中心提供24小时报警受理服务，第一时间通过电话、短信或App通知业主单位、消防部门响应和处理
火灾报警功能	◆ 火警故障通知：通过前端火灾探测感知设备的监测和自动巡检，及时发现火灾和设施故障 ◆ 火警、故障报警：当火警或故障报警发生时，火灾探测器自动报警 ◆ 报警受理：监控中心提供24小时报警受理服务，第一时间通过电话、短信或App通知业主单位、消防部门、维保公司响应和处理
消防设施巡检功能	采用物联网手段，为消防安全重点部位及消防设施建立身份标识，用手机扫描标签进行理性防火巡查工作，通过系统自动化提示的各种消防设施及重点部位的检查标准和方法，实现防火巡检和日常消防安全管理等工作的户籍化、标准化、痕迹化管理
智慧烟感探测功能	基于物联网技术的智慧烟感探测器，可以第一时间感知火灾信息并即时传输给物业、安监、消防等部门，起到防患于未然的效果，有效保证人身、财产安全
智慧可燃气体探测功能	高稳定性室内用可燃气体探测器能检测可燃气体泄漏，预防气体泄漏造成的危害

11. 1. 2 智慧物业安防系统

通过运用智慧物业安防系统，物业公司大幅提升了在社区秩序和安全的管理上的效率，做到了提前监控预防、快速处理事故。

智慧物业安防系统主要包括视频监控系统、智能门禁系统、电子巡更管理系统和智能报警系统，具体如表11-2所示。

表11-2 智慧物业安防系统说明

系统名称	具体说明
视频监控系统	采取人脸识别的方式管理进出人员，同时通过AI智能监控判断人员身份，再应用物联网技术设置网络围栏，出现异常自动报警，从更全面的角度保障小区住户的安全
智能门禁系统	◆ 集自动识别技术和安全管理措施为一体，涉及光学、计算机、自动化、机械、通信、生物技术等诸多新技术，解决重要出入口的安全管理问题 ◆ 技术实现形式主要分为密码门禁、非接触卡门禁、指纹识别门禁等
电子巡更系统	◆ 融合电子计算机技术、网络通信技术、全自动控制系统和智能卡技术于一体，实现安全防护 ◆ 承担对保安人员的巡更线路、抵达地点和时间等信息内容展开管理与分派工作

（续表）

系统名称	具体说明
智能报警系统	利用全自动防盗报警控制主机，通过探测器感应技术判断非法入侵行为、温湿度空气环境感应、烟雾有毒气体感应，控制中心接收到信号后，立即将警情传输到报警中心、用户端等

11．1．3　智慧物业保洁管理系统

干净整洁的环境是业主认可物业公司管理水平的直接影响因素，保洁工作的优劣体现了物业公司管理水平的高低。采用智慧物业保洁管理系统可以有效提升保洁服务质量。

智慧物业保洁管理系统主要包括智慧清洁管理系统、智能垃圾分类系统和保洁巡视检查系统，具体如表 11-3 所示。

表 11-3　智慧物业保洁管理系统说明

系统名称	具体说明
智慧清洁管理系统	◆ 利用云计算技术对收集的洗地机状态数据进行分析处理 ◆ 当机器出现故障时，会实时向使用者推送排除故障的解决方案 ◆ 可实时查看人与机器的工作状态，有效提高员工工作效率，强化服务品质
智能垃圾分类系统	◆ 选择不同类型的智能垃圾收集箱，用于业主生活垃圾分类回收，垃圾箱上方选配各尺寸液晶屏，用于社区垃圾分类宣传和广告投放等 ◆ 除了垃圾分类收集功能外，服务亭可用于大件回收、免费宣教、社区服务信息展示等
保洁巡视检查系统	◆ 通过应用保洁巡视检查系统，可实现公司标准平台化、图片化 ◆ 现场情况实时上传，保洁人员完成工作后扫描二维码上传现场照片，确保人员按时到岗清洁 ◆ 随时统计保洁人员的清洁时间、路线、数量、频率等，了解其工作情况，作为绩效考核的依据

11．1．4　智慧物业车辆管理系统

进入物联网时代，停车已不再是简单的出入控制，如何增强用户体验、降低维护成本、增加运营收益，已成为智慧物业管理的核心内容。智慧物业车辆管理系统主要包括车辆出入管理系统、无人值守停车系统、车位引导系统和新能源车辆智能充电系统，具体如表 11-4 所示。

表 11-4 智慧物业车辆管理系统说明

系统名称	具体说明
车辆出入管理系统	◆ 入场时，系统会自动检索车辆号牌，并记录车辆信息及入场时间 ◆ 出场时，车辆行驶至收费岗亭处，系统即依据停留时间迅速测算出需交费额度，并提醒交费，免费、预交费或包月车辆可不泊车迅速通过，确保进出车道的畅通无阻
无人值守停车系统	是一种基于车牌识别的控制管理系统。系统通过识别车辆进出场时的车牌号码来确定车辆的进出许可，并确定车辆的停车时间和应支付的停车费用。车主可以选择自助支付机或者微信平台等渠道支付停车费用
车位引导系统	◆ 以视频车牌识别技术为支撑，在车辆进入停车场后，车主根据系统所提供的实时车位状态信息，通过引导指示，将车辆快速便捷地停至空闲车位 ◆ 离开停车场时，通过在电梯口放置的反向找车查询机、微信公众号等查询车辆，按规划的便捷路线导航取车，并根据室内引导屏出口方向指引，快速开车离场
新能源车辆智能充电系统	◆ 自动识别新能源车牌和普通燃油车牌并解锁车位，让每一个充电桩得到充分利用 ◆ 实时监控充电桩状态，做到及时发现问题并维修

11. 1. 5 智慧物业能源管理系统

智慧物业能源管理系统包含对水、电、气、冷热能源使用状况管理及现场压力、温湿度、视觉影像、生物识别等参数实行集中监测、管理和分散控制。通过对能源统一调度，优化能源介质平衡，可以有效地使用能源，实现节能管理、绿色增效。

智慧物业能源管理系统包括能耗监管系统、智慧排污处理监管系统和景观智能照明控制系统，具体如表 11-5 所示。

表 11-5 智慧物业能源管理系统说明

系统名称	具体说明
能耗监管系统	◆ 可自动完成数据采集，生成各种图表和报表 ◆ 可为物业能耗管理进行用能诊断、分析，实现节能增效 ◆ 可实时监测、控制水电气，采集数据实时显示
智慧排污处理监管系统	◆ 采用传感器、电量采集等感知设备，24 小时实时监测污水处理中各个环节的运行数据，并将数据汇总到管理云平台上 ◆ 远程查看、调控泵站启停，降低人工巡查的难度，提高污水处理效率
景观智能照明控制系统	◆ 定时或实时遥测照明设施的工作状态 ◆ 实时监测配电柜各种电的参数 ◆ 配合具体通信功能的 LED 电源，实现灯具控制及信息读取 ◆ 根据不同的照明亮化主体，划分节能、平常、重大节日等多种亮灯级别

11．2　智慧物业服务平台

11．2．1　社区 O2O 服务平台

物业工作中的社区 O2O 是一种综合性服务平台，该平台利用互联网技术，采用大数据模式，将物业服务、邻里社交、商圈服务整合在平台上，为业主提供更多元的服务内容。社区 O2O 服务平台运营模式如表 11-6 所示。

表 11-6　社区 O2O 服务平台运营模式

运营模式	优点	缺点
物业公司自建 O2O 服务平台	◆ 在资源整合上具有非常好的自主性 ◆ 有利于社区资源的合理、充分开发及深度运营	◆ 需要较长时间的市场培育，这部分投入短期内并不容易见效 ◆ 需要自建技术团队
物业公司加入同行物业联盟	◆ 可低成本、快速地建设社区服务平台 ◆ 可向同行学习一些优秀管理经验	由于同行竞争，联盟存在名存实亡的可能
物业公司与互联网企业合作	不存在同业竞争，合作顺利能够实现共赢	◆ 有些互联网企业收费较高 ◆ 需保证自己对平台的控制力，否则有可能被边缘化

物业公司在运营社区 O2O 服务平台时，应结合自身情况进行综合考虑，以选择合适的运营模式。

11．2．2　园区物业平台

园区物业平台是为了打造智慧园区，以互联网、物联网为媒介，满足园区业主在安防需求、降耗节能、信息化、标准化、物业基础服务等多个方面需求的综合性服务平台。园区物业平台的特点如图 11-1 所示。

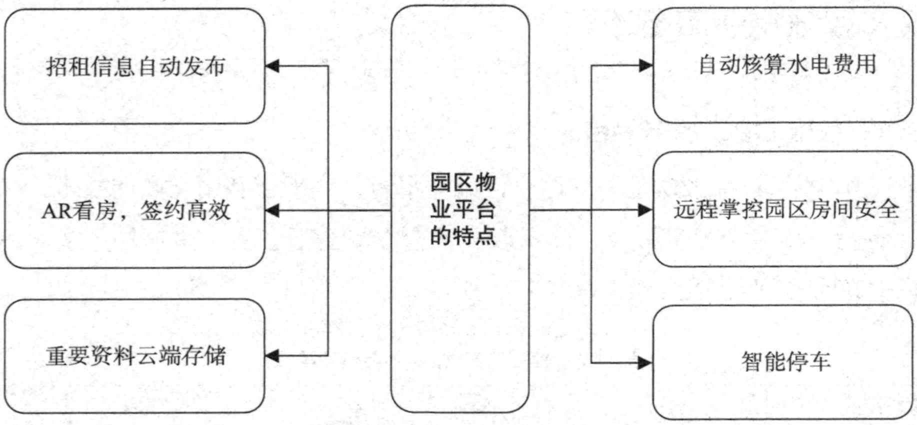

图 11-1　园区物业平台的特点

11. 2. 3　微信公众号服务平台

微信公众号服务平台可帮助社区业主随时随地了解物业服务和社区生活信息，帮助物业公司整合社区资源，营造可持续运营的社区生态体系，实现线上线下一体化服务，全面提高服务质量，拓展物业的增值服务。微信公众号应具备的功能如图 11-2 所示。

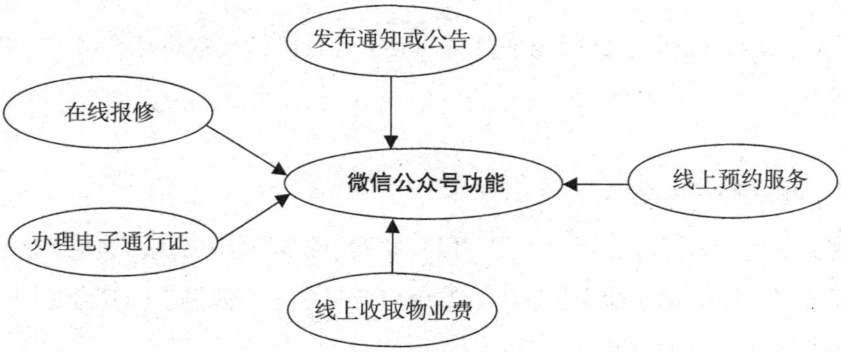

图 11-2　微信公众号应具备的功能

11. 2. 4　物业 App 服务平台

物业 App 是面向物业工作人员和业主的移动设备终端。物业人员通过物业 App 可以随时随地向业主提供服务，从而提高了物业服务质量与工作效率，提升了物业公司的形象。物业 App 服务平台应具备的功能如图 11-3 所示。

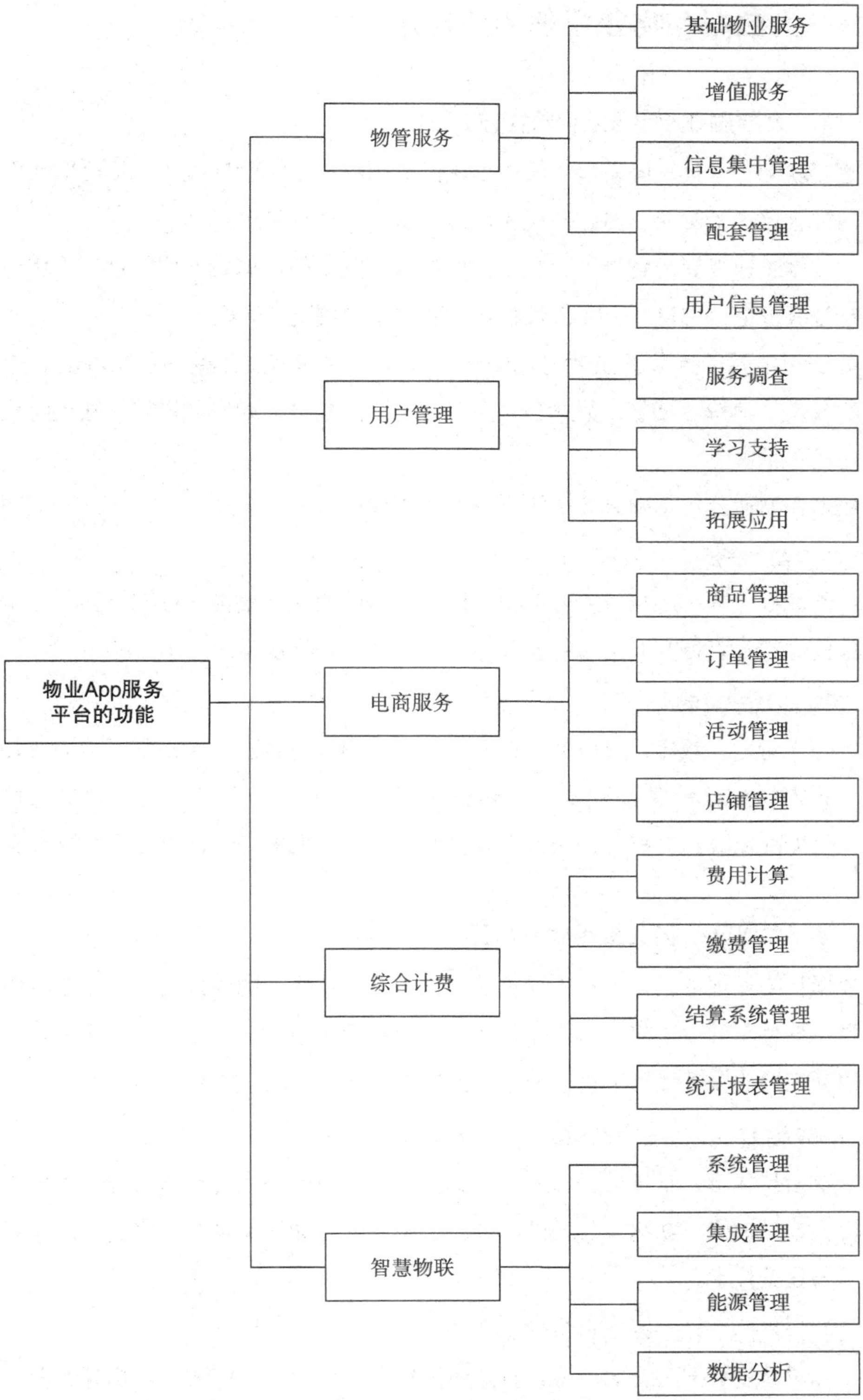

图 11-3　物业 App 服务平台的功能

11．3　大数据在物业管理中的应用

11．3．1　大数据在物业基础服务中的应用

随着互联网、云计算的发展，大数据逐渐成为物业公司管理服务中不可取代的重要组成部分，并且促进了物业公司管理现代化与信息化的建设和发展。

在大数据迅速发展的背景下，物业公司可以将收集的数据转换成信息，再利用这些信息充分挖掘有价值的内涵，从而实现物业基础服务的调整与升级。

物业公司涉及的大数据主要有两类：一类是业主的信息数据，包括姓名、年龄、职业、家庭成员、消费习惯等；另一类是关于"物"的数据，如房屋设施、建筑年代、养护信息、能耗水平等。

大数据在物业公司基础服务中的应用主要体现在以下两个方面。

1．业主需求预测

通过大数据的分析统计，物业公司可以对业主的未来需求进行预测，并在业主提出需求之前做出应对，以提升业主对物业服务的满意度与对物业公司的忠诚度。

2．设备设施监控

通过分析对比大数据，可以实时监控设备设施的运行状态，对设备设施的故障情况做出预测，提前做好日常保养与维护，保障设备设施的正常运行，尽可能避免意外情况发生。这不仅能降低业主对物业公司或者人员的投诉率，也能降低物业公司的维修成本。

11．3．2　大数据在物业服务经营决策中的应用

大数据在物业服务经营决策中发挥着至关重要的作用。物业公司通过不断收集和分析业主信息，挖掘新的业主需求与经营需要，使数据产生附加值，更好地完成公司的经营决策。大数据在物业服务经营决策中的应用主要体现在以下两个方面。

1．形成高效的物业管理体系

将大数据技术融入日常的经营决策中，能够使物业公司将传统落后的管理模式转换成先进的智能管理模式。如物业公司的移动办公平台、智能停车系统、物业自助缴费系统等都离不开大数据技术。

2．建立线上线下一体化服务体系

物业公司通过数据融合的形式，打造线上线下一体化服务模式，以提升物业服务质量水平。

例如，物业公司为了丰富社区业主日常生活，经常会举办一些社区活动，以往物业公

司会将告示张贴在公告栏中，但有些业主根本不会关注公告栏中的内容，而现在物业公司通过物业管理系统，利用社区公告功能，将社区活动消息直接告知业主。

11．3．3　大数据在物业服务定向营销中的应用

大数据在物业服务定向营销中主要是通过分析业主的心理达到既定营销的目的，在业主消费前，通过各种方式介入业主信息收集与决策过程。而这种介入是建立在对业主进行大数据分析的基础之上。大数据在物业服务定向营销中最主要的作用体现在以下两个方面。

1．实现渠道优化

物业公司可以根据收集的业主数据进行营销效果优化，从而调整营销资源在各个渠道的过程投放，如在日常物业营销管理中，物业销售与租赁、社区商业等目标业主的寻找都可以应用大数据。

2．精准推送营销信息

物业公司可以通过收集的业主信息，利用大数据建模技术，按照业主属性（如爱好、消费习惯、购买行为），对业主进行等级与信用分类，制定不同的营销信息，再分别进行推送。

11．3．4　大数据在物业服务运营中的应用

物业公司最重要的工作就是服务业主，而传统的物业公司为了提供及时又精确的服务，往往需要花费大量的人力、物力，同时要随时做好服务准备，避免服务时效滞后、服务效率低下。大数据在物业服务运营中的应用主要体现在简化服务流程上。

物业公司可以利用大数据，进行数据建模，实现精准服务。当业主需要服务时，其通过管理系统上传信息，物业公司通过系统后台实时接受，并安排人员上门服务。

这样，物业公司利用大数据，可以简化在物业服务运营中的工作流程，提升工作效率。与传统物业运营模式相比，大数据管理能提供更加简便与精准的服务。